集人文社科之思 刊专业学术之声

集 刊 名：区域史研究

主办单位：中山大学岭南文化研究院

主　　编：温春来（中山大学岭南文化研究院）

副 主 编：黄国信（中山大学岭南文化研究院）

本辑执行主编：黄国信（中山大学岭南文化研究院）

REGIONAL STUDIES

微信公众号：Regional_History

投 稿 邮 箱：lingnanculture@126.com

2019年第2辑（总第2辑）

集刊序列号：PIJ-2018-326

中国集刊网：www.jikan.com.cn

集刊投约稿平台：www.iedol.cn

2019 年第 2 辑（总第 2 辑）

区域史研究

REGIONAL STUDIES

主编 | 温春来　本辑执行主编 | 黄国信

社会科学文献出版社
SOCIAL SCIENCES ACADEMIC PRESS (CHINA)

区域史研究
Regional Studies

2019 年第 2 辑（总第 2 辑）
2020 年 1 月出版

学人访谈

《区域史研究》2019年第2辑（总第2辑）
第3~11页
© SSAP, 2019

区域史研究的理论与实践

——科大卫教授访谈

科大卫　任建敏[*]

引　言：半年前，受《区域史研究》主编温春来教授的嘱托，我有幸与中山大学历史学系刘志伟教授就区域史研究进行了一次深入细致、反响颇佳的访谈。这一次，受《区域史研究》第2辑执行主编黄国信教授的嘱托，我再一次获得宝贵的机会，代表《区域史研究》与香港中文大学伟伦历史学研究教授、香港中文大学－中山大学历史人类学研究中心主任科大卫老师就区域史研究做一次专题访谈。科老师是我博士阶段的导师，是对我学术思维影响最深的人。因此，这一嘱托对我而言同样责任重大，同时我也倍感荣幸。正好趁此机会，可以向科老师请教几个我一直很想知道，但是没有合适机会向他请教的问题。本次访谈的提纲，由我本人初拟，分为"从社会学到历史学""从商业史、社会史到历史人类学""区域史的未来"三个主题。提纲定稿后得到了黄国信、温春来、谢晓辉等师长的指点补充。本拟由我赴港与科老师进行面对面的访谈，但科老师为了让我免于往返的奔波，以及后期录音整理的麻烦，提出由他在我的访谈提纲基础上直接书面答复。为最大限度保持科大卫教授的文字原意，我仅对科大卫教授答复中的

---

* 科大卫，香港中文大学伟伦历史学研究教授、香港中文大学－中山大学历史人类学研究中心主任；任建敏，中山大学历史学系副教授。

少数词句以及不太熟悉科大卫教授行文风格的地方做简单的修改或补充。需要补充的一点是，作为访谈提纲的拟订者和后期的校订者，我需要对本文没有准确表达科老师原意的所有文字负责任，谨此说明。

一　从社会学到历史学

任建敏：科老师好，很惭愧，作为您的学生，我对您的认识还是很不够的。很感谢《区域史研究》和您给我这个机会，能让我向您请教一些我很关心的问题。您是在美国普林斯顿大学拿的社会学博士学位，而您后来主要做的，还是历史学的研究。是否能请您分享一下您的求学经历，以及您是如何从社会学转向历史学研究的？

科大卫：我本科念历史，对社会史有兴趣，到（普林斯顿大学）研究院干脆念社会学。另外也受到了当年香港大学社会学教授 Keith Hopkins（基思·霍普金斯）的影响。Hopkins 老师是社会学的教授，但是他的研究内容是罗马史。多年后，他成了剑桥大学的古代史教授。

任建敏：在您的研究回顾中，我们发现您很强调从施坚雅、弗里德曼到华德英等人类学学者的研究思路对您的影响，这在您的《告别华南研究》《皇帝和祖宗》里面都有很精彩、详细的叙述。另外，您的社会学知识背景似乎也是很重要的，例如您谈韦伯、谈哈贝马斯，都能置于一个中西比较的角度来讨论社会学者的研究工具对认识中国社会的帮助与局限。是否能请您再深入地谈一下社会学研究方法对历史学研究的影响？

科大卫：社会学的训练有两个途径：其一，注重统计的办法；其二，注重理论和理论架构。但是，社会学者没有进行过深入读历史文献的训练。统计和理论对历史学都有用，但是我们历史学者一定要懂得读文献（有关理论架构，下详）。

任建敏：我一直很惊叹您的知识面的广阔，这种广阔不仅在于涉猎的领域，更在于您捕捉核心问题的敏锐性。例如我曾经和您报告宋代广西安抚使范成大在桂林和"徭人"打交道的史料，您不仅提示我要注意范成大在做什么，还引导我要从最基本的事实出发，比如对比清代台湾的"生番""熟番"来思考官府要怎样和"徭人"打交道，又比如从波兰尼的《大转型》出发让我思考"博易场"要如何建立。您是否可以分享一下您的阅读历程和范围呢？

科大卫： 我很幸运，毕业后来到香港中文大学，系主任以为我们这些在外面留过学的人都可以开西洋史的课。虽然当时中文大学给我的合约，白纸黑字清楚地写着我是中国历史讲师，但还是让我开了西洋文化史、西洋社会经济史、近代文明的开端等课。其实开这些课，我是最大的受益者，读了很多好书。

任建敏： 我的本科专业是国际政治，2009 年跟随温春来老师读研究生之后，才接触到系统的史学训练。我记得您在那段时间，几乎每个周日上午都会从香港中文大学到中山大学来给研究生开读书课。当时我还很懵懂，不过每次读书课对我的震撼都特别大，让我终于明白为什么师兄师姐们排着队希望在读书课上做报告，因为被您在读书课上"批评"的过程就是最受益的过程。后来跟着您读博士，体会就更深了。我自知自己愚钝，只学到皮毛。我觉得您的读书思路很特别，您不会纠缠一本书的"宏观大旨"，而是更关心该书所采用的史料和论证是否足以支撑其观点，有时候我觉得跟着您读一本书之后，像是把这本书重写了一遍。是否可以和我们分享一下您的读书方法呢？

科大卫： 我相信读书有很多种方法。有时候你是要读一下作者的"宏观大旨"，有时候你是要看一下书的内容跟你自己研究的"宏观大旨"有没有关系。问题是，我们很多时候其实没有"宏观大旨"，但还是假装出一个有"宏观大旨"的样子。正如我们在田野做研究，一半的时间我们在猜："这些人在干吗？"另一半时间我们在看我们有没有猜错。读书的时候也一样，你会发现，很多作者只是在做分类。他不一定有什么"宏观大旨"，但是可能有很多小故事，其中有一些与你研究的问题有关系。那么，这些故事有什么根据？好的历史学者会让读者很清楚地知道资料的性质。我们历史学者比较熟悉如何阅读历史研究的作品，懂得通过作者的描述去看作者所用的历史资料，从而参与到作者对材料的判断中，所以我们得到的结论，不一定是作者的结论。这个就是您说的"像是把这本书重写了一遍"。另外，这个读书的方法，需要配合读文献的训练。我们读文献，不是看到一句话就尽信，而是需要放回当代的制度、当时的环境去判断，在文献里做田野。读书也有读书的田野，你越了解作者的传统、制度、处境，你越明白书的内容。当然，这种经验不是初学者就能具备的，是需要慢慢培养的。所以，我很相信，等到你已经写过一本书，你才开始知道怎样读书。博士论文是我们很多学者的第一本书。写博士论文是培养读书的好办法。反过来说，假如写完博士论文还不懂如何读书，那就白写了。

二　从商业史、社会史到历史人类学

任建敏：我的印象不一定准确，您和刘志伟老师早期的研究范围都在珠江三角洲，但是你们的风格还是比较鲜明的。刘老师的研究，有着制度史的积淀与关怀；而您的社会史研究，却有着商业史的背景与关怀。如您把明清宗族的商业性质与近代公司进行的比较，还有您把明代的盐引与国债进行的类比，当然还有您讨论近代中国经济变迁时所关注的各种商业"工具"，例如契约、会计制度等，都是很有冲击力的论断。您是如何把商业史与社会史研究结合起来的呢？

科大卫：我是个很幸运的人。我开始教书的时候还不知道中国商业史跟社会史有那么大的关系，尽管我当时已经读过卡尔·波兰尼（Karl Polanyi）与马克斯·韦伯（Max Weber）的书。我初到香港中文大学的时候，全汉昇先生刚退休（他当时是新亚书院的院长，是他聘用我的）。他将他讲授的中国近代经济史课交给我上。同时，我讲授的西洋史课中也有一门"西洋经济史"（我记得以前是由张德昌先生主讲）。所以我讲经济史的课讲了十几年。在经济史的课中，我比较有兴趣的问题还是制度，不是我们所谓"制度史"的制度，而是波兰尼和韦伯所讲的制度。所以我在20世纪80年代，一方面在香港新界做田野考察，另一方面探讨公司法的前前后后，然后明白了宗族与"公司"在控产方面的相似之处。波兰尼在这方面的影响很大，因为他明白，在经济还不是社会的核心的时候，很多后世用经济制度来解决的问题，在当时是需要用其他的制度（例如宗教）来解决的。中国的宗族就是在那种环境下出现的。

任建敏：您的研究涉及范围很广，从早期新界的乡村结构、广东与江苏的农村生计，到中国的商业传统与资本主义，再到以珠江三角洲为起点，考察地方社会如何整合进国家之中。用黄国信老师的话说，您研究的内容虽然不同，但其中有明显的一贯的学术脉络，其主题都是在考察中国的国家形式在各领域的具体呈现。能否谈一下您做研究的心路历程，以及对中国社会研究基本问题意识的看法？

科大卫：我们这些20世纪60年代上大学的人，都受马克思很大的影响。我们观察世界的出发点都是认为经济主导社会，法律是上层建构，宗教是不必要的精神鸦片。过了很多年后，我才领会到，法律作为社会的基础其实是一个西方的概念。在中国，我们类似的概念是与宗教有很大关系的"礼仪"。中国与西方"法律"相似的概念，包含了很多的"礼仪"。所以从礼仪去了解商业、管治甚至政府，才是了解中国社会历史的途径。这个出发点也让我了解为什么我们在研究明清社会的时候，找到了庙宇和祠堂等宗教场所，才可以开始了解一个地方的社会制度。

任建敏：您很早之前就已经提出，我们的出发点是了解中国社会，华南只是其中的必经之路而非终点，所以提倡要"告别华南研究"，看看广阔的中国是怎么回事。近年来，您主持的"中国社会的历史人类学"计划把视野扩展到了江南、江西、山东乃至西北，还提炼了"礼仪标签"这一核心论断作为切入中国社会史研究的一个视角。常常有学生问："我在北方看不到华南村落中常见的庙宇、祠堂、族谱，甚至连文字记录都很少。怎么开展历史人类学的研究呢？"能否谈谈您对文字材料与田野工作对历史学研究的影响的看法？

科大卫：在田野里，文字只是很多资料中的一种。所以，我很反对现时很多学生以为到乡村去就是为了抄碑或是用照相机拍村民手里的文献的做法。田野的文献，要放到田野现场的背景下才可以充分利用。很可惜，保存在田野中的文献，越来越多被种种人士（包括文物贩子）拿走。以后的学者，越来越需要运用田野的经验来了解现在这些已经归到私人或图书馆收藏的文献。历史学者是需要文献的，但是把文献当作历史唯一材料的历史学者是很可怕的。这些历史学者以为社会是由识字的人主导的，以为识字的人是"精英"，以为识字的人看不顺眼的活动就是异端。当权的人特别喜欢这种观点。

任建敏：当前，历史人类学的研究方法受到了学术界越来越多的关注。您和很多老师都通过各种途径把自己的研究方法和心得分享给更多朋友。在我读博士期间，我印象很深刻的是您在我田野调查前后给我的指导。去田野前，您会告诉我应该注意看什么、怎么问问题；从田野回来，您会很迅速地指出我田野调查中所漏掉的关键信息。是否能请您和读者们分享一下做田野的方法呢？

科大卫：写笔记，写笔记，写笔记！历史学者做田野太懒惰了，喜欢拍照，不写笔记。拍的照片，存放在自己电脑的哪里都找不出来。照片只能辅佐笔记，代替不了笔记。写笔记会令你注意到平常不会注意的事情。笔记会帮助记录你的思路，让你知道你为什么会在这个田野里，让你知道你是来旅游的，还是来"找资料"的，又或是来解决问题的。要解决什么问题？照片说不出这些话，回答不了。写笔记，写笔记，写笔记！

任建敏：您对学术的执着追求和巨大热情是我们后辈一直很佩服的地方。您的研究和思考对我们的启发很多，是否能谈一下您接下来的研究计划？

科大卫：我近期的计划是写两本书。一本是对我们这十来年的"中国社会的历史人类学"项目的总结，另一本是有关中国近代商业史（近代包括明清）方面的内容。

三　区域史的未来

任建敏：若干年前，当我们进行区域史研究的时候，常常还需要论述该区域的"典型性"，而今，区域史作为一个研究的思路，已经得到越来越多的认可，"典型性"似乎不再是需要纠缠的问题。能否谈谈您对"区域"的理解？

科大卫：这是一个重要的问题，但不是仅凭一个定义就可以解决的问题。"区域"是一个放在比较的环境和历史的脉络中才有意义的概念。例如，"江南"作为一个"区域"并不是历史学者所创造的。但是，历史上使用"江南"这个名词的人也没有很清楚地说明它的范围在哪里。"珠江三角洲"则比较像是一个研究者创造出来的"区域"。他们的根据，大概是珠江口冲积范围的共同文化与历史。这个地方有一个核心，就是广州。"珠江三角洲"作为一个"区域"与历史资料上常用的"岭南"也并不一样，因为它并不包括一直到宋朝还可以视作很活跃的文化来源地的南雄。把"珠江三角洲"当作一个"区域"，其实已经是默认了宋代以来岭南在珠江口开发后的结果。所以，我们需要问历史学者的问题，不是你以为什么是一个"区域"，而是请问从什么时候开始，什么人、为什么把某个范围当作一个"区域"。

任建敏：当下区域史研究的论著越来越多，极大地丰富了我们对中国社会的认识。但区域史研究中"碎片化"以及"模式化"的情况，似乎也是不能逃避的问题。要避免自己的研究变得"鸡零狗碎"或者成为既有研究"注脚"的话，应该怎样进行区域史研究呢？

科大卫：我从来没有感觉到在田野的经验是"鸡零狗碎"。我倒真的说过，我相信我的很多研究只是为华德英（Barbara Ward）的几篇文章做"注脚"。我通常碰到的困惑，是我们有些同行对"中国社会"提出了很伟大的理论，但是我却看不出这个"中国社会"在哪里。我在中国各地田野所看到的，倒是可以非常清楚地肯定它是中国社会的一个部分。你认为这个地方是否主流或典型，只是你的认同。它（这个地方）是中国社会的一部分则绝对没有疑问。我需要解决的问题，是为什么我看到的中国社会的这个部分会是这个样子。要回答这个问题，我还没有走出华德英有关"认知"（consciousness）的思路。① 我们现在知道的过程比她所知道的具体，我们可以想象的历史比她可以想象的充实，这种思路是站在她肩膀上，还是为她做注脚，其实我无所谓。科学的发展源于一个"为什么"的问题。回答这个问题，我们要参考其他人的理论。这个就是写文章要求写"学术回顾"的理由。但是，"学术回顾"现在已经形式化了，变成了一种"入庙烧香"一样的活动。如果你真的是在问"为什么"，然后试图参考其他人的论点来回答，那么你的田野工作就不会是"鸡零狗碎"的研究。

任建敏：在香港中文大学跟随您读书的三年多的时间，是对我思想

---

① 科老师这里指的人类学家华德英针对香港滘西水上村民的研究提出了著名论断。她认为，滘西村民的意识中有三种针对中国社会秩序而产生的模型：一是自制/目前模型（immediate model），是村民对自身社会及文化制度的构想；二是意识形态模型（ideological model），是村民心目中的何谓正统的看法，用来修正村民自己的行为；三是局内观察者模型（internal observers models），是村民对其周围同属一个社会的其他群体的生活方式的看法。华德英用这三个模型的相似与差异程度来探讨一个社会所显示的统一性程度。参见 Barbara E. Ward, "Varieties of the Conscious Model: The Fishermen of South China," in *Through Other Eyes: An Anthropologist's View of Hong Kong* (Hong Kong: The Chinese University Press, 1985), pp. 41 - 60。

冲击最大的时期。作为您的学生，我们都对您的教学方式印象深刻。您不会给学生指定一个读书清单，而是让学生自主决定阅读书目以及需要研究的题目。您会不厌其烦地和学生一起读由学生所选定的书籍与史料，然后在共同阅读的过程中，启发学生学会关注自己的核心问题，学会批判地吸收既有的研究，学会抓住史料中的来龙去脉。您的很多学生，都已经在学术界独当一面，能否分享一下您的教学理念和经验？

科大卫：我对这个问题是有个答案的。我从来不相信我有什么可以"教"给学生。假如有的话，就是让他们看到我自己怎样"学"。和学生一起读书，是让他们看到我怎样学的途径之一。至于没有给学生书目，我只是跟随我读研究院的时候老师的办法。我们研究院的老师，也从来没有给过我们什么书目。要读什么书都是自己去图书馆找的。

任建敏：非常感谢科老师！最后一个问题，想问一下您对我们《区域史研究》办刊有什么建议与寄语吗？

科大卫：我们办《历史人类学学刊》的时候，碰到的最大的问题是稿源。其中出现问题的原因，是现在的学者，尤其是青年学者都很现实，需要找什么"甲"等、"乙"等学刊去发表文章。他们之所以这样做，也无非是为了生存，因为学校定下这些违反学术传统的规矩要求他们遵守。在这些条件短期内不会发生变化的情况下，我相信要办好一本刊物，编者需要主动激发在学术上有标志性的问题。新的意见是我们历史行业最缺乏的东西。在当前很多期刊都是发重重复复的论点的文章的时候，您的期刊能刊出更多有创造力的文章，我相信还是有生存的机会的。

《区域史研究》2019 年第 2 辑（总第 2 辑）

第 12～39 页

© SSAP, 2019

区域史的魅力

——刘志伟、赵世瑜、温春来教授沙龙对谈

石志杭*整理

编者按：2019 年，《区域史研究》创刊号与刘志伟教授的书评序跋集《借题发挥》出版。以此为契机，7 月 14 日下午，社会科学文献出版社邀请北京大学历史系赵世瑜教授，中山大学历史系刘志伟教授、温春来教授在北京建投书局进行了一场沙龙，主题是"区域史的魅力"。本文是沙龙的文字整理稿。由于参加沙龙的听众并非都是专业学者，所以许多内容可能带有常识的性质。

主持人（李丽丽）：大家下午好！感谢各位在炎热的下午来到建投书局参加由社会科学文献出版社和建投书局合办的大讲堂活动。今天很荣幸邀请到刘志伟教授、温春来教授和赵世瑜教授带领我们一起领略"区域史的魅力"。这三位教授都是历史人类学和区域史研究领域的著名学者，也是领军学者，按照现在的话说，就是流量学者。今天很荣幸能把三位邀请到。温老师主编的《区域史研究》今年在社会科学文献出版社出版了创刊号，我们首先有请中山大学历史系温春来教授介绍一下《区域史研究》的情况。

---

* 石志杭，社会科学文献出版社营销编辑。

温春来：谢谢李老师！我坐在这里，是一个学生，因为刘志伟老师是我的硕士导师、博士导师，赵世瑜老师是我导师的好朋友，所以读书的时候，也经常跟赵老师学习，一直到今天，我还有很多跟赵老师学习的机会。我是一个学生，今天让我先讲，是因为我主编了《区域史研究》这份刊物，我只是引出话题，重要的还是听两位老师讲。我就讲讲为什么会有这样一本刊物出来。

《区域史研究》是中山大学岭南文化研究院主办的，所以我先利用一两分钟讲讲我们的研究院。中山大学岭南文化研究院是中山大学跟南海区政府共建的，它的地点就在 5A 级风景名山西樵山。西樵山是广东的一座风景人文名山，这个山 6000 多年前就有新石器，规模很大，著名考古学家贾兰坡就把西樵山的石器遗址跟山西的鹅毛口遗址并称为新石器时代南北最大的两个石器制造场。到了明代中叶，著名的理学大家陈白沙来过这里，为西樵山写了好几首诗，但陈白沙没有在西樵山久待，他的弟子、非常著名的理学大师湛若水，则在西樵山修了两座书院，读书、讲学并写作。跟湛若水同时在西樵山修书院讲学的还有方献夫与霍韬。清人评价说"岭海之士，学于文成（王阳明）者"，自方西樵即方献夫始。方献夫后来还做过首辅、吏部尚书，霍韬后来做过礼部尚书。三个人在西樵山修书院讲学，引起了王阳明的重视，王阳明给湛若水的信里就说：天下的人才在同一个时间聚集在同一个地方，是可遇不可求的事情，你们今天在一起了，要经常在一起讨论学问，为后世儒林留下千古佳话。这座山就这样进入了中国主流思想界的视野，被当时的浙江学者方豪称为"天下之西樵"。到了晚清的时候，康有为也曾在西樵山读书，康有为就是西樵山山北的苏村人，他在这里有好玩的事情，不过今天不讲它。

正因为西樵山是人文底蕴深厚的风景名山，所以中山大学跟南海区政府在这里共建了岭南文化研究院。这个研究院有个任务，就是编一本学术期刊——计划好多年了。说实话，我很怕，不敢动手。为什么？在座的肯定很多人知道，编一个刊物费力不讨好，为什么？这种刊物编出来，啥级别都没有，没有人会在这上面投文章，这一条就把人搞死了。这么多年，我一直不敢行动。后来有一次，我跟来自不同大学的几位朋友——来自我们中山大学的、清华大学的、厦门大学的、华东师大的、南开大学的、香港中文大学的、复旦大学的、南昌大学的——聊了这个事情。我就问大家说，愿不愿意一起来主办一本刊物，大家表示同意，我就有底气了。这个刊物到了今年，就把它推出来。这个刊物虽然由中山大学岭南文化研究院主办，但其实它是刚才列举的全国这么多高校，一批志同道合的学者共同主办的，我们实行的是轮流担任执行主编的制度，第 1 辑的执行主编就是我，接下来执行主编就会轮到其他高校学者，执行主编的权力非常大，比我这个主编大，主编没什么权，主编只是负责找钱的。

这辑刊物能够问世，我也要非常感谢我们社会科学文献出版社，没有你们大力支持，我们这本刊物也推不出来。这个刊物的创刊号有一篇是刘志伟老师的访谈《区域史研究的旨趣与路径》，刘老师已做了非常深刻的阐述。我们也知道赵世瑜老师在区域史的理论与实证成果方面，也有非常好的论著，影响非常大。所以我今天只是讲这本刊物的来龙去脉，至于区域史里比较精深的那些东西，我不敢在这里班门弄斧，就请两位老师讲吧。

主持人：另外一本书是我们新推出来的刘志伟老师大半生的治学心得，刘志伟老师从事区域史研究已经很多年了，这里边有很多文章都谈到了关于区域史研究的方法，还有取向。请刘志伟老师跟我们分享一下关于区域和国家的历史，以及在大的历史背景下怎么看待这个关系，或者怎么形成这个认识。

刘志伟：刚才温春来老师已经介绍了他主编的《区域史研究》的刊物，区域史研究是我们南方几个学校的中国社会经济史学科多年来的研究特色。中国社会经济史的区域研究是厦门大学傅衣凌教授开创的研究方向。80 年代中期，"六五"期间的国家社会科学研究规划项目有一项是林甘泉先生牵头的中国经济史研究，断代研究由北方几个学术机构承担，区域研究则由厦门大学、中山大学、南京大学承担。从那时起，我们的研究就一直打着区域研究的旗号。一直到 90 年代前，中国历史、中国社会经济史，虽然也有地方性的研究，但一般还没有把区域研究作为一种方法、一种范式。而到现在，区域史研究已经成为学界普遍接受的一种研究风气了，不管叫不叫区域史研究，很多研究在方法上都采取了区域史研究的取向。当然，大家对区域史研究的认识，有很多不同的看法，也有很多不同的做法。今天我们借《区域史研究》的发布，再为区域史研究鼓吹一番。

在这一辑《区域史研究》上，第一篇是我的一个访谈。关于区域史研究的问题，我在上面已经说了很多。今天，社会科学文献出版社还同时推出我的一本小书，是我过去多年写过的一些书评和序跋，由读别人著作借题发挥的一些议论，其中大多也都是关于区域研究的观念和方法问题，这可能就是出版社用区域史作为今天我们议论的主题的缘故吧。不过，这样一来，我今天其实也就没有更多新的想法可以讲了，但既然坐在这里，还是不能不勉为其难谈一点想法。

虽然今天区域史研究已成风气，但是很多人理解的区域史，仍然循着历史学的惯性思维，以国家的历史为整体，把区域史理解为一种局部的、地方的、片段（甚至片面）的，或者理解为与国家历史不同的、社会的、民间的、下层的历史。这种惯性的认识，潜在地隐含着认为国家历史才是整体的、主体的、全面的、具有主导性的历史的理解。因而，区域史常常被看作只是国家历史的附属或补充，认为区域史研究只是作为研究国家历史的一种路径。最常见的说法是，国家太大，各种差异很大，所以需要先把一个一个局部的区域研究清楚，才能把握国家这个整体。于是，区域历史就只是一个比国家小的历史单元。在过去很长时间，区域史常常跟地方史混淆不清，很多时候互相混在一起，区域史被理解为就是地方史。有人认为，国家历史太大，不好把握，看不清楚，或者只看到一些上层的面相，而区域史比较小，可以看得细一点，看得精致一点，可以看到普通人、一些小人物或者细微的活动。这样说，当然也不能说不对，事实上现在区域历史的研究，确实是从很多细微处入手，确实是会关注很多具体的社会生活的细节，更多是聚焦在一些小的社会单元、一些小人物、小事件，从这些微观处入手，好像跟宏大的国家的历史不一样。

然而，如果只是在这个层次上去理解区域史，把这一点看成区域史研究的旨趣所在，可能是对区域史的一个最大的误解。

那么，所谓区域史是什么呢？首先我们要把"区域"定义为与"国家"相对而言的一个概念。但是，作为历史研究的单元而言，区域与国家在概念上的不同，不是大与小的差别，不是上与下的关系，不是整体与局部的区分。就规模而言，"区域"可以比国家小，也可以比国家大。例如所谓亚太区域，就比国家大，环南海区域，也比国家大。当然也可以比国家小，可以是一个山脉、一个盆地、一个流域，甚至可以小到一个乡村。那么作为历史研究的单元，区域的概念是什么呢？简单讲，就是一个区别于由国家统治辖境划出的空间概念。在人类文明史上，历史本来是一种国家纪事，所以国家作为一个历史单元或者一个历史主体，历史的空间概念就自然以国家为基础来定义，或者就是一个国家，或者由多个国家关系构成。

但从 19 世纪以后，尤其是在 20 世纪迅速发展的新史学，越来越走出国家主体的历史范式，人成为历史的主体，以人的行为作为历史建构与解释的出发点。所谓的"区域"也好，"全球"也好，都是以人的活动、由人的互动形构出来的空间单元。在这样的出发点上，由于人的行为与互动可以有不同的领域、不同的层次、不同的内容，也就可以由这些行为和互动形成不同的空间的规划、空间的范围，也可以划出不同的边界。在这个意义上，甚至国家也可以被作为一个区域来解释，因为国家也是人的行为,也是由人的行为划出来,不管是哪一种类型的国家,都是由人的行为划出来的。因此,区域史也可以包括以国家为空间单元的历史在内。

在这样的一种区域史的意义上,所谓区域,就不需要去纠结怎样可以成为一个区域,区域的边界如何划分才是合理的。为什么?既然一个区域是从人的行为出发的,那么就可以有很多不同的因素、不同的视角去影响我们做出的区划。当然,最常见的直接的因素就是地理环境和交通条件。比如说西南的山区可以看成一个区域,华北平原可以看成一个区域,根据流域划出来的,我们也可以说是一个区域。譬如,我在区域史研究一个访谈里谈到的例子,长江中下游是从流域去界定的区域,但我从自己的问题意识和关注点来说,我更宁愿采取各区域以湖区去界定的方法,因为它不仅只是一个流域的问题,可能在我的历史分析中,更有意义的是各个大湖,于是我倾向于更多关注湖区作为一个区域,这些湖区可能通过大江串联起来,但也可以由大湖联结成比流域更广大的空间地带,而湖中的人的活动更丰富、更复杂。这样,同样的一片地理空间,就可以由我们研究的人以及这些人的活动及其相互关联而构成不同的区域单元。

区域史研究的所谓"区域",虽然首先是以自然地理条件为天然的基础,但从以人为主体的区域史概念出发,尤其要避免将根据自然条件界定的区域僵化和绝对化,如果这样,那实际上又回到以国家为主体的历史模式上去了。人在特定的自然条件下、在具体的历史过程中发生的经济活动,交往方式和规模,形成的多种文化形态,丰富和动态的多元政治、军事、社交、物质交换、政治支配关系等,都会界分出不同的区域范畴。总而言之,区域史的历史单元的多元化,体现了区域史本质上是人的历史这一特性。

既然区域史本质上是人的历史,"区域"的概念也就可以随着人这个主体而变动。可以这样说,不同的主体有不同的"区域"。从一个村民的角度来说,他一辈子的活动和交往范围只在自己和邻近的村庄,他的区域范围就与一个到处走的商人不同。农民有一个农民的空间，商人有一个商人的空间，读书人有读书人的空间，官员也有官员的空间。同时，人的活动也是非常多样化的。同一个人，做生意的活动空间和参加科举的活动空间就不一样，可以划出不同的空间，形成不同的区域研究单元，划出不同的地域边界。更重要的是，我们作为研究者，研究"区域"既要以研究对象的行为为基础，又不可能只是从研究对象的角度来界定，更需要以我们提出的问题为归依，把研究对象的主体性与研究者的主体性结合起来，从人的行为实践和我们提出的问题出发建立空间范畴。例如我们面对上面所说的这个村民，如果我们把他与同他有种种关系（例如亲属关系）的商人的交往联结起来，从他们的互动中建立历史认识，从这个人的活动进入区域视野，那么构建的就是一个远比他的乡村广大的空间。

因此，以人为主体的区域史研究不可能将研究区域的范围和边界凝固化。所谓"区域"，不但不是可以孤立的、绝对化划定出来的空间概念，而区域之间也是相互交叠、相互影响、相互渗透的。在既有的研究传统上，我们已经形成一些经常使用的区域概念，国家是一种区域，地方行政区也是一种区域，市场圈也是一种区域，这些区域之间的界邻地区也是一种区域，还有方言圈、信仰圈等，这些应该是在研究中构建历史认知的范畴，而不是区域历史研究的前提或出发点。例如，我们现在做区域研究的学者，常常喜欢讨论国家与地方社会的关系，这其实可以作为一种特殊的不同区域范畴相互干扰和叠加的过程的认识。

区域研究的长处，在于它是一种更强调整体性的研究。相对于只局限在由国家范畴界定出来的国家历史，区域历史可以是规模更庞大、视野更宏观、结构更整体的研究。在研究实践中，区域研究的确会更多把视线聚焦在微观的事实上，但这种微观不是要切割历史的碎片，而是以微观的、细致的观察，贴近作为历史主体的人的情感和他们的行为，形成生动的、有理解力和解释力的历史认识。这种历史认识的形成，更需要一种宏观的视野和整体的史观。

在这样的意义上，区域史究竟是比国家狭隘的历史，还是一个比国家更宏观的历史？在我看来是后者。以人为历史主体的区域研究相对于只以国家作为历史单元的研究，问题意识更大，因为区域研究实质上是一种全球史的关怀和研究途径。研究者在自己研究的区域范围里，方方面面、里里外外都要求观照，要把种种现象联系贯通起来，在不同的空间层次做整体的把握。这样一来在资料搜集、问题提出、研究视野到理论方法，都对研究者提出更高的要求。通过区域研究形成的见解，一定要引出更宏大的理论思考以及相关的历史见识。

很多还正在考虑博士论文选题的学生经常会问一个问题：我该怎么选择一个区域作为我的研究课题呢？我想问题不是你选择哪个区域，而是你提出什么问题。你提出的问题，决定你选择什么区域，选择多大空间范围的区域，区域的边界怎么划定，都是跟着你的问题来的。很多时候学生会觉得，我碰到的现实问题，是资料太少，尤其做历史的，常常会遇到缺乏足够资料的难题。这点确实会影响到我们确定研究区域的选择。但这个问题其实可以通过转换提出的问题来调整。例如如果一个乡的范围没有足够史料，那就扩大到一个县，一个县没有足够史料，就扩大到一个省。随着区域的扩大，研究的问题要做相应的调整，在研究的理论和方法上也要调整。两者之间可能是互为前提的。之所以要谈到这点，是想表达一个意思，即所谓区域研究，最核心的还是你怎么去把握历史。在这点上，我想谈一谈今天的主题，叫"区域史的魅力"。我们常说读史可以明智，区域史对于我们来说，可能增加什么知识乃至智慧呢？最直接地，我们可以只是出于对一个地方的兴趣，把这个地方的历史搞清楚，就可以在这个地方做导游了。但是，对于历史学者来说，恐怕我们不会只是以了解一个地方的历史为满足，我们的关怀，总是要落实到对人类、对世界的认识上。对于有兴趣从我们对现实世界的关怀出发，通过新的眼光、新的视角重新理解历史的研究者来说，我们从事区域研究，是要在自己学术的活动里，培养自己更深邃的历史洞察力和理解力，形成自己对历史和社会的看法。在我自己的研究经验里，区域史研究，的确是让我有一些与我们从经典的教科书里学到的、以国家为历史单元的历史不一样的收获。这一点，也许可以从今天这个活动介绍我的一本小小的集子中的文章看出来。

这本小书，收录了我写过的与书有关的序跋和书评。我用"借题发挥"作为书名，因为我写这些书评和序跋时，大多没有全面介绍书的内容，而是借某本著作的话题，主要讲我自己对相关问题的想法。我这种做几十年研究的人，自然有一点读书的心得，这种点滴的心得，很多难在学术论文中写出来。其中除了自己不够用功以外，一个直接的原因是自己的学术边界是有限的，专业的研究很窄，但是平时读书、研究时想的问题、形成的思考，可能要宽得多。这样一来，自己的一些想法，在读到某种相关议题的著作时，就会涌上来，欲吐为快。于是就借别人的书为媒，发挥自己对于具体历史问题的想法。那么在这本《借题发挥》的小书里，里面二十几篇小文发挥了什么东西呢？我想大多是发挥了我在做区域史研究时产生的想法。我自己过去几十年来做的研究，基本上都是区域性的，小到一个乡村，大到一个海湾、一个山脉。通过对形形色色的区域的研究，我对历史的认识有了一些自以为新的看法。这里面谈的话题有点杂，但是在这些话题上，我自以为是在一般的传统史学研究、在以国家作为主体的历史研究里面不会这样去看、这样去想的，或者想这个问题会有不同的认识。区域史的视角，对于帮助我形成这些想法，可能是非常关键的。在这个场合，时间有限，不能一一举例。大家有兴趣可以去看看书里的文章，期待大家的批评。我先讲这些吧！

主持人：谢谢刘老师，刘老师绝对是谦虚了，我是《借题发挥》的责编，看了之后，确实很有启发。下面有请赵世瑜老师。

赵世瑜：谢谢大家！今天我到这里来，是为他们两位敲敲边鼓、站脚助威的。摆在我们面前的两本书，一本书是《区域史研究》，是温春来教授主编的，他自己也交代了；另一本是刘老师的，他自己已经做了广告，所以跟我没什么直接关系。

和他们两个有一点不同的是，刘志伟教授比较早期的研究其实就是区域性研究，虽然他的问题是一个有关国家的问题，是一个全国性的问题，但他是从广东具体入手的；温春来教授刚才也说了，他是刘志伟老师的学生，从他一开始做他的论文，就是区域史研究，但是我不是，所以我走了很长一段别的路——不能叫弯路，不做区域史研究的人是很多的，做得也很精彩。这对我个人来讲，可能有更多重的体会。不管是做学术研究还是做别的工作，一个人可能会跳好几次槽，从积极的方面来看这是对自己的挑战，当你换了一个行当以后，你再反过头看以前，你会有很多不同的体会。有可能会觉得昨日之非，但是也不一定，也可能在比较之后发现不同阶段，你自己从事的工作或者采取的方式、接触的社会，认识这个世界的途径的不同，让你自己变得丰富了起来。有的时候确实是因为好像不太得志或者不满意，就跑了，干别的了，但是那是一时的；从长远来讲、从一生来讲，短暂的不得志或者短暂的不满意，最后都会变成你一生当中对你自己非常有意义、非常有价值的财富。

我一开始做研究时，当我去关注某些过去不太关注的主题，就是说当你去关注官书、正史那些材料之外的现象的时候，你会发现各种各样的材料非常丰富，就逼着你不断缩小你的研究范围，否则的话你一辈子可能都写不完。比如我们过去研究一个历史人物，生卒年代肯定要搞清楚吧？传统的研究不觉得这个不重要，就是要做到这么具体。但这通常比我们关注的问题要小多了，但很多人还会觉得我们讲得太琐碎。你每看一个材料、每到一个地方，同样一个主题，这个地方跟那个地方有很大差别，就是俗话常说的"十里不同风，百里不同俗"。但是在我们过去的研究中，只是把这些差别淡化掉，或者把它抹去，就是讲一个笼统的、断代的历史或者通史。比如描述某一个时代的中国社会特点的时候，可能引一段材料，也很准确，但是不会再去讲这样一个特点在不同的地方会有什么样的差别。

大家都知道，中国最发达的地区是东部发达地区，然后是中部、西部欠发达地区。直到现在为止，我们的国家还在采取很多政策，比如说从改革开放以来，我们有一种现象叫"孔雀东南飞"，很多人才都从中西部跑到东南沿海去了，现在我们要采取措施，要中西部特别是西部切实采取措施，留住人才，要不然差别越来越大。大家都参加过高考，有所谓"高考移民"的现象，但是这个现象的存在恰恰就说明，我们中国这么大，不同的地方经济、文化水平差别大。这都是很简单，大家都非常了解的情况。但是在过去的中国历史叙述当中，很少能够看到对这些差异的描述。在区域史研究开展起来以前，我们大家看到的基本上是一个整体而笼统的、只沿着时间脉络讲的历史变化。在每个时间段，区域之间或不同地方之间的差别，特别是这些差别怎么会影响到这个时间段上的整体变化，我们是很少讲的，因此也就不会知道，不同的地方对于不同时段的历史所起的作用是非常不同的。

刚才温春来教授讲到这个刊物是他们岭南文化研究院主办的，这个院建在过去的南海县，现在叫南海区的西樵山，风景很漂亮，人文底蕴很厚，在那里我深刻地领略到区域史的魅力。我去了西樵山好多次，五六次都不止。如果大家去旅游，同一个地方去一次、两次就差不多，为什么可以去那里很多次？这是后话。不过我们也看到，近年来大家有科研经费，不管做哪一段的，都愿意到各处走走看看。只是很多人去了某处一次，看见了他在书上也能看见的某个遗存，就再也不会去第二次了，更不会几十年都往那里跑，就明白这些学者其实和游客也差不多。

到了西樵山就会知道，从温春来刚才讲到的新石器时代之后，一直到他后来讲了许多名人的明代中叶，也就是从距今五六千年前到距今五六百年前之间，还有四五千年的时间。在这么长的一段时间里，大家都不知道西樵山那个地方是怎么回事。为什么到后来就知道了呢？因为从那以后，有了温春来讲的那些人，再加上刚才也提到的晚清的康有为，如果再远一点，还有新会的梁启超、香山的孙文。突然一下那边就出来了很多名人，好多是大家没怎么听说过的，这个到底是怎么一回事？这恰恰就说明，以西樵山或者南海或者珠江三角洲，甚至广东为代表的这样一个区域，它从明代中叶以后一直到晚清甚至到民国肇建，在中国历史上扮演的角色和以往的四五千年前相比是非常不同的，或者更明确地说，它对于帝制晚期到作为民族国家的中国的形成或者建构来说，起的作用要比以往的时代大了很多很多。

当然这只是一个例子，全中国任何地方都存在这类情况，比如说陕西，汉唐的时候有很多的名人，不能说到了近现代就没有了，但好像没有汉唐那么辉煌、那么引人注目了。实际上是关中地区在人们心目中的地位变了，即使还是有很多很厉害的人，大家也很少提及。所以不同的时段、不同的区域在整个中国历史上扮演的角色是非常不同的。这究竟是为什么呢？是不是真的像我们俗话说的"三十年河东，三十年河西"？这里肯定是有很多蹊跷的。今天在座的人，不管是专业研究历史的，还是业余喜欢历史的，既然愿意来听这么一个很无聊的谈话，我相信一定还是对历史有浓厚兴趣的，一定愿意探究背后有哪些深层的动因。这个魅力就很大。

当然这个还不是当时引发我转向去做区域性研究的直接原因。刚才刘老师已经批评了某种认识，就是我们做区域性的研究，只是因为资料太多，所以选择小一点的尺度。其实开始的时候的确是从很实际的角度出发的，没有后来这种比较理性的认识。我也曾开玩笑似的忽悠学生来跟我做区域研究，说现在做论文都要查重，但我们不怕，因为我们做的地方没人知道，材料都是没人用过的，别人没去过，就拿不到，所以一定不会重的。但是过了一段时间以后发现不对，我错了。刘老师他们是先知先觉，我是后知后觉。为什么？我跑到一个地方去，在当地搜集了很多地方上独有的文献，包括访谈，都是独一份的，但是等到写论文的结论、要讲道理的时候，完了，因为你讲的大道理一出来，全都是老师以前讲过的。虽然论文里的材料是独特的、新颖的，里边讲的很多人名、地名，答辩委员五个也好，七个也好，全都没人听说过，但是你把这个故事讲完了，可能也挺精彩的，最后要想说的那个道理却可能是老生常谈。所以后来我写过一篇文章讨论新史料与旧史料的问题，结论是材料固然重要，但思想更重要。

我现在也经常在问，有很多区域性的研究，比如江南地区的研究，无论是在中国来讲，还是在欧美、日本来说，都是最早开始的，所以成果也是最丰富、最深厚的。到今天该如何超越呢？很多研究做来做去，核心概念变了，比如不再用当年的"资本主义萌芽"，改用别的了，研究的问题也广泛多了，比如研究江南地区的市镇，但最后讲到结论的时候，我感觉还是在一个所谓现代转型的问题框架中。某个问题前人没讨论到那么细，可能是用别的词，现在材料容易找，可以讲得更细，或者用另外一套词，但是有什么新鲜的道理吗？不能是老师一提这个问题，自己心里的想法一下空了一大半，似乎前面的研究都白费了。直到现在我的学生还经常遇到这个问题，甚至感叹说：区域社会史研究好难！其实所有的历史研究都一样难，区别在于学者们各自的要求不同而已。刘老师刚才说，你的区域怎么划定、怎么选择，是要看你的问题是什么，你的问题是和你的空间尺度配套的。他所说的问题就是在你划定的区域内所做研究要得出的道理。

从理念上说，刘老师刚才指出，区域社会史研究不只可以使我们讲得很具体、很鲜活，至少我们的追求比这个要更大。前面的道理大家容易理解，但后面这个道理，虽然也讲过很多次，还是经常被人们忽略，总是会有人追问你们到底想讲什么。从具体的操作层面来讲，特别是对一个也许不做研究的人来讲，很多生活的细节往往最容易被我们理解，最容易让我们产生同情的理解。这有点像一句名言所讲的，小的就是美丽的。前几天我在微信朋友圈里发了一段感慨：

> 吃完晚饭继续看小说，皇帝说，"没有过在地方做官的见识和经验，你就不懂百姓们真正需要什么；没有见过战场的厮杀，你就不懂将士们真正需要什么。在内阁做事，不是每天忙忙碌碌地分拨整理那些奏折就够了"（《长宁帝军》）。我觉着，好些研究者还不如网络小说作家明白应该怎么去认识"国家"。

这位网络小说作家告诉我们，光去读那些国家的档案，不是说不对，但多半还是不知道在基层的社会里，官员跟普通人打交道的时候他们怎么做，国家的政策措施要怎么落地、怎么见效。现在国家搞精准扶贫，要求干部帮扶到户，要求与具体的农户经常保持联系。对于我们这样一个有"干部联系群众"的优良传统的国家来说，都存在着不接地气的情况，否则就不用做这样的要求了。所以小说作家都明白，如果你只是在办公室里处理官方的文书，就能治理好国家，就能真正认识这个国家，认识这个社会，认识这些人群，那是不可能的。但恰恰在我们的历史研究者当中，存在许多网络小说作家借皇帝之口批评的官员那类人。

所以，先不说魅力，就说如果我们真正要想去认识这个世界，认识每一个个人或每一个人群，知道他或他们究竟是怎样经历历史的过程，恐怕不回到比较具体的情景，是很难真正有同感或者很难真正发现真实的。只有认识了这个，你才能够返回来理解国家尺度上那些林林总总的各方面的事情。我们不用担心研究区域的历史，哪怕我们选择非常小的空间，比如一个村子来研究，你就会变得碎片化，没有可能。借用我们书店外面摆的一排鲁迅先生的书里的诗句，叫"灵台无计逃神矢"，我们只要研究的是文明时代，我们做任何的很小的、很区域性的尺度的研究，实际上都是和更大的尺度，包括国家，甚至超国家那样一些制度、那样一些历史运行的法则联系在一起的。这个我觉得是毋庸置疑的。

温春来：听了两位老师讲话之后，我也说说我听后的一些心得吧。我们从人的认知逻辑开始，去把握这个社会、把握这个世界的时候，本能的会有一种办法叫归类，归类然后总结每个类的特点。我们一般认为只要归了类，把类的特点讲出来就把握了事物，这个当然也会形成科学的研究，像植物学、动物学，很大程度上都是分了类。但这不只是科学上，日常生活中也会这样想，我们会说，北京人怎么样，广州人怎么样，贵州人怎么样，总结出北京人的特点、广州人的特点、贵州人的特点。但是我们发现没有？我们日常生活中归类总结特点的时候，带有很强的随意性。我记得十来年前，我带了一批台湾的老师、学生，到广东梅州走了几天。后来有一次，我从网上无意间看到他们学生的报告，看了以后非常惊讶，那个报告在谈大陆怎么样、大陆人怎么样，我好惊讶，你们只来过广东梅州啊，怎么就能总结出大陆人怎么样，连我都不知道大陆人怎么样。我们再看一个例子，重庆没有成直辖市之前，我们讲四川人，肯定把重庆算进去，不会把重庆拎出来。但是它成了直辖市，我相信重庆人不一定认为自己是四川人了，讲四川特点的时候，重庆肯定说我跟你不同了，一旦重庆的发展跟四川拉开差距，重庆人可能就更加不想被归类到四川人了。

我们会很随意地归类然后总结出不同的特点来，这就是我们一般人在生活当中做的事。但实际上我发现很多做历史的人，本质上用的就是这个办法。我们很多人做的所谓区域史，就是在没有深入考虑的前提下就划了一个地域，然后往里面填东西。例如，按照行政区划来做贵州区域史、四川区域史等，本质上就是这样的东西。因为我们根本没有思考、论证，为何四川可以成为一个区域，贵州可以成为一个区域。你不能说因为行政区域如此，就像我们上面提到的把四川和重庆分开。你也不能说有山隔开、有水隔开，所以就可以分为不同区域了，因为我们知道一座山、一条河，对不同的人群意义是不一样的，这条河可能成为我们的阻隔，也可能成为我们交通的工具，这是完全不同的。所以最重要的还是要考虑老师们刚才讲的人。我们在做某一个区域史研究之前，你首先要想清楚，你研究的这个地方，在哪一种意义上可以成为一个区域，所以你要想清楚它成为区域的意义，是在哪个层面上。今天我不是写文章，我可以乱讲一个概念，那就是"区域性"，就是所研究的地区在哪个意义上可以成为一个区域。

所谓的"区域性"，实质上就是人的交流与互动。根据不同的人的交流，你考察不同的层面，就会得到不同的区域，比如说我们这几个地方上的人认为我们是同一个族群，当然可以看成一个区域。还有的地方的人不一定把自己看成同一个族群，但文化习惯与风俗很相似，你也可以在这个意义上视该地区为一个区域，还有共同的神明信仰等，按照不同的标准，或者兼而有之，都可以划出不同的区域来。区域就是基于人的交流与互动，然后研究者从他的研究层面和问题上划出来的。所以区域本身不是跟国家相对的概念，比如我要研究明朝或者清朝的国际贸易，广东、日本、东南亚都可以视为一个区域；我研究人群的流动，缅甸北部跟云南南部也可以成为一个区域。所以区域可以比国家大，可以比国家小，可以正好等于某个国家，可以是几个国家之间相邻的一片地域，也可以是无任何国家管理的一片地区，总之它不是与国家相对的概念。这就是老师们刚才讲的区域的意义，一定要把这个理解清楚。

我们还要清楚，当我们做分类、总结特点的时候，人跟万物不同，不要说植物，即便是狗也好、猪也好，我把它归为什么类，它们是没意见的，而我们人是有自己的主体性的，你把我归什么类，我们会觉得我不是这样的，你说广州人什么都吃，我就怕吃一种虫，我就不是什么都吃。旁观者从客位角度划定一个区域，但当事人从他的主位角度，也会有他不同的区域看法。刘老师刚刚提到，同一个地区，官员的区域观念、商人的区域观念、农民的区域观念都是不同的。所以，研究人的复杂性就在这里。

　　总之，区域史所讲的区域，核心是两个，一是人的活动，二是研究者的问题与视角。两个东西交集，就形成了区域史研究意义上的区域。

　　但是为什么我们现在会把区域与国家相对，将区域视为比国家小的单位？以我们中国的学者或者中国的学生为例，大多数人的研究，说实话，确实是在比国家小的地区内展开的，但不能把这个研究现实当作区域研究的本意。事实上，我们现在很多区域研究，包括我们的学生、比我更年轻的，他们做的区域研究是把云南跟东南亚放在一块，或者跟印度放在一块的。

　　赵老师刚才讲了很多很生动的例子。我也用我自己的研究经历来谈谈区域是怎么选定的。我读研究生时的专业是社会经济史，跟着刘志伟老师还有陈春声老师读书，我记得我读硕士一年级的时候，中山大学开了一个好像是"16世纪的岭南"的会，有来自香港、江西、广东、福建等地的学者参加。会上我听见老师们讲了一个概念叫"国家化"，当然这个概念指的是不同的地区什么时候进入大一统的王朝秩序，这个概念很快就不提了，我从来没问过老师们为什么不提了。我想不提是有道理的，因为你只要讲国家化，就把地方的主体消灭掉了，好像我这个地方就等着被"国家化"似的——我这个地方有自己的主体性啊。当时这个"国家化"的概念对我的影响非常深，我跟同寝室的同学商量硕士论文要怎么写的时候，我就说准备写土司制度。我想，改土归流后就"国家化"了，这个想法当然是粗浅和简单化的、不准确的。所以是"国家化"这个问题，把我带进了土司制度研究。那一年我的两位导师从牛津回来，问我硕士论文想写什么，我就说写土司制度，两位老师很赞成，说你这个题目很好，可以做。

　　我就开始行动了，当时没有电子的书，人又穷，一部《明史》都买不起，我就拿了笔记本，在中山大学图书馆，把《明史》里的《土司传》抄了一遍，一边就找土司制度的研究论著来读。我很快就明白，如果写整个土司制度，是达不到老师们所要求的区域史目标的。为什么这么说呢？土司只是一个笼统的标签，标签里面的社会各不相同。打一个比方，比方有外星人，把地球人全部征服了，把地球上的一两百个国家都封成土司了。所有国家都要向外星人表示臣服，外星人规定：地球上的土司每隔几年要到外星球朝贡，要派人帮外星人到火星、月球上干活，外星人打仗时每个土司还要派人帮着出征。过了200年之后，有一位太空历史学家研究地球上的土司制度，如果他把整个地球土司制度当一个整体来研究，他大概就只能考察外星人所规定的关于地球土司的各种制度条文，忽视掉了那么多不同国家的巨大差异。因此，把土司制度笼统当一个整体来研究，我们就看不见内部的东西以及实际的社会。整个土司制度无法做成区域史，或者说是我不具备这种功力，于是我就开始战略收缩，一下就收缩到我的家乡贵州西北部了。所以大家看到，我之所以回到我的家乡做研究，选择那个区域，不是因为我是贵州人，而是因为这个问题把我带进去了。

看上去，我研究的地域变窄了，但是我的整个境界宽广了，因为我可以更有效更深入地回应那个问题了。我的论证大致是这样的，我首先考证清楚，西南地区在宋代是有很多地方性政权跟中央王朝对峙的，不是只有一个大理国，彝族人在这一带至少建立了十来个地方性政权。我就选择了水西、乌撒这两个地方性政权，考察它们从宋代到清中叶是怎么被整合进大一统王朝秩序中的。通过这个过程，我就明白了整个中央王朝大一统秩序在西南地区是怎么展开的。我进而提出了大一统王朝秩序在西南地区展开的模式，并力图呈现在此过程中非汉人群的主体性。

博士论文写完之后，我就考虑下一步干吗。还是跟着问题来，我想我过去研究的是中国这一个大一统的王朝国家，但现在中国是一个民族国家，我要研究传统的王朝国家怎样向现代的民族国家转型。我们是做区域史研究的，不能抽象地谈思想方面的变化，我要基于具体的区域来谈。于是我还是回到西南、回到彝族。我们知道中国是多民族国家，传统王朝国家时期也好，现代民族国家时期也好，这份历史都是各族人民共同创造的。但在民国时期，在"满汉蒙回藏"的框架下，西南非汉人群不是汉族，也不是少数民族，由此而无法享受到一些应有的政治权利，于是他们就要求承认他们是一个民族。我的研究就关注他们是怎么争取政治权利的，透过几个人勾勒这一段历史。这就是我最近出版的一本书《身份、国家与记忆：西南经验》的内容。这本书的区域不再只是贵州西北部，因为我的问题有点变了，我要考虑的是云南、四川、贵州、西康，当时这几个不同省份的少数民族的上层分子，是怎么联合起来，建构一个"夷族"的，所以当然不能只基于小的地区了。所以，我的研究是跟着问题走，跟着材料走的。

这就是我刚才听老师们的讲述之后的一点体会。我最开始跟大家介绍西樵山，那就是典型的地方史的方法，我只讲西樵山有什么伟大人物，这跟一般的地方文史工作者没差别吧。而赵老师再来介绍西樵山的时候，就变成了区域史，因为赵老师在呈现西樵山在中国历史进程中的意义。赵老师一讲，境界就上来了。我就讲到这里。

刘志伟：我不太敢看手机，刚才看了一眼，不敢看下去。还是互动一下，看看大家的兴趣在哪里。

主持人：现在是读者提问时间，出版社也准备了赠书，每位提问的读者都可以获得刘老师的赠书，所以大家可以踊跃提问。

提问：三位老师好。我现在想问一个问题，现在区域史很多在做明清、近代史这个时间段，之前的比如说宋之前通过区域史研究该怎么做，因为的确史料有限制，刘老师也说，我们要有问题，要看史料，难道我们根据史料要把宋以前排除在研究之外吗？

赵世瑜：提这个问题的人是挺多的，特别是做专业研究的人关心的问题，在不同场合多次提出来过。我通过以下层面来回答这个问题。

第一个层面从我们的理想来讲，不管是刚才所讲的还是以往我们通过文字来表达的，肯定不能够只是说由于资料的限制，就使我们这样的理念局限在对明清及以后的历史的梳理上，从理念角度上说一定是包含着对整体的历史的思考。

第二个层面是我们怎么来克服资料局限的问题。大家肯定会发现明清之前与以后的资料丰富程度的差别，这是比较严重的挑战。固然，我们对明清以后的研究比较多，因为资料比较丰富，特别是我们通过做实际的调查、做田野的调查，去搜集各种不同的民间的积累，从这个角度来讲，明代中叶以前的材料从体量上确实要比后期少很多，这个是很正常的。但是在事实上，虽然各地情况不同，我们在地方上看到的类似的资料情况，并不完全像人们想象的那样少。明代中叶以前的地方民间文献保有的程度应该说还是超过一般学者依据来做研究的正史的。当然我说的应该包括这样几项：一个是我们现在把它归为考古发掘的那部分，考古发掘或盗墓发现的大量简牍，除了上图简、清华简，以及最近的海昏侯墓里发现的简牍，有比较多的思想史方面的资料以外，其他从秦简到三国简，有大量属于地方民间文献，包括很多年前发现的里耶秦简、居延汉简等，材料性质都类似于明清时期的地方档案。对我们这样的区域研究者来讲，很重要的一点，即由于关注的是人的生活世界，因此不会像温老师说得简单分类那样，把很多材料都排斥在区域史研究之外，就像我们今天做后面的研究，同样会做很多口述的访谈的资料一样。我们对早期的资料依然是不应该有那么多的学科门类的限制，因此都会成为我们做区域研究、做我们这种研究很有意义的资料。

我们也知道，历来有许多做上古史、中古史研究的学者，他们已经大量地利用像碑刻和墓志这类金石材料，也有的学者关注到从南北朝以来到隋唐的谱牒资料。大家逐渐发现，主要不是资料的限度的问题，而主要是研究的思路或者问题意识的问题。比如过去用墓志关注的问题基本上是墓主人的生平或者官制的问题，几乎很少关注我们用墓志或者墓碑去研究的领域。所以区别还是在研究问题的分别，而不是研究材料的差异。

第三个层面纯粹是我个人的想法，当然还需要经过我们，特别是年轻学人去尝试、去开拓。传世文献是大家经常用的，是图书馆里最常见的，现在很多都数字化了，特别容易找到。但有没有人把这些文献以及文献里反映出来的历史，包括文献作者或者编者的思路和他们反映的历史，当作所谓的人类学的田野——抽象一点说就是把文本语境化。通俗一点说就是怎么样重新理解这些传世文献，也就会导致怎么重新利用和重新解释这些传世文献，要对原来的传统的历史文献学的解释策略做一些颠覆性的审视，用每个普通人看待身边世界那样的一种方法，去看待这些传世文献。比如官员的奏折指出某个政治的、经济的或社会的问题，提出一些解决方案，那么他们为什么会关心这个问题？他们提出的解决方案是来自他们对实际情况的了解，还是出于某种政治的或道德的理念？等等。如果从这些角度出发，延展开来去研究的问题会变得很多，最后就有可能落到区域。

其实不是在传世文献里没有我们区域研究者关心的材料，那些作者或者编者也都是人，只不过他们可能换了一种表述方式，或者把那个问题摆的位置不同，就把我们蒙蔽了，你可能就注意不到。原来我不懂这个套路，后来跟着刘老师他们跑，我就懂了。大家知道，我自己较多研究的是华北地区，但对广东我就基本不懂。所以除了看他们的书以外，就跟他们到那些地方跑，到很多小庙，他们会告诉你，别光看这个正中央摆的那个神，还要注意看门口旁边或者某个角落里往往那个很小的、灰头土脸的、黑乎乎的、被周围的香熏得面目五官都分不清楚的那样的神，那个才重要。因为那个东西才是庙里最主要的神，后来慢慢国家力量强大了，士大夫的力量强大了，或者民间为了对付国家对意识形态统一的要求，就塑一个正统认可的像摆在中间，很高大上的。就像现在我们堂屋里挂的像都是最伟大的，但对我家庭生活最重要的是在旁边摆着的，可能是祖先，也可能是别的神。传世文献也是这样，不要认为它讲了很多的东西就真是它想讲的，一定是最重要的，可能在最后部分，或者另外的地方有一小段，才是它真正想讲的。道理都是差不多的。如果我们真的想通了的话，我们从理解现实生活入手是最能帮助我们去理解历史的，而不只是从史书入手最容易理解历史。如果把这套方法发明出来，对传统的文献学可能会带来翻天覆地的变化。我想，你刚才提的问题，至少不能说全部解决，从这三个层次来讲，得到一定程度的缓解至少是可能的。

刘志伟：补充一点具体的例子。关于区域概念，宋以前也有做得非常好的，刚才赵老师提到的考古学，有一个概念叫"考古学文化"，我的理解，所谓考古学文化就是一种很好的区域范畴。另外，我们比较熟悉的，是陈寅恪先生关于隋唐制度渊源的研究，他提出了"河西地方化"和"江南地方化"的概念，不仅开启了从区域解释历史的视角，更开创了从区域历史解释国家制度的研究路径。我觉得这在历史研究里是具有革命性的。另外，很多在中国现代史学发展中带有范式创新意义的研究，也是关于早期历史的，例如大家熟悉的对居延汉简的研究、敦煌学研究，都可以说是区域研究的开拓。

提问：谢谢三位老师，谢谢你们的分享。帮别人问一个比较具体的，对刘老师来说，您之前也提到，在选题当中，主要关心的是在广府文化以及广浙地方史有没有研究空间，如果有的话，需要在哪些方面更加丰富？做地方史或者区域史新史学，在过程中对碎片化处理要怎么样避免？

刘志伟：我不知道能不能理解清楚你的问题。第一个问题是关于广府文化的研究空间，我想最直接可以问的一点，就是"广府文化"怎么弄出来。在我做研究的时候，似乎没有"广府文化"这个概念，我自己也从来不研究所谓的"广府文化"。当然，这个问题不是一个古代史或明清史的问题，而是当代史的问题。对于这一点我没有研究，不妨猜猜是怎么回事。一直以来，广东被认为有三种方言区：广东话、潮州话、客家话。北京大学有个教授，是顺德人，编了一本乡土地理教科书，把客家人、潮州人归类为非汉种，引起轩然大波。一个从当时一直延续至今的后果，就是客家和潮州的学者一直致力于创造"客家文化"和"潮州文化"。在这个创造的过程中，原来的"广东文化"慢慢几乎淡化了。到了近年，讲广东话的人觉得客家文化、潮州文化那么有影响，就觉得也要发明一种"广府文化"的范畴。于是就有了"广府文化"。这实际上是一个在自我边缘化中创造出来的范畴。这个过程不仅仅是一个地方史问题，更隐含着 20 世纪以后整个知识史的问题。现在很多地方都弄出"某某文化"的标签，弄很多分类，这个是很典型的在 20 世纪形成的文化观念下出现的问题，同我们的民族国家建立和形成过程中产生出来的知识史有直接关联。这是一个可以深入研究的问题。

第二个问题，我前面讲的那番话其实就要回答这个问题。区域史研究无论如何都不是碎片化的。为什么？我一再地强调、一再重复用整体性这个说法。我们越是强调区域史，就越是对整体性的要求更高。这种整体性不只是内部的、内在的整体性，更要求外在的、在不同层级的区域体系里面种种关系的整体性。我们对一个村子的研究，关联到的整体性可以是全球的。这时，不管是区域史还是乡村史，甚至家史、个人史研究，它都不能是碎片的。这是历史学必须有的基本要求。如果我研究温春来老师，只认识他个人，我从认识他第一天起我一直累积对他的认识，也不需要跟别人交流，这不是一个学术，只是我的生活和人际交往。但是如果把他作为我的学术研究对象，要通过研究他形成我对历史的理解，我关心的就不是他个人了。我可能通过他个人来探讨中国学术史、中国改革开放史等，这就不是碎片。这是一种不言而喻的学术信仰和学术价值。没有这种信仰和价值，才会有所谓碎片化的担忧和困惑。所以，碎片化的担心，不适用于区域史。所谓碎片化，其实在国家历史的研究里也很常见。有没有碎片化，不是看你研究的对象的大小，而是看你有没有历史的关怀。所有的人文学科，关心的都是人类的整体，都是出于我们对社会和人文的情怀。

赵世瑜：关于碎片化我再补充两句。这个话题这么多年一直在说，我以为早已经没有人再说了，很多学者都做出过非常正面的回应。

第一点，人人都知道，历史留给我们的很多东西，不管是哪方面的材料，加在一起，都是真实发生过的历史过程的极小一部分，九牛一毛都不到。留给我们的大多数材料，与原来存在过的历史过程相比较，大多是无法一一对应的，可以说都是碎片。所以历史学，不管是做什么史，区域史或不是区域史，在做唯一的一件工作，就是想办法让过去留下来的碎片资料怎么变得稍微完整些。所以就历史学而言，无论在哪个领域，都不存在碎片化的问题，这是我个人看法。因为它的原始状态，那些史料比我们所做的工作要更为碎片。如果大家能够同意这个看法，这个话题就可以休矣。

第二点，刚才刘老师举例子，可能怕得罪人，所以有点遮掩。其实我始终怀疑，碎片化的批评特别针对区域史研究、社会史研究，是不是别有用心？因为社会史研究从一开始就宣称了它的整体史关怀。刚才刘老师用"广府文化"这个词怎么来的例子启发了我，我就想到，是不是可以研究一下用碎片化来批评某一类研究究竟是怎么来的。我们看到过很多文章，包括历史学界的顶级刊物也发表过这类文章，比如分析几条竹简，就写一篇文章，但是没有人说那些是碎片化。区域史最小也就是研究一个村吧，再怎么也比一条竹简的内容大。我猜是不是因为那条竹简里讲的是一个伟大人物的语录，或者是与某个国家制度有关，所以在某些人的脑子里，这就是极其重要的，因此再碎片也不碎片。其他的问题在某些人看来不重要，你再不碎片也碎片。

提问：三位教授好，我本人不是历史学科班出身，我是历史学爱好者。赵教授说的，可能是因为我所在的家乡华北地区，所以我就想象在大概中古时期华北地区是属于中原的农耕文化和北方农牧文化的交融的地区，尤其像在民族史，它的区域史也有关系，是北方边疆，这种涉及史料，尤其像我这种行外人想多学、多看的话，需要注意哪些问题？

赵世瑜：其实我也不懂，因为我们三个人的知识结构有缺陷，尤其这个问题，我们过去研究三国南北朝史，特别是北朝史，有很多非常重量级的专家学者，我不是，我们都是研究明清以后的历史，所以不能够回答得很好，只是泛泛地回答。

我们还是可以去读一些相关的学者的书，当然这方面的研究有很多，像刚才刘志伟老师讲到陈寅恪先生的《隋唐制度渊源略论稿》，这个书就涉及你说的这些问题。当然这部书学术性比较强，如果愿意读当然最好。现在研究隋唐制度渊源的学者的看法和陈寅恪先生的观点相比，可能也有些变化，这个没有关系，学术总在发展和进步。

除此之外，已故的一些老学者，像武汉大学的唐长孺先生的书、北京大学的田余庆先生的书，都可以帮助你去理解。也有读起来相对轻松一点，但在理念上又非常好，能帮助你去理解北方民族研究的书，比如像我的同事、北京大学的罗新教授的书，都可以去读一下。如果你觉得他们的那些理念是可以接受、可以帮助你的话，可能就不会说我需要注意哪些问题，因为他们的论述已经告诉你需要注意什么。

提问：谢谢三位老师，感谢三位老师今天的演讲。温教授的讲法，我非常感兴趣，地域随意归类性的方法是有随意性，就以广东为例，对广州文化也归类性，但是也不否认这种归类性，并不值得研究，相反他认为广州文化就是国家不断介入、认同这种文化的存在，既然我们有这种归类，把一个地域文化引入归类性，为什么要以这种归类性，而不是研究为什么归类，归类的程度有多大，北京也是北京精神，爱国、包容等也是归类性的方法，但是我们说到底的归类性为什么不研究它为什么做归类，以及认可程度有多高呢？

温春来：你讲的地域，刘老师比较懂。我就比较抽象地回答你。归类的办法，人类是没有办法避免的，这是我们人类认识事物的一种重要方式。我们从比较学理的角度，首先我们要明白，当别人做这个归类的时候，他为什么要做这个归类，他是在哪一个层面来做这个归类，这个归类意义在哪里，这个归类出来又产生什么影响。这是我们观察别人的时候要做的，而不是我们自己也去简单归类然后总结特点。

当然，我们作为学者，我们写一个区域，最后我们也会谈几句话，谈几句话的时候，可能有人说你这个也叫归类。但是我们对自己的这个归类是有很清楚的意识的。我们是围绕问题来谈的，也是在一定的层面上来谈的。比如我在刚刚同大家讲我的博士论文，最后我写了一本书叫《从"异域"到"旧疆"：宋至清贵州西北部地区的制度、开发与认同》，这本书提出了中央王朝在西南地区展开的模式，我的问题就是围绕这个来的。此外，我也很清楚，要避免用现代的认知体系去将历史归类总结，而是要关注历史当事人自身的认知方式。我在中山大学所受的社会经济史训练让我很容易就抓住了一个概念，按照今天的概念，版图纯粹是国际法意义上的地的概念，与人无关，可可西里的无人区与每平方公里聚集上万人的北京闹市，国家的主权性质都是一样的。但是中国古代的版图就不只是一个"地"的概念。清朝人就说，"国家抚有疆宇，谓之版图，版言乎其有民，图言乎其有地"。因此，古人讲的版图是土地与人户的集合体。我就回到当时的概念，看古人怎么看"版图"，又如何用"版图"来界定王朝的"疆"，进而从古人自己的话语中，揭示大一统王朝在西南地区的展开模式，即"'异域'→'羁縻'→'新疆'→'旧疆'"。我也很清楚，这个模式虽然来自中国古人自己的话语，但它在当时毕竟是正统的，站在主流的人的话语与认知。当我用这个模式的时候会遮蔽掉很多历史，连地方的主体都会被遮蔽。所以我就谈一个事情，即在从"异域"到"旧疆"的演变过程中，地方主体性在哪里，非汉人群的主体性在哪里。所以，如果我这个也是分类总结的话，已经不是我们刚才批判的那种分类总结了。由于时间关系，我就谈这么多。

刘志伟：我补充两句，归类为所谓"广府文化"的现象，是研究对象，不是研究结论。不是我研究了之后去得出整个分类就构成一种知识，现在的人很喜欢做这种归类并且把文化本质化的事，但这个分类本身，只是一种文化表达的历史活动，因而是我们研究的对象，我们的研究是不会以形成这种结论作为学术目标的。

提问：谢谢三位老师。我想问一个关于问题支配区域，还是区域支配问题的问题。按照三位老师之前的说法以及我们一般的认识，应该说我们来选择进行研究的时候，选择的区域应该是依据我们问题的需要来进行的，我更倾向于将其称为问题支配区域的做法，但是会不会有这样的关系，就是当作为学者个人在进行研究的时候，他解决了他想要回答的问题，对他选择的那个区域有了详细的了解，在这之后，他所关心的东西都集中在这个区域上，他提出的新的问题也都固化在这个区域上，他所研究的领域也都限制在这个区域上。换句话说，他限制在这个区域了，我将这种现象称为区域支配了问题，在这种情况下，我在想它会不会就削弱这个人的研究，对于现实问题的作用以及是否会削弱人类研究，会不会失去了跨区域的研究，这是区域支配问题的现象。而我们一般所认为应该进行的那就是让问题支配我们的区域，在这种情况下，我们需要依据问题的需要随心所欲选择区域，我们就花费大量的精力和时间来探讨不同的区域、各种各样的区域，这也会导致另外一个问题，即我们没有足够的精力和时间。在这两种情况下，老师认为应该做出怎样的抉择？

温春来：谢谢你的问题！你讲到跨区域，首先我先从这个概念讲起，不存在所谓的跨区域，跨区域的概念是因为我们头脑里面有一个僵化固定的区域概念，而不知道区域是根据人的互动交流以及研究者的问题意识划出来的，比如我们认为缅甸是一个区域，云南是一个区域，研究云南和缅甸就是跨区域。然而，你为什么不能把云南和缅甸看成一个区域？如果你的问题意识已经是明清时期云南和缅甸的人与物资的流动，那这本来就是一个区域啊。你研究明清的国际贸易，广州、澳门、日本、东南亚就是一个区域，哪里跨？你担心我选择某一个区域后，我会固化在这里，这个担心是多余的。我们《区域史研究》发刊词里，有一段话，我读来与大家共享："区域史研究，一方面要对区域对象进行研究，另一方面要在其中呈现一种'理'。这种'理'，不只是针对研究者个人有效，还要能引起其他历史学家乃至其他学科学者们的共鸣。这就要求，不管研究的实际范围大小如何，区域史研究者一定要具有深刻的问题意识以及整体的历史感，而且要眼界开阔，积极与其他人文学科与社会科学交流对话，立足于史学学科本位的同时，体现出积极的理论自觉。"我们以两位老师为例，赵老师研究明清华北史，刘老师研究明清广东史，但只是研究明清华北史的人才读赵老师的书，研究明清广东史的人才读刘老师的书吗？根本不是。我甚至发现，好多非历史学专业的人也在读他们的书，经济学、社会学、人类学中，读两位老师的书的都很多。因此你刚才的担忧是没必要的，别担心。我们也不会说我要多研究几个区域，这哪里有个尽头？重要的是基于学术史来讲问题，不是进了这个区域，一拍脑袋想出一个问题来。我们讲的问题都是我们历史学或者其他学科一直在关注的，我通过这个区域的研究，我对这个问题有一种回应，有一种推进，尽管他不做这个地方的研究，他也在关注。就像傅衣凌先生讲福建山区的商品经济，他发现资本主义的萌芽在福建山区先发生，你不做福建的学者，不做明清的学者，甚至不做历史的学者，那个年代也会关注资本主义萌芽这个问题。傅先生的研究就很震撼当时大家的既有认知，你们都以为是生产力最先进的地方才产生这个东西，结果是山区产生。这样的研究，当时研究不同地区的学者甚至不同学科的学者，自然都会感兴趣。我就简单讲到这里。

　　主持人：非常感谢三位老师精彩的分享，给了我们充满乐趣又收获满满的一下午。

　　（结束）

专题研究

《区域史研究》2019 年第 2 辑（总第 2 辑）

第 43~69 页

© SSAP，2019

近代亚洲海洋网络与在华韩人
独立运动的展开

——以 20 世纪闽南相关事例为切入点

张　侃[*]

摘　　要： 自 19 世纪中叶开始，随着中国进入近代条约体制，结束了以朝贡体系为主的亚洲秩序，以殖民体系为主的亚洲秩序逐渐建立。这一转变不仅改变了东亚国际关系，而且重新调整了海洋区域结构。以上海为中心的国际航运线路形成之后，位于东北亚的朝鲜国民与中国东南沿海地区有了更便捷的联系方式，形成了有别于传统海洋时代的人群、商品流动模式。而在日本加大对朝鲜的殖民统治力度后，朝鲜籍的政治性移民沿着新的空间联结而纷纷南下，进而推动东亚地区革命思潮的流动与互动。本文以活动在闽南地区的在华韩人独立运动为研究对象，通过分析朝鲜籍安那其主义者在泉州黎明高中的执教及其活动、厦门日本警察擅自逮捕朝鲜籍黄埔军校毕业生引发的外交纠纷与抗日浪潮以及流动在厦门大学与中山大学之间的朝鲜籍学生等事件，认为近代海洋亚洲网络带来了区域内新空间的多重互动关系。

关键词： 近代亚洲　海洋网络　韩国　独立运动　闽南

---

*　张侃，厦门大学历史学系教授。

海洋亚洲（Maritime Asia）是近年来海洋史学界以海洋为视角所展现的亚洲历史面貌而使用频率较高的名词，斯波义信对于如何展开"海洋亚洲"的论述与分析，认同于"海洋亚洲史＝海事亚洲史"的观点。他通过历史事项和历史过程来理解由海洋联结而成的亚洲各国及地域之间的"互相依存度"和"历史现象的共生性"。[①] 所谓"共生性"和"依存度"都可理解为滨下武志认识的"海域的融合"，"沿海的作用性和以国家为主的地域关系不同，它是以海域为主的关系"，"以海域融合为主的观念来说明亚洲的历史，比过去以土地为主的观念可以涵盖更多的地区和呈现不同的内容"。[②] 在"海洋亚洲"的论域框架里，滨下武志以"朝贡体制"探讨"海洋亚洲"的主体内涵及其延续，认为"亚洲的民族，是从朝贡体制内部，通过共同拥有朝贡理念而产生出来的。这不仅是卫星朝贡圈形成的根据，而且形成了亚洲各国延续到近代的内在内容"。[③]

值得注意的是，"海洋亚洲"并非一成不变的。当深入内部圈层结构时，它明显地出现了阶段性特征。也正如滨下武志意识到的，"一个海域圈既是一个朝贡圈，也是一个贸易圈。此外，这样的域圈很大程度上是由移民流来决定的"。[④] 其实进入近代条约体制之后，"海洋亚洲"出现了结构性转变。从大范围而言，以欧美各国为主导的殖民势力控制了槟城、香港、厦门、上海等港口城市，以轮船运输形成的新航线改变了原有的埠际贸易结构和区位层次关系，这些港口据点联结为新的海洋

① 〔日〕斯波义信：《海洋亚洲史的"海事中国"探讨》，何世鼎译，张伟主编《浙江海洋文化与经济》，海洋出版社，2007，第 1 页。
② Takeshi Hamashita, "Competing Political Spaces and Recreating Cultural Boundaries in Modern East Asia: Regional Dynamism and the Maritime Identity of Asia," in Melissa Curley and Hong Liu, eds., *China and Southeast Asia: Changing Social – Cultural Interactions* (Hong Kong: Center of Asian Studies, University of Hong Kong, 2002), pp. 27 – 38.
③ 〔日〕滨下武志：《近代中国的国际契机——朝贡贸易体系与近代亚洲经济圈》，朱荫贵、欧阳菲译，中国社会科学出版社，1999，第 8 页。
④ 〔日〕滨下武志：《中国、东亚与全球经济：区域和历史的视角》，王玉茹、赵劲松、张玮译，社会科学文献出版社，2009，第 92 页。

网重构区域内部关系网络，形塑人群、商品的流动模式。

　　与此同时，在东西方文明碰撞的宏大进程中，面对资本主义、帝国主义、殖民主义的外在冲击，反殖民与革命等成为东方国家社会活动的主导话语。柯瑞佳（Rebecca E. Karl）据此甚至认为"亚洲"由此作为一个政治性反帝国主义区域而得以构建，从而奠定了亚洲革命行动展开的基本框架。① 因此，20 世纪亚洲各地反帝反殖民的民族革命，不只是本国或本地区的革命。比如中共革命与苏联有着极为错综复杂的互动，与朝鲜、越南、东南亚等国家和地区的革命人物、革命思想与革命行动也存在交错，除此之外，还包括反对中共革命的国家和地区。这种态势犹如杜赞奇指出的，"民族主义在东亚的传播是一个紧密联系的过程。中国和朝鲜的民族主义既是直接被日本的入侵和文化影响塑造的，也是被对这种入侵和影响的反抗塑造的"。②

　　传播与互动也是一种空间地域关系，阿里夫·德里克对区域构成（region-formation）与东亚革命的空间建构关系进行了深刻思考，"我在这里的研究不仅仅是把区域设想为既定的自然实体——即某种所谓的历史阶段意义的地理区域，而是把它们本身也看作一个正在进行的建构和重构过程。……东亚激进主义的互动本身就是东亚区域的现代建构的一部分"。③ 区域互动在社会主义、无政府主义的产生过程中扮演了重要角色。朝鲜、越南等国的近代革命历程在相当大的程度上来自区域互动。本文以 20 世纪 20～30 年代韩人反日独立运动在福建地区的展开形态为研究对象，借此动态考察海洋亚洲内部的革命话语传播和反殖民主义的联合抗争。

---

① 〔美〕柯瑞佳：《创造亚洲：20 世纪初世界中的中国》，董玥主编《走出区域研究：西方中国近代史论集粹》，社会科学文献出版社，2013。
② 〔美〕杜赞奇：《从东亚看民族国家的全球和区域构建》，董玥主编《走出区域研究：西方中国近代史论集粹》，社会科学文献出版社，2013。
③ 〔美〕阿里夫·德里克：《东亚的现代性与革命：区域视野中的中国社会主义》，杨金海主编《马克思主义研究资料》第 22 卷，中央编译出版社，2015。

一　近代条约体制与轮船航线

1842 年，《南京条约》签订后，清朝开放五口通商。由于历史上中国在日本、朝鲜等国的沿海城市建立了长期的商业和金融关系，并扮演着中心的角色，因此中国条约口岸体制也影响了东亚邻国。1876 年，朝鲜在日本的压迫之下，签订了开放口岸的《江华岛条约》，釜山被迫开港，这是中朝宗藩关系变化的起点。1882 年，朝鲜发生壬午兵变，清政府借机调整被日益削弱的宗藩关系。为了便于双方贸易，1882 年 10 月，清政府与朝鲜签订《中朝商民水陆贸易章程》（以下简称《水陆通商章程》），标志着两国从传统的"宗藩朝贡体制"向"近代条约体制"过渡。[①]《水陆通商章程》第七条规定，"现在海禁已开，自应就便听由海道来往。惟朝鲜现无兵商轮船，可由朝鲜国王商请北洋大臣暂派商局轮船，每月定期往返一次，由朝鲜政府协贴船费若干"，两国按照《水陆通商章程》开放沿海口岸间贸易。[②]

19 世纪 60 年代，以上海为中心的国际航运网形成，北有北洋航线和朝鲜、符拉迪沃斯托克（海参崴）航线，东有日本航线，东南有菲律宾航线，南有宁波、福州、汕头、香港以及南洋航线，甚至连通澳洲和欧美。随着海上交通的发展，朝鲜漂民也由海轮护送至上海，再经天津至北京回国，上海成为转送的中间站。1883 年，仁川开始对外通商，建立日本居留地和清国租借地。1883 年 11 月，中方代表、总办朝鲜商务委员陈树棠和朝方代表、统理交涉通商事务衙门督办大臣闵泳穆在首尔签订了《轮船往来上海朝鲜公道合约章程》。12 月，中方代表陈树棠

---

① 尤淑君：《从〈中朝商民水陆通商章程〉论晚清宗藩体制之争议》，《中国边疆史地研究》2016 年第 4 期，第 68～79 页；〔日〕冈本隆司：《属国与自主之间：近代中朝关系与东亚的命运》，黄荣光译，生活·读书·新知三联书店，2012，第 50 页。
② 王铁崖：《中外旧约章汇编》第一册，生活·读书·新知三联书店，1959，第 405 页。

和朝方代表穆麟德在首尔签订了《轮船往来上海朝鲜公道合约章程续约》。[①] 该续约规定了轮船招商局开辟上海与仁川港定期海运航线，"常川往来上海、朝鲜，或绕走烟台、仁川、釜山、长崎、上海，或绕走长崎、釜山、元山、烟台、上海"。简略而言，就是上海—烟台—长崎—釜山—仁川、上海—烟台—仁川的海运航线，直接沟通上海与朝鲜间的人员、物资往来。11月13日，轮船招商局的"富有轮"从上海出发，经由烟台在11月18日抵达仁川。[②] 但招商局的"富有轮"只往来三次就中断了，其间有英商怡和洋行"南升号"和德商世昌洋行参与航运，但维系时间不长均告停止。仁川的中国商人主要依靠日本三菱公司的轮船进行货物运输。朝鲜开埠初期，日本邮船公司垄断了朝鲜航线。1888年3月，轮船招商局"广济号"执行往来上海与仁川的定期航线，[③] 而后"富有""镇东""海昌"三轮加入了中朝航线。中国与朝鲜之间的稳定货运通道建立后，贸易快速发展，上海成为中朝海上贸易的第一大港口。[④]

海洋贸易往来带动了中国与朝鲜之间商品和人群的流动。仁川的租界设定后，1883年华商不超过48名，一年后达到235名，1890年接近1000人，他们在朝鲜建立了较为广泛的人际关系网络。[⑤] 广东籍商人谭杰生开设的同顺泰贸易行就在朝鲜的仁川、釜山、元山、镇南浦、群上

① 权赫秀：《近代中韩关系史料选编》，世界知识出版社，2008，第20~23页。
② 高秉希：《晚清中期定期航线的开设背景及其影响》，《史学月刊》2005年第8期，第42~47页；费驰：《19世纪80年代中朝日间海上商路的开辟及其对东亚国际贸易格局的影响》，姜维东主编《东北亚研究论丛》第7辑，东北师范大学出版社，2014，第207~216页。
③ 高秉希：《晚清中朝定期航线的开设背景及其影响》，《史学月刊》2005年第8期，第42~47页；权赫秀：《陈树棠在朝鲜的商务领事活动与近代中朝关系》，《社会科学研究》2006年第1期，第155~161页。
④ 刘畅：《近代上海与朝鲜的海上贸易1883~1904》，《史学集刊》2018年第3期，第59~68页。
⑤ 吴在环：《朝鲜末期以来在韩华侨社会角色的变迁》，中国社会科学院近代史研究所编《第三届近代中国与世界国际学术研讨会论文集》第1卷，社会科学文献出版社，2015，第205页。

等港口开设支行，同时在中国的上海、广州、香港以及日本的长崎设立分行。① 中朝之间的航线定期运行之后，朝鲜商人把目光投向中国发展最快的城市——上海。到中国贸易的朝鲜人主要分为官商与私商两类，前者是受朝鲜王室的委托去中国的大城市购买商品，而后把商品装在中国或日本的轮船上运到仁川港；后者大部分人自行到中国内地售卖朝鲜特产，其中以人参为多。

"条约体制"的建立，东亚各国的政治经济关系依照近代民族/国家架构下的国际法则而进行调整，建立新秩序，形成新网络。与此同时，内部各个港口以及沿海地区的相互关系也有所变化。如滨下武志指出的：港口的开放，使得许多当地的经济实体建立起多边区域性联系。仁川—上海—大阪的三角贸易关系已经延展到天津、营口和东北亚的海参崴（现符拉迪沃斯托克），以及东南亚、香港和新加坡。加上长崎，这一三边团体构成了一个更加庞大的贸易和结算网络。②

可以说，条约制度带来了港口贸易格局的调整，改变了中国原有的交通网络和市场等级。上海成为中国第一大航运中心，开辟了多条远洋航线，轮船航运也逐渐取代帆船航运，成为沿海短途航线的主角。1873年，轮船招商局成立后，开辟了上海—厦门、上海—牛庄、上海—香港等航线，1875 年增辟上海—宁波、上海—温州、上海—福州等航线。朝鲜使臣就沿着天津至上海的航路搭乘轮船到了上海。如 1881 年 8 月《申报》记载："本埠近日来一高丽人。此人向在高丽为官，因知上海旅居喜人最多，故欲历观各行家、洋人房屋、什物，以广见闻。"③ 还有朝鲜移民沿着沿海航线各口岸城市移动，在闽粤地区逐渐形成聚集

---

① 〔韩〕姜抮亚：《近代东亚跨国资本的成长与局限——以在韩华侨企业同顺泰为例》，《文史哲》2005 年第 5 期。
② 〔日〕滨下武志：《20 世纪早期海外华人在仁川、神户和上海的银行网络》，复旦大学历史地理研究中心主编《港口—腹地和中国现代化进程》，齐鲁书社，2005，第 28 页。
③ 《高人笔谈》，《申报》1881 年 8 月 7 日，第 1 版。

点，比如广州和厦门等。

日本调查报告显示，1937 年前的广东朝鲜籍移居情形为，"移居者在当时被称为自由天地的上海日趋增加，并逐渐南下至香港、广东方面。大正四年（1915）左右已有约三十名来往者，他们大都是经营朝鲜人参的坐商和行商。此后逐渐增加，事变爆发时，除后述的学生和军人外，已达百名左右"。[①] 朝鲜人还沿着水运航线散居到黄埔、佛山、增城、东莞、虎门、江门、钦县、北海、南宁等地。厦门的朝鲜籍移民则先是"经台湾渡海从事人参买卖"。后来又在 1937 年之后有所增加，日方调查大约为 51 人，其中男 19 人，女 32 人。按照职业划分则是：饭馆 1 人、账房 1 人、女佣人 1 人、食堂 1 人、女招待 6 人、咖啡馆女招待 2 人、慰安所业主 2 人、当铺 1 人、慰安妇 11 人、人参商 2 人。[②] 1945 年的《朝鲜居留民名簿》则为 30 多人，具体如表 1 所示。

表 1   1945 年厦门朝鲜居留民名单

姓名	性别	年龄	日名	行业	原籍
申应麟	男	40	平山应麟	料理业	庆尚北道安东郡
崔贵粉	女	30		申应麟妻	庆尚北道达城郡
张锡球	男	36	张村贞雄	贸易商	平安北道义安州郡
张氏千鹤	女	26	角松千川	张锡球妻	
郑荣硕	男	26	东田荣硕	木工	庆尚北道蔚山郡
金又出	女	23	东田又出	郑荣硕妻	
梁斗铉	男	24	良川竹一	船员	全罗南道济州岛
申在音	男	25	石村新吉	船员	全罗南道济州岛
金哲雄	男	20	金本哲雄	船员	咸镜北道稳城郡
金致根	男	49		船员	庆尚北道庆州郡
李荣根	男	32	平川荣根	船员	庆尚南道昌原郡
李分童	女	48		女妓	全罗北道益山郡
郑元德	女	22		女妓	平安南道成川郡

---

① 杨昭全等编《关内地区朝鲜人反日独立运动资料汇编》上册，辽宁民族出版社，1987，第 73 页。

② 杨昭全等编《关内地区朝鲜人反日独立运动资料汇编》上册，第 80 页。

续表

姓名	性别	年龄	日名	行业	原籍
金绿珠	女	21		女妓	平安南道德川郡
李特实	女	20		女妓	平安南道大同郡
朴斗伊	女	22		女妓	庆尚北道庆州郡
朴贞子	女	20		女妓	平安南道平壤府
严承心	女	18		女妓	平安南道镇南浦府
宗西分	女	27		女妓	庆尚南道晋州郡
金希顺	女	20		女妓	庆尚南道南海郡
崔琴成	女	22	山田琴成	女妓	庆尚北道安东郡
裴点伊	女	23		女妓	庆尚北道延日郡
金岩田	女	21		女妓	庆尚北道尚州郡
李应良	女	21	朝野应良	女妓	平安南道龙冈郡
崔琼淑	女	19	山下琼淑	女妓	平安南道镇南浦府
文福德	女	27	文严福	女妓	畬维南道长兴郡
尹粉男	女	23	松冈粉男	女妓	忠清南道论山郡
郑点顺	女	23			庆尚南道晋州郡
玉淳顺	女	22			庆尚南道
姜也武	女	32			庆尚南道山清郡
蒋斗伊	女	23			庆尚南道釜山府
金水粉	女	23			庆尚南道河东府
金南一	女	32			平安南道镇南浦府
徐顺德	女	22			庆尚南道晋州郡
崔乙善	女	21			庆尚南道晋州郡
金宗顺	女	2			庆尚南道晋州郡

资料来源:《朝鲜居留民名簿》,厦门档案资料丛书编委会编《近代厦门涉外档案史料》,厦门大学出版社,1997,第 57~58、137~140 页。

二 反日独立运动与政治移民

上海至仁川的航线开通之前,国内政治斗争失败的朝鲜人依靠海上航线来到上海。如 1884 年甲申政变之后,积极参加开化派活动的尹致昊由美国驻朝公使帮助从日本来到上海,就读于美国人林乐知执教的中西学校。1888 年他赴美国留学，结束留学生涯后，他回到上海中西学校执教。1894 年朝鲜爆发东学农民起义引发了中日甲午战争，朝鲜半岛成为战争的重要战场，漂流到中国东部沿海地区的朝鲜人增加。为了加强管理，1894 年 11 月上海县令发布告示，称已在英租界设立名为柔远居的公所，要求在沪朝鲜人全部迁入此居住：

大清钦加运同衔特用府补用直隶州松江府上海县正堂黄为出示晓谕事。照得朝鲜为我国藩封，久资屏蔽，凡彼来往各埠商民，地方官应行保护。近因倭奴犯顺，寓沪朝鲜人民日多，大都散住各处。当此外患凭陵，正海疆多事之秋，尤宜妥为稽查，以资保护。案奉道宪谕，饬设法安置。现由职员萧延琪出资，于英租界棋盘街地方设一公所，名曰柔远居。凡朝鲜来沪商民，悉令居住此寓，同在一处，并由驻沪朝鲜李董事常川在寓，督率一切，专稽出入，一直编注名册，由县按名给予护照，以示区别。至朝鲜人在沪本寓客栈，亦须各出房租，其柔远居一切饭食、房金，仍照客栈章程收取，不稍加增。其住寓各商人，均当循照公寓条规，听董约率，前已照会李董照办在案。兹查柔远居业已安设齐备，除谕职员萧延琪遵照外，合行出示晓谕，为此示仰驻沪朝鲜商民人等一体知悉。各商等务于十一月初一日一律迁移柔远居内居住，毋得仍前散处，以致漫无稽考。此系我朝怀柔远人、保护属国商民之意，各商民务各遵照，毋稍观望迁延，是为至要。切切特示。①

1910 年 8 月，日本吞并朝鲜后，亡命上海的朝鲜反日独立运动者增多。正如有关调查指出的，"他们的大批移居，是从日韩合并前后。

---

① 《以柔远为防奸之法论》，《申报》1894 年 11 月 20 日，第 1 版。

对时局抱有不满的分子，视上海为自由天地，便逃来避居"。① 在此状
况之下，组织各种团体、开展独立运动便具有了群众基础。1912 年，
流亡到上海的申圭植（申柽）加入同盟会，追随孙中山等人开展民主
革命。1918 年，在申圭植的支持下，吕运亨、张德秀等人结成新韩青
年党，发行机关杂志《新韩青年》。新韩青年党的成员思想较为多元，
以民族主义、民主主义、共和主义、社会改革主义、国际和平主义为理
论基础，以朝鲜独立回归为目的。新韩青年党先后派人潜回朝鲜等地活
动，成为 1919 年三一运动的"震源"。三一运动爆发后，日本开始大
肆镇压反日朝鲜人，国内局势突变，朝鲜人再次掀起移住上海的高潮。
4 月 8 日，旅居中国的朝鲜人在上海召开第一届临时议政院会议，正式
议定国号为"大韩民国"，成立临时政府。不过，临时政府内部存在各
种意见不同的派系，他们在上海组成了多个反日团体。金元凤（金若
山）等 13 人发起建立了"朝鲜意义烈团"，倡议暗杀行动。1920 年，
李东辉、安恭根、吕运亨等在上海创建了"高丽共产党"。11 月 24 日，
日本朝鲜总督府警务局的一份《关于上海不逞鲜人各种团体的情况》
详细记载了相关情况：

> 兴土团（团长安昌浩，约 30 人）、新大韩同盟团（团主南亨
> 祐，约 40 人）、劳动党（主持人吕运亨，约 100 人）、民团（团长
> 吕运亨，约 400 人）、大宗教（主持人申圭植，约 20 人）、新韩青
> 年党（主持人金圭植，约 30 人）、东洋和平团（团长孔仁，约 10
> 人）、红十字会（会长李喜儆，约 200 人）、爱国妇人会（会长金
> 元庆，约 20 人）、耶稣教会（牧师金秉祚，教徒约 60 人）、留日
> 学生亲睦会（主持人申翼熙，约 50 人）、冒险团（团长金声根，
> 约 10 人）、青年团（团长任在镐）、消毒团（团长孙斗焕，约 20

---

① 杨昭全等编《关内地区朝鲜人反日独立运动资料汇编》上册，第 1~2 页。

人）、铁血团（团长卢武用等，约 40 人）。①

上海租界具有治外法权，韩国流亡者聚居于法租界的霞飞路，建立了海外韩侨反日独立的基地，该基地也是联系各地韩侨的枢纽。朝鲜总督府警务局的报告就说，"在外的排日鲜人便集合到这里，这里也逐渐变成他们决策的发源地。想去北美与夏威夷的不良鲜人也都经由上海，美国夏威夷发刊的各种印刷文本也经由上海到朝鲜"。在东南亚活动的韩人独立运动者是由上海出发的。新加坡是韩人人参商活跃的地区，在申圭植的帮助下，其先在上海活动的洪命熹、郑元泽、金晋鏞、金德镇等四人来到新加坡，遍访马来半岛，与当地的韩人接触。而后，金德镇远赴爪哇岛，郑元泽到了泰国的曼谷与韩人人参商会面。金晋鏞以新加坡为据点在香港和马来西亚活动，向中国革命势力转交军事资金。② 1922 年 9 月 11 日，韩国同胞联合会在上海法租界开会，来自中国、日本、俄国、爪哇、美国以及韩国民众有 200 余人。旅居上海的韩国人举行各种活动演讲韩国苦难史，引发了亚洲被殖民统治地区人士的共鸣。孙中山指出："中韩两国，同文同种子。本系兄弟之邦，素有悠久的历史关系，辅车相依，唇齿相依，不可须臾分离，正如西方之英、美。对韩国独立，中国应有援助义务。"③ 1920 年，申圭植出版了《韩国魂》，意在回答两个问题：一是韩国何以灭亡；二是如何恢复韩国独立。1923 年 6 月 15 日，越南志士潘佩珠（潘是汉、潘文珊）为之作序曰："韩国及我越，在亚洲为兄弟国，种同，学统同，今则苦痛又同矣。大好河山，夷为贼窟，神明血胤，沦为奴藉，苟人心尚在者，能一朝忍耶？睨观先生《韩国魂》，韩国人心之大写真耶。予读及半，破涕为笑。我同

---

① 转引自石源华《韩国独立运动与中国（1919—1945）》，上海人民出版社，1995，第 92 页。

② 韩国独立运动史研究所编《韩国独立运动的历史》，韩国独立纪念馆，2013，第 101 页。

③ 〔韩〕闵石麟：《中韩外交史话》，重庆东方出版社，1942，第 26～27 页。

胞国之光复，行有期矣。"①

韩国移民除流亡人士外，在中国港口城市的谋生方式基本一致，"一般都是从事小商业、商店店员、舞女、女服务员、女招待、违禁品秘密买卖、电车监督"等。由于生活并不富裕，民族主义情绪容易受到政治移民的鼓动，"侨居民众之大部分或多或少都在强烈的民族主义上的影响之下"。②涉及城市有这两地间的贸易，又与日本之下关、门司、神户、函馆、小樽，朝鲜的釜山、仁川，及上海、基隆、淡水、香港、新加坡等口岸的贸易密切相关，并作为扩展到日、朝等日元流通圈，及中国沿海、东南亚等广阔地域的交易网络的一环而发挥其机能。

三　泉州的朝鲜安那其主义者

朝鲜政治流亡者沿着海路向南移动过程中，既吸纳了当时在中国流行的各种政治思潮，也推动了各种政治观念的传播。其中，以"安那其主义"在中国各地以至东亚的传播为代表性的现象。"安那其主义"是无政府主义（Anarchism）的中文谐音，也写为"安那琪主义"。作为源自西方的政治思潮，安那其主义的宗旨在于反对强权，主张废除国家和政府，建立没有政治权威、绝对自由的自治社会。19 世纪末到 20世纪初，安那其主义在中朝两国的知识精英中得到传播，原因是被作为谋求民族解放的手段。这与西方无政府主义者关注个人自由不同，东亚安那其主义者表现出对社会解放的关心，以反对殖民统治的面目出现，具有了"民主主义抵抗"的色彩。辛亥革命前后，刘思复（刘师复）成立晦鸣学社宣扬无政府主义，并在新文化运动中成为激进主义的先导，后来越南的无政府主义受其影响，比如越南潘佩珠得到刘师复的支

---

① 转引自石源华《韩国独立运动与中国（1919—1945）》，第 128 页。
② 杨昭全等编《关内地区朝鲜人反日独立运动资料汇编》上册，第 1～2 页。

持而成立"振华兴亚会"。韩国反日独立运动就与安那其主义思潮有着密切联系，发挥了民族解放运动实践的纲领作用，显示了思想轴心的功能。

三一运动之后，日本殖民政府严厉镇压反日独立运动。1919年6月，柳子明（柳兴湜）辗转来到上海，接触了共产主义和无政府主义，阅读了克鲁泡特金的《相互辅助论》以及其他无政府主义者的著作。1922年，柳子明结识了金元凤，加入了朝鲜义烈团。后来柳子明来到北京，与来自台湾的无政府主义者交往密切。当时在北京的台湾青年以福建或广东祖籍身份免费寄居在漳州、泉州、永春、龙溪、晋江等会馆，并正式就读或旁听于北京的各大专院校。柳子明与他们接触，并得到在泉州会馆工作的机会，"林炳文是台湾人无政府主义者，我是在1924年于北京结识了林炳文与范本梁。由于我们都是无政府主义者，所以交流比较密切。当时林炳文供职于北平邮政局，寄宿于前门外泉州会馆。由于我的生活比较拮据，通过林炳文的介绍，而曾在泉州会馆工作过一段时间。丹斋先生亦透过我结识了林炳文"。[①] "丹斋先生"即为申采浩，1915年在北京创立"新韩青年会"和博达学院，他经柳之明介绍认识了金元凤，成为1923年《朝鲜革命宣言》的执笔者。申采浩在无政府主义思想中找到大众暴力反对殖民主义的合法性，这也是金元凤、柳子明等人的共识。柳子明回忆，"由于日本将韩国殖民化，镇压和杀害老百姓，所以对国家权力的反抗就是反抗日本帝国主义。刺杀日本侵略元凶和破坏统治机构就是反日爱国行为"。[②] 这些看法在当时的东亚无政府主义中产生较大影响，这也是林炳文、范本梁等台湾无政府主义者与朝鲜无政府主义者结识的动因，由此形成了无政府主义者的联盟与网络。柳子明回上海，与李正奎、安恭根等人组建上海朝鲜无政府主义联盟，

---

① 转引自邱士杰《日据时期朝鲜与台湾的无政府主义者交流——以申采浩与林炳文的活动为中心》，厦门大学台湾研究院《台湾研究集刊》2017年第2期，第77~85页。

② 〔韩〕柳子明：《我的回忆》，辽宁人民出版社，1984，第47~53页。

并加入南京的无政府主义联盟。在此过程中，柳子明在上海与中国无政府主义的代表人物匡互生、陈范予、马宗融等人均有深度交往。

朝鲜和中国的无政府主义者以上海为中心开展了一系列活动，也推动了福建无政府主义的勃兴。时人认为，"安那其主义者——（无政府主义）在中国有两个据点：第一：是上海；第二：是福建闽南"。①1930 年，柳子明由陈范予邀请到泉州黎明中学任教，并主持生物学和热带植物研究。黎明中学的成立并成为无政府主义者的会集地，这与无政府主义在福建的发展有关。1919～1920 年，陈炯明在漳州建立"闽南护法区"。秘书莫纪彭早期曾追随刘师复在广州创办"晦明学社"和在杭州白云庵创立"心社"。经莫纪彭的引荐，无政府主义者梁冰弦担任漳州教育局局长，并将刘石心（刘师复胞弟）和陈秋霖等人带到漳州，②创办《闽星》（半周刊）和《闽星日报》，宣传无政府主义，形成了无政府主义者与布尔什维克之间的合作，也称为"AB 合作"。③1920 年 5 月，一位北大学生仰慕漳州的革命而亲临此地，后来以"如山"署名写了一篇《游漳见闻记——漳州文化运动的真相》，发表在《北京大学学生周刊》（第 14 号）上，描述了"闽南春季大运动"中宣传无政府主义的行为："第一天在运动场最令人注意的就是有许多人散播一种小册子叫作'我们的运动'，其内容是'无政府党之目的与手段'一篇具体的文章。我出会的时候，看见无论兵士、学生、女子，人人手里几乎都有这一本书。……第三天，有一班青年学生在运动会门口外的小阜上，手摇红旗，竖起两幅大相，我走近看看，原来一幅是巴枯宁，一个是师复，在这两幅相之下，有几位西装少年用北话大声演

---

① 骆文惠：《安那其在闽南活动经过》，《社会》第 11 期，1948 年，第 5～6 页。
② 此前刘石心从广州到南洋宣扬无政府主义和社会主义，参与了菲律宾真社的活动，该社主要由广东人组成，真正的领袖是北京实社成员华林。刘石心等因被怀疑宣传"苏维埃"而被驱逐出境。
③ 李丹阳：《AB 合作在中国个案研究——真（理）社兼及其他》，《近代史研究》2002 年第 1 期，第 43～77 页。

说，由闽人传译，听的由军官，有兵士，有学生，有农工人和妇女，教师。……后来我跑到运动场里，又看见一队少年学生，人人拿着一面红旗，散播一种小册，题目叫作无政府浅说，是师复君著的。"① 陈炯明退出漳州后，1921 年梁冰弦到厦门担任复刊的《民钟报》总编辑，登载《到安全之路》等文章，继续宣传无政府主义，后遭到查封。1922年《民钟报》再次复刊，刘石心等担任编辑，带有无政府主义倾向的林憾、王鲁彦等担任副刊编辑。1926 年，刘石心离厦，约其弟刘抱真前来担任主编，延续无政府主义的色彩。②

泉州兴起无政府主义与秦望山有关。他在护法运动中参与了许卓然的"闽南靖国军"。1920 年春，"闽南靖国军"与陈炯明部队发生冲突时，秦望山作为地方代表在漳州同陈炯明商谈停火，与当时漳州的粤籍无政府主义者有接触。其实，《民钟报》是由菲律宾华侨林翰仙等华侨捐助而创办，由许卓然共同筹办，许卓然担任名誉社长，因此与梁冰弦等无政府主义者也有密切交往。1921 年，秦望山在上海同许卓然等组织福建自治促进会。1923 年，"闽南靖国军"改为"东路讨贼军"，为了训练军官而筹备"干部训练所"，秦望山就请梁冰弦介绍郑文湘为帮统兼训练所教务长，并由梁冰弦制定十大信条，全力灌输无政府主义。③ 战事失败，秦望山到上海大学读书，与无政府主义者有了进一步接触。梁披云（龙光）当时师从沈仲九，也与秦望山相识于上海大学。1927 年 6 月，秦望山提出以故乡福建省泉州为中心建立武装自卫组织，将农民们加以组织化。以李丁奎（李又观）为首的中、韩、日无政府主义者参与了此事。从 1927年下半年开始，另一位无政府主义者柳树人（柳絮、柳基石）在约 6 个月

---

①　如山：《游漳见闻记——漳州文化运动的真相》，《北京大学学生周刊》第 14 期，1920年，第 24 页。

②　李硕果：《厦门〈民钟报〉创办始末》，福建省厦门市文史资料委员会编《厦门文史资料》第 10 辑，1986。

③　秦望山：《我与自治军及讨贼军的关系》，福建省泉州市鲤城区地方志编纂委员会、政协泉州市鲤城区委员会文史资料委员会编《泉州文史资料》第 1~10 辑汇编。

的时间内分别在福建省厦门和泉州等地参与了中、韩、日无政府主义者的联合活动。①

　　1928 年，许卓然、秦望山回到泉州，梁披云也在泉州温习功课准备留学，适逢蔡元培、马叙伦参与浙江起义而赴闽避难，秦望山、许卓然、梁披云一起前往请教贫民教育之事。蔡、马倡议在泉州创办平民高级中学，培养社会骨干人才。1928 年下半年，许卓然、秦望山、梁披云等人着手创办新式高级中学——黎明高中。泉州士绅和地方贤达对此予以支持，第一次筹备会成员有许卓然、秦望山、梁披云、叶青眼、陈清机、李爱黄、杨逢年（代表张贞）等，梁披云为首任校长，成立校董事会，许卓然为董事长。黎明高中的经费由泉安汽车公司拨出 17000 多元公股为基金，每月支付 500 元为经费。由于经费困难，秦望山捐出自己的房屋和祖地为校舍，许卓然、秦望山等人向海外募捐，梁披云挪用家族在上海、广州商号的 6000 两白银购置教学仪器、设备和图书。1929 年春，黎明高中以泉州武庙为校址开办。② 1929 年 9 月，归侨苏秋涛由泉赴新加坡等地为平民中学筹集经费。1930 年 2 月，苏秋涛从新马募捐回到泉州，在文庙创办平民中学，试行平民公社制度的教育实验。平民中学与黎明中学为姐妹校，如苏秋涛描述的："黎明与平民，往来甚形密切，对外行动一致，在教学、研究、社会活动各方面，彼此合作，从中培养出不少染有安那其思想的人，分布各地，如海澄的海沧小学、晋江石狮的爱群小学，泉州附近的法江小学、清濛小学。"③ 骨干教员互有交叉，以无政府主义者为多，情形如表 2 所示。

① 李丁奎：《中国福建省农民自卫运动与韩国同志的活动》，《又观文存》，三和印刷出版社，1974，第 128 ~ 155 页；柳树人：《三十年放浪记》，国家报勋处，2010，第 138 ~ 150 页；转引自崔起荣《20 世纪二三十年代柳树人的在华独立运动与无政府主义》，金俊主编《东亚视野中的东亚》，浙江工商大学出版社，2014，第 167 页。
② 梁燕丽：《梁披云评传》，三联出版（澳门）有限公司，2015，第 56 页。
③ 苏秋涛：《安那其主义在泉州》，仲实整理，福建省泉州市鲤城区地方志编纂委员会、政协泉州市鲤城区委员会文史资料委员会编《泉州文史资料》第 4 辑，1988，第 120 页。

表 2　泉州黎明高中、平民中学无政府主义者队伍

国籍	黎明高中	平民中学
中国	姜种因(祖菁)、吴克刚、陈君冷、汤文通、吕骥(展青)、胡仲舒(胡迈)、卫惠林、林憾庐(和清)、张庚(姚禹玄)、邵惟、黎蛮支(昌仁)、丽尼(郭安仁)、陆蠡、王鲁彦、张晓天、周眙白、陈允敦、范天均、杨人楩、陈范予、叶非英(叶坪)、吴朗西(吴文林)、伍禅、沈一叶、索菲、刘存良、朱少希、钱兆隆、陈春培、宋宗慈、甘白水、张翼飞、姚烟章、徐君夔、朱冼、吴金堤、陈侃、郎伟、郑伯英、蔡孝乾、詹若标等	叶非英、刘青山、陈范予、王鲁彦、陈瑜清、陆圣泉(陆蠡)、吴郎西、卢采、袁继热、邵惟、陈瑜清(诸侯)、伍禅、俞福祚、薛藩(薛淑屏)、莫民生(莫俊峰)、卢采等
朝鲜	柳子明、柳絮、李又观、许烈秋	柳子明、柳絮、许烈秋
日本	岩佐作太郎	吴思明
越南		赵逸萍

　　会聚到泉州的无政府主义者社会背景和思想来源各有不同。如卫惠林是在东京加入中国安那其小组的，而后到巴黎留学，其间与无政府主义友人、留学生和工人一起研读无政府主义著作，曾翻译克鲁泡特金的《伦理学》(1924)。回国后，他与巴金等人创办《民众》半月刊。1930 年，他应同在法国留学的无政府主义朋友吴克刚的邀请到泉州任教。而林语堂的三兄林憾庐曾至南洋经商、从医，1927 年林语堂到上海，林憾庐随之而往，并担任《宇宙风》编辑，活跃于文坛，与鲁迅、巴金交往颇多，他既是无政府主义者，又是基督徒。

　　与中国籍的无政府主义者相比，朝鲜籍的无政府主义者来到厦门有另外的特殊背景。比如柳树人再次来到泉州担任黎明高等中学地理老师兼体育老师，[①] 除了原来与秦望山等人的关联外，还有一个原因是柳子

---

① 崔起荣：《20 世纪二三十年代柳树人的在华独立运动与无政府主义》，金俊主编《东亚视野中的东亚》，浙江工商大学出版社，2014，第 169 页。

明、柳树人、许烈秋等人成立了"南华韩人青年联盟"，这个无政府主义者组织由柳子明担任议长，有成员 30 多名。其中，有郑华岩、柳子明、柳基石（柳树人）、元心昌、朴基成、严亨淳、李圭虎、李容俊、郑海里、柳基文、白贞基、李康勋、许烈秋、金芝江、吴冕植、李何有、安东晚、金玄珠、李达、玄永燮、李滢来、金秉学、李会荣、罗月焕、刘山芳、金光卅、朴哲东、朴济彩、李中铉、林少山、张运善、沈容沤、安于生等人。①

　　柳子明等人在泉州活动，希望在华南地区建立无政府主义基地，这也与柳子明一贯主张的韩中联合论相匹配。柳子明所秉持的是立足于无政府主义的"开放民族主义"理念，即通过民族间的联合主义的志在国际主义或四海同胞主义的理论。② 巴金来访后，深受黎明高中的氛围和无政府主义的状况感动，"在这里每个人都不会为他个人的事情烦心，每个人都没有一点顾虑。我们的目标是'群'，是'事业'；我们的口号是'坦白'"。③ 柳子明在黎明高中任教一学期后，于 1931 年 1 月到上海立达学园高中部任教。立达学园由匡互生设立，是无政府主义者"以教育改造社会"的实践基地，同时也是朝鲜无政府主义者与柳子明等商议行动计划的基地，因此柳子明也一直被日本情报机关监视。柳子明在泉州只待了短暂半年，1944 年他又重回福建，当时程星龄在各地开设康乐新村，邀请他到福建永安进行新村建设。柳子明被任命为"第二村"福安县溪农场准备处主任，他沿着"理想村"的设想继续开展农村启蒙运动。④

---

① 杨昭全：《中国境内韩国反日独立运动史》第 2 卷，吉林人民出版社，1996，第 153 页。
② 〔韩〕韩相梼：《柳子明对无政府主义的理解和韩中联合论》，金俊主编《东亚视野中的东亚》，第 183 页。
③ 巴金：《黑土》，《巴金全集》第 13 卷，人民文学出版社，1993，第 281 页。
④ 刘大可：《柳子明先生在福建的活动》，《福建省社会主义学院学报》2005 年第 4 期，第 25 ~ 30 页。

四　日人在厦擅捕韩人引发反日浪潮

朝鲜籍反日独立运动人士在闽南的活动，也激发了中国民众的反帝爱国情绪。1928 年，厦门发生了抗议日本警察擅自逮捕韩人而引发的反日浪潮。1928 年 3 月 12 日的《申报》报道了此事经过：

> 先是有韩籍之朝鲜独立党而也无政府党之李箕焕者，毕业黄埔学校第三期，入国民党，从军北伐。至长江后，受泉州军事厅泉永民团编练处之聘，为组织部员，近偕韩籍黄浦生李明斋、李刚、李润炳四人自泉州来厦。其余三人，也均独立党。为厦门日领侦悉，派台籍领事馆侦探王某导日警六人，于二日夜十二时，挟枪乔装华人，至相公宫某台籍人宅捕四李。时四李适至是访友也，李等略抵抗，为日警开枪威止，即捕至台湾公会，旋解梧桐埕本警部，翌晨转解鼓浪屿日领署。时以夤夜，相公宫地僻，军警竟毫无所闻。

李箕焕是被逮捕的人员中的首要人员，他被视为无政府主义者及其被缉捕，与柳子明参与义烈团后领导的暗杀行动有一定关系。1925 年 3 月 30 日，李箕焕、李圭骏、李皓、黄益洙在柳子明的组织下，在北京安定门外车辇胡同家宅中绞杀朝鲜总督府密探金达河，事后暗杀者全部逃跑。1926 年 3 月，朝鲜义烈团团长金若山同广东地区朝鲜独立运动的主要领导人孙斗焕等一起拜访黄埔军校校长蒋介石，要求接纳义烈团团员入校，得到蒋介石的许可。李箕焕在 1926 年 6 月成为黄埔军校第四期步兵科学员，同期的朝鲜籍其他学员分布各科学习：（1）步兵科有朴孝三、朴建雄、王子良、尹义进、田义昌、李愚悫、李集中、李锺元、金钟、姜平国、柳远郁、崔林（金若山）、崔永泽、杨俭、卢一龙、权晙；（2）炮兵科有吴世振；（3）工兵科有金洪默；（4）政治科有文善在、朴益济、白红、劳世芳、卢建。①

李箕焕等人的此次被捕，系被日本当局当成正在寻找的朝鲜独立党党员李吾之、李用机、李纪还、李顺炳。日本领事未知会厦门地方政府的擅自行动一事成为违反国际法的越界捕人事件。李箕焕具有黄埔学员的身份，他参加北伐至长江转到福建任职，与国民党厦门党部有密切联系。国民党厦门市党部最先做出反应，次日晨即向驻漳厦海军警备司令部及公安局发出质问，责其失职。同时，召集民众团体联合会召开紧急会议，请海军司令部、厦门交涉署向日本提出严正抗议，要求日方释放李箕焕等四人。在交涉过程中，日方认定李箕焕等人为共产党，是在"满洲"、上海犯法而被通缉在案的要犯，因此予以逮捕。② 3 月 5 日，厦门民众团体联合会召集各界代表大会，函请海军司令部与交涉员向日本领事提出 24 小时内交出所捕李箕焕等四人、日本领事正式向中国政府道歉等具体要求，并决定从 3 月 6 日 6 时起抵制日轮入港。会议决定推举总工会、商协会、学联会等 11 个团体负责人议决反日运动的一切事宜，成立"厦门各界反抗日本侵略国权委员会"。3 月 6 日、8 日、14 日、15 日，"开城丸""孟那多丸""凤山丸""地厘丸"等日本轮船先后抵达厦门港，负责起卸客货的中国船工拒绝工作。3 月 14 日，日领在厦门前日罢工的压力下，向刘光谦表示可将系案外牵累的李明斋、李润炳二人释放，李箕焕、李刚因是在朝鲜犯案的重犯，须解往上海转朝鲜政府发落，但日方却利用"大阪号"将李箕焕、李刚二人押送台湾转赴朝鲜。3 月 21 日，反日会为抗议日本领事言而无信，决定在厦鼓再次罢工、罢市、罢课一天，并要求驱逐驻厦日领坂本龙起，催促厦门当局解散非法日警，并没收其武器，否则民众将采取正当手

---

① 广东革命历史博物馆编《黄埔军校史料》，广东人民出版社，1982，第 553～587 页。
② 《厦门日领擅捕韩籍黄浦生案》，《申报》1928 年 3 月 12 日，第 9 版。

续自行办理。

　　厦案交涉过程中，区域性的反日浪潮高涨，各界人士积极参与。3月3日，厦门大学学生参加了民众团体联合会议；3月5日，厦门大学学生又参加了民众团体联会召集的全厦各界代表大会。后来又专门成立了厦门大学学生反日外交后援会，并在1928年3月29日致电上海总商会，以引起更大的社会反响与抗日浪潮："冬日日警在厦门擅捕李箕焕等，养日解台，民众愤激，严行对日。日领蛮暴，感日复令日舰电艇满架机枪，捕我海上纠察队小艇，毁我党国旗，毒刑纠察员，目无党国，令人发指。现群情沸腾，誓雪耻，口日海陆总罢工，以示决心。请钧会电请政府严重交涉，并通令全国，一致援助，务使撤销日警，惩凶道歉，临电不胜迫切之至。"① 厦门大学教职员也组成了"反日外交后援会"呈请行政院外交部门进行严正交涉，并出版了《厦门大学教职员反日外交后援会特刊》。南京国民政府对厦门案件也相当重视，因此《外交部公报》及时公布四人案件的往来电函，现从1928年6月出版的《外交部公报》目录，即可见各方交涉之密集：

　　厦门市党部来电（3月5日）、第二司致厦门交涉员电（3月7日）、厦门交涉员来电（3月7日）、致厦门交涉员电（3月7日）、厦门交涉员来电（3月10日）、致福建省政府电（3月11日）、致厦门交涉员电（3月11日）、厦门市党部来电（3月16日）、复厦门市党部电（3月16日）、厦门交涉员来电（3月16日）、致厦门交涉员电（3月16日）、厦门交涉员来电（3月16日）、厦门交涉员来电（3月19日）、袁司长由沪来电（3月18日）、致厦门交涉员电（3月19日）、致厦门交涉员电（3月20日）、厦门交涉员来电（3月21日）、厦门市党部来电（3月22日）、复厦门市党部电（3月22日）、厦门反抗日本侵略国

---

① 《各界抗争厦案》，《申报》1928年3月31日，第13版。

权委员会来电（3 月 23 日）、厦门交涉员来电（3 月 23 日）、致厦门交涉员电（3 月 23 日）、致上海杨总司令福建方主席电（3 月 25 日）、厦门市党部来电（3 月 24 日）、复厦门市党部电（3 月 25 日）、海军杨总司令来电（3 月 28 日）、复海军杨总司令电（3 月 28 日）、厦门交涉员来电（3 月 29 日）、致厦门交涉员电（4 月 2 日）、厦门市党部来电（4 月 4 日）、复厦门市党部电（4 月 5 日）、厦门交涉员来电（4 月 19 日）、致厦门交涉员电（5 月 7 日）、厦门交涉员来电（5 月 7 日）、国民政府外交部指令交字第 142 号（5 月 7 日）。

五　闽粤校际流动与独立运动扩散

近代条约体制确定后，随着通商口岸推行西方的现代教育模式，留学生成为移民活动的重要组成部分。由于学校也成为亚洲海域网络的联结点，不少韩国的政治流亡者以学生的身份来到中国，他们在北京、上海、广州等地的高校就读或旁听。在民族主义的推动下，韩国留学生确立了恢复祖国独立、争取民族自由的学习目的，组织社会团体，开展独立运动，宣扬各种思潮。中国教育界对韩人的反日独立斗争也极为支持。1920 年 11 月，教育界代表在上海聚会，举行全国教育联合会第六次会议，建议各地学校招收朝鲜学生，并建议募捐创办韩人学校。11 月，厦门大学创办人陈嘉庚到上海敦请黄炎培等人担任厦门大学筹备员。11 月 3 日，全国教育联合会举行会议欢迎陈嘉庚，主席黄炎培在演讲中称："中日韩为兄弟之邦，当互相提携，不应自启分歧，使东亚大局稍受震撼。"韩人金文淑女士报告日本侵占朝鲜后对于教育之设施，要求中国各高等学校容纳韩国青年。黄炎培提出三种办法，请各省区代表赞助：（1）介绍高丽人民至各地，演讲日人对于高丽之情形；（2）介绍高丽书籍报纸，使国人亦可洞悉其苦衷；（3）各地学校收受高丽青年，使受相当教育。黄称第三种办法，不但可提携同种之高丽，而且可警醒国人。全体代表一致鼓掌赞成。陈嘉庚表示尽力赞助，允于厦门大学等校收受高丽学生。① 事实也确实如此，1926 年 2 月，厦门大学校长林文庆南渡新加坡出席欢迎宴会并为厦门大学募捐之际说："该大学虽名为厦门大学，实则为世界之大学，所收学生，不唯中国十余省子弟，即外国如高丽……亦有学生来肄业。"②

　　值得注意的是，台湾与朝鲜有着同样的被日本殖民统治的命运，两地的独立运动者几乎都要依靠第三地才能保存自己的抗争呼声，他们在中国大陆展开了跨地域的交流活动。早期无政府主义者的活动据点以北京为主，1923 年 10 月，随着"上海台湾青年会"的成立，台湾政治运动已由朝鲜人和大陆同胞共同参与。朝鲜共产主义者吕运亨提议由他们共同成立"上海平社"，台湾青年与朝鲜青年的联络更为密切。1924 ~ 1926 年，台湾人蔡孝乾就读上海大学，成为瞿秋白的学生，1925 年加入共青团。1925 年五卅运动发生，大陆学生反帝反日情绪高涨，台湾学生也深受鼓舞。12 月，彭英华和蔡孝乾推动暨南大学、大夏大学等台籍学生成立"上海台湾学生联合会"，其中也有 10 多名朝鲜人。台湾学生大多祖籍漳泉，不少人先从台湾来到漳泉学校就读，以此为中转地而到其他城市升学。在闽南的台湾学生也有不少社团组织，先后创立的如台湾尚志社、厦门集美学校留集台湾学生、同文台湾学生会、漳州留漳台湾学生会、闽南台湾学生联合会、厦门中国台湾同志社等组织，他们就此与上海台湾学生联合会建立了联系，他们在不同场合批判日本殖民统治，以唤醒台湾人民的民族意识，其宗旨与朝鲜人在中国成立的各种组织基本一致。1929 年 11 月 3 日，广州发生朝鲜学生反日事件，随后一批受到牵连的学生借助上海—闽南的学生组织网络而流

---

① 《教育代表赞助韩人教育》，《震坛》1920 年 11 月 14 日。
② 《陈嘉庚先生在中华俱乐部欢迎林文庆先生之演说词（一）》，（新加坡）《南洋商报》1926 年 2 月 1 日。

亡闽南。以此为契机，闽南的台湾学生在 1930 年 2 月组成闽南学生联合会，其中也有朝鲜籍学生。

部分韩国学生就读于厦门大学，分布于不同专业，如李起东在 1926 年毕业于教育学系，金仁洙在 1929 年毕业于银行学系。1930 年 1 月的《厦门大学教育学院概况》记载，"本校自开办以来，先后肄业教育学院之学生，约计 300 余人，……尚有韩国负笈来游者"。① 其中，李起东可能为无政府主义者，他在 1920 年留学日本，与朴烈、金若水、韩润东、洪承鲁、柳辰杰、金洛俊、郑泰成等人在东京组织东京劳动同志会、东京朝鲜苦学生同友会等，② 后者后来改为"黑涛会"，发行《黑涛》杂志，主张暴力反日。李起东来到厦门大学读书后，根据现有资料可知其积极参与五卅运动，1925 年 6 月担任厦门学生会总委员会庶务，后来又担任外交后援会调查部主任。③

也有学生先在厦门大学就读，而后转入其他学校。如原在教育学院教育原理系就读的李贞浩在 1931 年转到了中山大学文学院外文系就读，他在申请书中说："以经济困难几致失学，旋闻贵校学费减额与优待，此诚被压迫民族之良机，故即毅然莅粤转入贵校文科外国文学系二年级肄业，以资深造。"李贞浩转入中山大学积极开展独立运动，"贵校为革命策源地，恪遵总理遗志，对诸弱小民族莫不力为扶助"。④ 李贞浩为庆尚北道大邱市人，他到厦门大学就读，应与其父李斗山（李显洙）有关联。相关资料记载，李斗山出生于 1896 年，家庭

---

① 厦门大学校史编委会：《厦门大学校史资料（内部资料）》第 1 辑，厦门大学出版社，1987，第 120 页。
② 〔韩〕李炫熙：《大韩民国临时政府史》，集文堂，1992，第 489 页。
③ 《厦门学生会总委员会第十七次会议决议案（一九二五年六月）》，中共厦门市委党史办编《厦门革命历史文献资料选编（1919 年 5 月—1927 年 7 月）》第一集，1987，第 83～84 页。
④ 广东省档案馆：《韩国民族革命党华南支部书记金瑞甫、学生指导员李贞浩致中山大学校长函》，全宗 20（2），转引自魏志江《韩国独立运动与中国广东关系研究》，北京大学韩国学研究中心编《韩国学论文集》第 18 辑，辽宁民族出版社，2010，第 163 页。

较为富裕，毕业于平壤崇实专门学校。1917 年，他来到上海参与临时政府，被任命为财务部书记。1923 年回国活动被捕，1925 年带着长子李贞浩来到上海。1930 年 1 月，李斗山加入韩国独立党南下广州。① 现有材料对李斗山在 1925～1930 年的记载比较模糊，有资料记载他毕业于厦门大学英文系，② 结合李贞浩在 1931 年转学到中山大学的经历，大致可以推测李斗山可能在厦门大学读书。1930 年，李斗山到广东参加反日独立运动，李贞浩自然就随之前往，而且其弟李东浩（李贞达、李仁川、李志成）就读于中大附属中学。李贞浩到中山大学后，即在 1933 年 3 月与金孝淑（金起元长女）、金昌华等人发起成立"广州国立中山大学勇进会"，对外名称为"广州韩国留学生会"，其宗旨之一就是宣扬韩国独立和反满抗日。1934 年，李贞浩毕业留校担任助教，他作为韩国民族革命党的学生指导，推荐了不少韩国青年就读中山大学，使中山大学与韩国独立党、旅粤韩人光复等团体建立了密切关系，成为韩人在中国南方地区开展独立运动的策源地。李贞浩之妻为韩泰寅，妻兄韩泰宙（韩金纲、韩泰岳）也在中山大学法学院政治系求学。③ 在华韩人开展的独立运动，在一定程度上依托着家族或血缘关系而发展。朝鲜民族革命党成立后，李贞浩、李斗山、韩泰宇等成为党员。全面抗战爆发后，李斗山在广东组成朝鲜义勇队，李贞浩、李东浩均成为队员。李斗山还于 1939 年在桂林主编出版了《东方战友》，影响甚大。

---

① 崔起荣：《李斗山在中国的独立运动》，《韩国近现代史研究》第 42 辑，韩蔚出版社，2004，第 126～127 页。

② 朝鲜总督府警务局：《华中、华南、北中美洲朝鲜人概况》，1940，第 145 页；情报总署编《南朝鲜人物介绍》，1950，第 33 页。

③ 崔凤春：《国立中山大学韩籍学生考实——以 20 世纪 30 年代为主》，中国朝鲜史研究会、延边大学朝鲜·韩国历史研究所编《朝鲜·韩国历史研究》第 11 辑，延边大学出版社，2011，第 302 页。

结　语

19 世纪中叶开始，随着中国进入近代条约体制，结束了朝贡体系为主的亚洲秩序，以殖民体系为主的亚洲秩序逐渐建立。这一转变不仅改变了东亚国际关系，而且重新调整了海洋区域结构，并建立了新的海洋联结网络。以上海为中心的国际航运线路形成之后，位于东北亚的朝鲜国民与中国东南沿海地区有了更便捷的联系方式，形成了有别于传统海洋时代的人群、商品流动模式。日本加大对朝鲜的殖民统治力度之后，朝鲜籍的政治性移民沿着新的空间联结而纷纷南下，进而推动了东亚地区革命思潮的流动与互动，闽南地区的在华韩人独立运动的展开与此有密切关系。通过上述对朝鲜籍安那其主义者在泉州黎明高中的执教及其活动、厦门日本警察擅自逮捕朝鲜籍黄埔军校毕业生引发的外交纠纷与抗日浪潮以及流动在厦门大学与中山大学之间的朝鲜籍学生等事件的实证描述，可看到近代海洋亚洲网络带来的更为细致的区域内空间互动。

（1）韩人突破朝贡时代的流动范围，跨出了东北亚地域的限制，以上海为基点向华南地区的闽粤口岸城市扩散，甚至有一部分进入了东南亚。

（2）韩人在华南地区的分布形态与近代沿海埠际贸易的等级格局基本一致。相对于上海而言，广州处于次中心再扩散的地位，而闽南地处上海和广州之间，既接受中心的辐射，也接受次中心的辐射，因而促成韩人得以借此在南北两个城市来回移动。

（3）1895 年日本割据台湾，华南地区的政治经济空间被再次调整。台湾与朝鲜具有同样的被殖民命运，闽南以其与台湾隔海相望的自然区位优势，成了韩人理想的反日第三地。

（4）反日独立运动的领导者以知识分子为主，学校成为他们传播思想和组织力量的依托。大中学校是近代亚洲海洋网络有别于传统时代的空间节点。上海大学、厦门大学、黎明高中、中山大学、黄埔军校等成为韩人在中国南方地区活动的枢纽，呈现了政治力量的流动、联合与分化的情况。

（5）20世纪20～30年代韩人在闽粤地区因反日独立运动建立的网络与通道，为后来抗战爆发后韩人参与中国革命提供了便利，韩人组织义勇队活跃在重庆、桂林、永安等大后方，无不与此相关。

《区域史研究》2019 年第 2 辑（总第 2 辑）
第 70～106 页
© SSAP，2019

科举、商业与文化：宋明以来地方家族的转型

黄志繁　张洪亮[*]

摘　要：廖氏和孙氏是江西宁都县的两大家族，他们家族自宋以来一直到清代都有连续不断的历史记载，且可与正史和地方志互相印证。宋代由于科举取士人数的扩大和录取率的提高，给了廖氏和孙氏利用科举步入仕途并维持家族繁荣的机会，他们通过科举考试获取功名，在考取功名后，充分利用了其累世仕宦的文化资本，继续积累了政治和经济资源，成了政治世家和文化大族。明清之后，由于科举制产生了变革，"举业"变得更加艰难，但明清时期商品经济的发展又给了家族以新的机会，即通过介入商业活动获取经济利益来扩大家族的影响力，并通过商业利益来谋求政治资源和地方影响力。廖氏家族作为当地的名门望族，他们通过控制土地和璜溪墟市，积累了不少财富。在拥有一定经济实力的基础上，廖氏家族在当地建设约所、学堂、桥梁等基础设施，甚至参与到基层管理中，而且与官府建立了良好的互动关系，最终完成了从文化世家到地方士绅大族的转变历程。孙氏在面对"举业"衰落的时候，没有像廖氏家族那样加入商品经济发展的洪流中，因而在明清时期遭受了多重的打击，科举的衰落、战乱的破坏和坟山的争夺，都让孙氏家族疲于应付，最终不可避免地衰落。廖氏和孙氏这两大家族不同的发展结果，应该是宋明以来中国传统基层社会转型的一个缩影。他们的

---

　*　黄志繁，南昌大学人文学院历史系教授；张洪亮，南昌大学人文学院历史系本科生。

历史似乎可以说明，对"举业"的重视，以及通过仕宦活动积累政治资本是宋元时期地方大族兴盛的根本，而能否成功介入地方商业活动则是明清地方宗族能否兴盛的关键。

关键词：赣南　宁都　科举　文化世家　家族

导　言

关于宋明之间的宗族转型问题，学界颇多讨论。郑振满探讨了福建兴化府地方宗族与宗教在宋明之间的转型问题；刘志伟曾以广东黄佐家族为例，阐述了元明之际广东地方乡豪转型为名门望族的过程。[①] 贺喜对北宋大儒欧阳修所编《欧阳氏谱图》流变的考察，非常精彩地揭示了不同地域的欧阳氏后人，通过不同层次的迁移传说来与图谱建立联系、建立实体性宗族的过程。在贺喜看来，宗族起初只是一个概念或理想，后来混合了地方经济，就成了实体化的宗族。[②] 笔者也在最近的研究中，以杨万里家族为例，分析了宋明之间江西吉安地区的宗族实践，并由此认为，"始祖的建构"所带来的世系的突破是非常关键的环节。只有始祖成功构建出来，宗族的世系有了一个起点，族谱的统一和祠堂的修建才能顺理成章，同姓才能转变成同宗。[③] 在这些研究中，我们可以很清晰地看到，我们当代比较熟悉的拥有家庙、祠堂和族谱等要素的宗族组织是从宋代以后的家族组织逐渐演变过来的。已有的研究表明，

---

① 相关论述，参见郑振满《莆田平原的宗族与宗教——福建兴化府历代碑铭解析》，《历史人类学学刊》第 4 卷第 1 期，2006 年，第 1 ~ 28 页；刘志伟《从乡豪历史到士人记忆——由黄佐〈自叙先世行状〉看明代地方势力的转变》，《历史研究》2006 年第 6 期，第 49 ~ 69 页；常建华《明代宗族研究》，上海人民出版社，2005，第 360 ~ 398 页。
② 贺喜：《〈欧阳氏谱图〉的流变与地方宗族的实体化》，台湾《新史学》冬季卷，2016 年，第 1 ~ 55 页。
③ 黄志繁：《从同姓到同宗：宋明吉安地区的宗族实践》，《安徽史学》2018 年第 2 期，第 134 ~ 141 页。

从宋到明家族向宗族的转型过程中，"宗法伦理庶民化""国家正统意识形态的建构""地方经济的发展""始祖的建构"等诸多因素都起了非常重要的作用。①

但是，从宋到明，每个家族的经历并不一样，最后的结局也不一样。所以，我们能够看到有些宗族组织历史悠久、组织严密，有些宗族组织刚刚萌生、力量单薄，有些宗族则豪门衰落、沦为破落户，有的宗族逐渐衰微，甚至退出历史舞台。那么，我们要追问的是，是什么因素在家族组织从宋明以来的转变中起了关键作用？要回答这一问题，需要能够完整地观察一个家族组织从宋到明，乃至清的转变历程。然而，由于存世的大部分族谱都是清以后修撰的，因此，如果单凭族谱中的记载，没有正史佐证的话，很难令人信服地揭示从宋到清的历史演变。非常幸运的是，在江西赣南的宁都县，笔者发现当地的廖姓和孙姓两个家族保存着从宋到清的史料，而且有相应的正史可以佐证，颇具研究价值。本文即以宁都廖氏和孙氏为个案，来探讨宋明以来地方宗族的转型问题。

一　科举与仕宦：廖氏早期历史及宋代的强盛

宁都县地处江西东南部、赣州市东北部，是赣州市所辖县中面积最大的县。宁都县建县历史悠久，早在春秋时期，宁都地区就已经有了行政建制，当时的宁都称阳都，属越国地，号称西越，② 汉代属豫章郡。

---

① 郑振满：《明清福建家族组织与社会变迁》，湖南教育出版社，1992；科大卫、刘志伟：《宗族与地方社会的国家认同——明清华南地区宗族发展的意识形态基础》，《历史研究》2000 年第 3 期，第 3 ~ 14 页；贺喜：《〈欧阳氏谱图〉的流变与地方宗族的实体化》，台湾《新史学》2016 年冬季卷，第 1 ~ 55 页；黄志繁：《从同姓到同宗：宋明吉安地区的宗族实践》，《安徽史学》2018 年第 2 期，第 134 ~ 141 页。
② 黄永纶、刘丙：《宁都直隶州志》卷 2《沿革志》，道光四年刻本，成文出版社，1989 年影印本，第 131 页。

宁都最早建立县治则是在三国吴嘉禾五年（236），分庐陵立南部都尉，建阳都县。[①] 至晋武帝太康元年（280），改阳都为宁都，是宁都县得名之始。自嘉禾五年建县，宁都的历史至今已有1700余年，是赣南历史最为悠久、开发较早的地区之一。因此，宁都很早就出现了具有影响力的家族，廖氏和孙氏就是其中的代表。

据《中坝廖氏族谱》记载，廖氏家族最早迁入江西是在唐代，其始迁祖是唐虔化令廖崇德："自唐崇德为虔化令，留家于虔，生兰芝，兰芝生光禄，光禄生德迁，由廖屯徙黄荆头下。"[②] 其中提到的黄荆头，就是今天的江西省宁都县黄陂镇。据《重镇黄陂》记录，黄陂古名卢毛坝，又称黄荆兜下。[③] 传说东汉末年，有王、黄二姓迁居此地，因居住在溪边，将两家姓氏合为璜，取名璜溪，也就是廖氏家族族谱中"璜溪"地名的由来。换句话说，所谓璜溪，就是今天的宁都县黄陂镇。

廖氏家族的兴盛，最早的记载可以追溯到唐末五代时期，根据《中坝廖氏族谱》记载，廖銮奠基中坝时，廖氏家族在政治舞台上已经官声显赫，仕宦不绝。尤其是廖銮之父廖昌岐，十子均为知州，以至清代宁都知县称其为"十子十知州"。[④] 当然，这一记录不一定可信。从正史角度来看，廖氏家族在政坛上的显赫，更为确切的体现应当是在五代时期。这一时期，廖氏家族是赣南地区拥有较大影响力的家族，以廖爽、廖匡图等人为代表的廖氏家族在政治、文化上都产生了很多优秀的代表人物。

政治上，廖氏家族在赣南地区一度受到镇南军留后卢延昌的重用。

---

① 黄永纶、刘丙：《宁都直隶州志》卷2《沿革志》，第137页。
② 《璜溪中坝清河廖氏重订族谱》（不分卷），乾隆四十六年本，宁都县图书馆藏。该谱无页码，特此说明。
③ 罗荣、廖安生、姜开仁：《重镇黄陂》，江西人民出版社，2015，第1页。
④ 宋必达：《平溪廖氏六修族谱序》，《璜溪中坝清河廖氏重订族谱》（不分卷），乾隆四十六年本，宁都县图书馆藏。

卢延昌是唐末赣南地方军阀卢光稠之子，五代时期在赣南有相当大的影响力。廖氏家族在当时镇守广南，任韶州刺史，在政治上已有较高成就。后期由于战争而迁往湖南，但其家族在赣南期间拥有的武装人员就已达数千。据《宁都直隶州志》记载："廖爽初事镇南军留后卢延昌为将，延昌表于梁，授韶州刺史。为广南所攻，举族奔湖南，部曲随者数千人。"①《宁都直隶州志》上述记载来自《十国春秋》。关于廖爽出奔湖南之事，历代正史均有记载，只是记载的细节不太一致。如《旧五代史》认为廖爽出奔湖南是因为受到虔州刺史钟章排挤："廖氏，虔州赣县人。有子三人，伯曰图，仲曰偃，季曰凝。图、凝皆有诗名，偃蹯勇绝伦，由是豪横，遂为乡里所惮。江南命功臣钟章为虔州刺史，深妒之，于是图与凝等议曰：'观章所为，但欲灭吾族矣，若恋土不去，祸且及矣。'于是领其族暨部等三千余人，具铠仗号令而后行，章不敢逐，遂奔湖南。"② 然而，查证《赣州府志》，并没有出现任何与钟章有关的记载。实际上，五代时期赣州的最高行政长官应该是卢光稠，光稠死后，其子卢延昌继承其政权，廖爽则是在卢延昌手上被任命为韶州刺史的。《新唐书》对这一时期赣州行政长官的更迭有如下记载："虔人卢光稠者，有众数万，据州自为留后，又取韶州。……是岁，光稠死，子延昌自称刺史，为其下所杀，更推李图总州事。图死，钟传尽劫其众，欲遣子匡时守之。不克，州人自立谭全播为刺史，附全忠云。"③

综合各种史料，笔者认为廖氏家族当时应当是在卢光稠或卢延昌统治时期，由于被广南割据势力刘隐所攻，因此出奔湖南。即便廖氏家族当时战败，但其家族力量依然十分庞大，率领数千家丁，浩浩荡荡来到湖南，其家族当时在赣南的势力可见一斑。

五代时期廖氏家族影响力巨大的另一个佐证是出奔湖南后湖南统治

① 黄永纶、刘丙：《宁都直隶州志》卷22《人物志》，第1631页。
② 薛居正等：《旧五代史》卷133《世袭·列传二》，中华书局，1976，第1764页。
③ 欧阳修等：《新唐书》卷190《列传·第一百一十五》，中华书局，1975，第5454页。

者马殷的态度。由于家族人数过多，刚入湖南时，马殷并不愿接纳，甚至想铲除廖氏。《旧五代史》对这一过程有所记载：

> 时武穆王在位，见其众盛，恐难制，欲尽诛之。或者曰："大王姓马，而廖来归，廖者料也，马得料其势必肥，实国家大兴之兆，其可杀之乎！"武穆喜，遂善待。仍制下以凝为永州刺史，图为行军司马，偓为天策府列校，仍赐庄宅于衡山，自称逸人。[①]

由此可见，出奔湖南的廖氏族人一度险些被诛，不过在马殷受到劝阻后，还是将廖氏家族的主要人物授予要职。其中官职最高者为廖匡图，受封为天策府学士，进入楚国行政中枢。天策府最初是唐高祖李渊所建，武德九年（626）废。[②] 及至楚国时期，楚王马殷受梁太祖封为天策上将军，建天策府，天策府遂成为楚国的决策机构，《十国春秋》载：

> 廖匡图（欧阳史避宋讳作光图），虔州虔化人。父爽，事镇南军留后卢延昌为将，延昌表于梁，授爽韶州刺史。武穆王时为广南所攻，举族来奔，……匡图故年少，善文辞，授江南观察判官。文昭王时选为天策府学士，与徐仲雅、李宏皋等同在十八人之列。居数年，卒于官。有集一卷。[③]

可见廖氏家族即使出奔湖南后，也维系了其非常大的影响力。关于廖氏家族在湖南的发展不是我们讨论的重点。我们感兴趣的是在五代时期影响力很大的廖氏家族和宁都廖氏是否为同一个家族。根据上引

---

① 薛居正等：《旧五代史》卷 133《世袭·列传二》，第 1764 页。
② 参见刘昫《旧唐书》卷 42《志第二十二·职官一》，中华书局，1975，第 1783 页。
③ 吴任臣：《十国春秋》卷 73《楚七·列传》，中华书局，1983，第 1011～1012 页。

《十国春秋》的记载，廖爽儿子廖匡图是虔州虔化人，而虔化正是宁都的古称。根据《宁都直隶州志》记载，南朝宋大明五年（461），宁都虔化（今东山坝镇大布村）置虔化县。① 然而《十国春秋》毕竟是清人所编撰的史书，说服力还不是很强。南宋陆游编写的《南唐书》记载曰："廖偃、彭师暠，皆楚马殷之臣。偃，虔州虔化人，祖爽、父匡图仕皆至刺史。"② 陆游是南宋人，他说廖氏家族是虔化人，还是有一定可信度的。

通过上述论述，不难看出，在唐末五代期间，廖氏家族在当时的宁都地区乃至江南都曾有很大的影响力，家族中多人担任高官，在各地任职时，都受到了当地执政者的重视。之所以做出如此推测，是因为笔者相信，廖氏家族的这种影响力不可能仅仅在其迁入湖南后的几年内迅速建立起来，而应当是在赣南期间就有了一定的实力。除了出奔湖南的廖氏族人之外，应该还有部分廖氏族人留在了宁都。当然，还有一种可能，就是宋代留在宁都的廖氏家族和出奔湖南的廖氏不一定是同一批人，只是后来廖氏家族修族谱时"拉大旗"，将正史中有关虔化廖氏的记载附会为自己祖先。基于此种考虑，本文重点讨论宋代以后廖氏家族的历史。

关于廖氏族人在宋代科甲之繁盛，笔者对比了《中坝廖氏族谱》和《宁都直隶州志》，族谱中提到的廖氏家族在宋代中举人、进士者多达 30 人，而宋代就囊括了其中的 24 人，仅进士就多达 12 人，③ 而其中 11 人在地方志中均有对应记载。具体而言，在这 11 名正途进士中，包括正奏名进士和特奏名进士两类，其中正奏名进士 8 人，特奏名进士 3

---

① 黄永纶、刘丙：《宁都直隶州志》卷 2《沿革志》，第 143 页。
② 陆游：《陆氏南唐书》卷 11《冯孙廖彭列传第八》，文渊阁四库全书本，第 464 册，上海古籍出版社，1987，第 451 页。
③ 中坝廖氏科举人数参见《璜溪中坝清河廖氏重订族谱》（不分卷），乾隆四十六年本，宁都县图书馆藏。

人。笔者对地方之中有关这 11 人的记载进行统计，发现廖氏家族的进士考中时间基本为南宋。这一点从中坝廖氏宋代考取的进士统计中就可以看出（见表 1）。

表 1　璜溪中坝廖氏宋代进士统计

进士类别	姓名	考中时间	进士类别	姓名	考中时间
正奏名进士	廖安节	绍兴五年	特奏名进士	廖纮	建炎元年
	廖颜	乾道八年		廖祖谦	嘉定十年
	廖光	淳熙五年		廖同志	咸淳四年
	廖季高	绍熙四年			
	廖寿翁	开禧元年			
	廖应刚	宝庆二年			
	廖友文	宝庆二年			
	廖应和	咸淳元年			

资料来源：《宁都直隶州志·选举志》，成文出版社，1989。

通过对比《宁都直隶州志》和廖氏族谱中的记载，笔者基本可以确认以上列出的进士都出自璜溪廖氏。[①] 由此可见，整个廖氏家族在宋代，尤其是南宋时期，应当确实是当地的科甲大族，而且其家族成员中进士的时间主要在南宋。按照州志中相关资料记载，若单纯看进士数量，从 1127 年到 1279 年，平均每 20 年就有一个族人中进士，频率之高，足以展现廖氏家族的科甲辉煌，表明廖氏家族在南宋已经是著名的科宦大族。

笔者认为，廖氏的这种辉煌与宋代重文轻武的政治格局以及对科举制度的改革有密切关系。宋朝建立后，开始了一系列对科举制的改革：其一是禁止朝臣向知贡举官推荐自己熟识的举人；其二是设立殿试常态化制度，由皇帝对录取人选把关；其三是创设试卷糊名制度，以保障公

---

① 笔者将《宁都直隶州志》与族谱中记载的名字不同者或存疑者都删除后得出这 11 人。

平。通过这些措施，最大限度地保证了考试的公平公正，也有力地遏制了新门阀趋向。① 廖氏家族也正是利用这种制度的变革，让自己的家族在改革后的科举制下占得先机。在宋代，除了科举录取名额的扩大让廖氏拥有了进身之途外，考中科举后带来的经济利益在某种程度上来说对家族发展具有更为重要的意义。这里说的就是一旦考中科举，就能够迅速获得经济利益和社会地位，而维持科举的繁荣是需要一定的经济基础的，因此考中科举后获得经济利益，并继续利用自己的经济实力维持科举繁荣，就成了一条良性循环之路。这其中的关键点，就是考中科举，或者说是取得政治上的成功。从种种资料来看，笔者认为宋代的廖氏家族也确实获取了经济利益，并构建了自己家族在地方的文化影响力。从廖氏族谱和直隶州志等材料可以发现，廖氏家族在宋代就已经有了麻田寺作为家族寺庙。

关于麻田寺的相关记载，在族谱中可以追溯到唐代，在《中坝廖氏族谱·清河廖氏谱源》中，麻田寺是宁都廖氏第三代先祖廖昌岐的安葬地："昌岐：行四承士，旧载封礼部尚书，生唐德宗贞元三年丁卯二月十七申时，殁葬清泰乡二都黄泥排麻田寺，风冈风吹罗带型乾巽兼亥已向。"② 黄泥排是宁都廖氏的祖祠，祭祀宁都廖氏始迁祖廖崇德，③而麻田寺，则是目前笔者所见的第一个廖氏家族的宗族寺观。当然，正如笔者所说，由于族谱中廖氏家族迁入的时间并不可信，因此不能断定麻田寺就是在唐代修建而成的，但有一点可以肯定的是，麻田寺作为廖氏家族的寺观，其修建时间不会太晚，或者说至迟至宋代，廖氏家族就拥有了修建寺观的能力。因此，笔者认为，通过其麻田寺的记载与前文

---

① 王炳照、徐勇：《中国科举制度研究》，河北人民出版社，2002，第 311 ~ 312 页。

② 《璜溪中坝清河廖氏重订族谱》（不分卷），乾隆四十六年本，宁都县图书馆藏。

③ 关于黄泥排宗祠，廖氏族谱中有《黄泥排宗祠》一文记曰："唐虔化令崇德公，配卢氏孺人。"表明该祠为宁都廖氏始祖祭祀所在，笔者与宁都县社联廖海鸣的访谈中证实了这一说法。

提到的宋初廖氏在宁都地区的巨大影响力和其科甲、文化实力可以做出推测：在宋代，廖氏家族在地方上已经拥有了非同小可的文化、政治和经济影响力，只是限于史料，无法过多地确证而已。

二　贤良祠的故事：宋元孙氏的兴盛

与廖氏家族不同的是，据《城南伯房孙氏十二修族谱》记载，自孙訵迁入宁都后，孙氏家族世代居住于宁都县城南门外，距离县城很近。这一点在田野考察中也得到了一定程度的佐证。据当地人介绍，孙氏家族的宗祠就在宁都老城，虽然孙氏今天已经少有人居住在宁都，但在历史上，孙氏家族确实是盛极一时。

大中祥符八年乙卯（1015），孙氏家族的孙长儒在科举考试中考中进士，成了孙氏家族首个登科甲之人。[1] 据邱巇所作《城南伯房孙氏七修族谱跋》，其记载如下："其祖五传而为长孺公，宋祥符间起家甲第，再传而为立节公，有子曰飔、曰勮，飔以殿撰历岳州太守，显隐居不仕，祖孙并祀乡校时人荣之。"[2] 从这段记载中可以看出，孙长儒及其子孙都在科举上获得了成功。

虽然说孙长儒开启了孙氏家族科甲之路，但在孙氏家族崛起中最为关键的人物是孙立节。根据族谱相关记载，孙立节是孙长儒之子，在神宗王安石变法期间任桂州节判，他声名鹊起也是由于在王安石变法的过程中坚持反对，最终被贬。这样的一种行为也被当时的文学家苏轼称颂，苏轼还专为他写作《刚说》，以记其事。[3] 借助苏轼的影响力和孙立节本人的抗争事迹，《刚说》在赣南地区迅速流传开来，成了赣南地

---

① 黄永纶、刘丙：《宁都直隶州志》卷20《选举志》，第1242页。
② 《富春城南孙氏十二修族谱》卷首《七修谱跋》，1923年本，宁都县图书馆藏。
③ 苏轼：《东坡全集》卷92《刚说》，文渊阁四库全书本，第1108册，上海古籍出版社，1987，第477页。

区重要的文化资源，被孙氏家族世代相传，^①而孙氏家族也凭借着这一文化资源，开始了在地方社会叱咤风云之路。南宋著名理学家朱熹也为《刚说》作跋，称为《刚说后跋》。^②

这篇《刚说》对孙氏家族来说是难得的家族财富，直到元代，孙氏后人还将《刚说》及朱熹《刚说后跋》的石刻挂在家中以供瞻仰：

> 桂州有二子，长曰志康，次曰志举，即苏公称"勰、勔"者也。苏公通守杭州，时实从受学焉，其《刚说》及《跋》石刻在桂州九世孙、抚州经历兴礼家。苏公又有和志举二诗及三手简，则藏于其弟，同知东川路总管府事登龙所。^③

借助这种文化资源，孙氏家族在元代，利用自己家族的政治和文化影响力，使多位族人通过荐辟方式出仕，在政治上达到了家族发展的鼎盛。《宁都直隶州志·选举志》记录了宁都地区元代出仕的宁都籍人士名单，其中孙氏家族有多位成员在列，笔者对此进行了统计（见表2）。

表2　孙氏家族元代荐辟出仕统计

年代	姓名	官职	人物关系	总计	占比
宋朝	孙勔	—	—	2 人	22%
	孙虬	参军	—		
元朝	孙舜臣	两浙都转盐使	孙登龙子	7 人	78%
	孙毅臣	滨州知州	孙登龙子		
	孙辅臣	南康府尹	孙登龙子		

① 黄志繁：《"贼""民"之间：12—18世纪赣南地域社会》，生活·读书·新知三联书店，2006，第100页。
② 朱熹：《晦庵集》卷83《跋东坡〈刚说〉》，文渊阁四库全书本，第1145册，上海古籍出版社，1987，第737页。
③ 揭傒斯：《苏文忠公〈刚说〉跋》，同治《赣州府志·艺文志》卷65，同治十二年刻本，江苏古籍出版社，1996，第4578页。

续表

年代	姓名	官职	人物关系	总计	占比
元朝	孙信臣	新会县尹	孙登龙子	7人	78%
	孙伯颜	大司农译史	孙立节九世孙		
	孙允中	临川县丞	孙良臣子		
	孙梦臣	濠州知州	孙登龙子		

注：标"—"者在州志中缺少相关记载。

资料来源：《宁都直隶州志·选举志》，成文出版社，1989。

通过上述的资料统计，我们可以从这些数据中看到这样一个事实：孙氏家族在宋代凭借着科举积累了家族的政治和文化资源，并充分利用这种资源在元代通过荐辟的方式入仕，达到了家族政治影响力的巅峰。时人将在孙氏家族发展过程中起到重要作用、最为显赫的5个人并祀乡贤祠，称孙氏五贤，他们分别是孙长儒、孙立节、孙勰、孙勷、孙登龙5人。这种被孙氏家族世代相传的文化资源，在某种程度上也确实让孙氏家族继续保持了繁荣。宋元时期，孙氏家族凭借在地方上的文化影响力，成了宁都地区首屈一指的望族，这一点从宁都官方修建且持续修缮的贤良祠中就可见一斑。元代大儒吴澄曾经写过《宁都孙氏五贤祠堂记》：

赣宁都孙介夫讳立节，当宋熙宁行新法之时，不肯为条例司官，又以桂州节度判官鞫宜州狱，抗经制使，活十二人于死。苏文忠公称其刚而仁，作《刚说》诒其子，遂有名于世。后百余年，宁都县令即所居延春谷立祠，并其二子祀焉。庐陵杨伯子作记推本始，并祀其祖浔州史君。夫因一人之善而上及其祖，下及其子，昔人之用心可谓厚也。已立祠之后，又将百年，宁都县升州，孙氏祠于州学之右庑。延春谷之支派有同知东川路总管府事寿甫讳登龙，少年为乡贡士，行懿文昌，学者推服，重义轻利，惠泽及物，天佑其家，诸子彬彬焉。仕进而多文雅。既殁，州之士佥谋请以附孙氏四贤之祠，州长可之。转闻大府新构于州学讲堂之西祠，孙五贤与乡之先贤赤复。以公檄征御文记其事于石。①

吴澄所作的《宁都孙氏五贤祠堂记》，点明了孙氏五贤祠建立的时间，所谓"后百余年"应当是指王安石变法后百余年，即 1183 年左右，属南宋时期。这说明从南宋开始，孙氏家族已经开始在当地产生了非常大的影响力。

明清时期，孙氏家族在地方正史和各类官方文献中的记载开始减少，从孙氏家族族谱中也能看出孙氏家族力量出现了衰落。但可以肯定的是，孙氏家族利用《刚说》这一资源，通过修建五贤祠的方式，在地方社会维持了长期的繁荣和巨大的影响力。孙氏五贤祠在宁都地方也经历了一个从家族祠堂到官方信仰的转变。"家贤"变"乡贤"，是孙氏家族这一文化资源受到官方认可的体现。

文化影响力的扩大，带来的就是孙氏家族在政治上的发达。在元代，很多孙氏族人利用家族名望而出仕为官。这一点似乎难以理解，但实际上这与元代时期科举制度的不发达有关。元代科举制度是中国科举制度实行期间录取人数最少、进士地位最低的一个朝代。整个蒙元 162 年，实行科举制的只有 45 年，录取人数也仅有 1200 名左右，占全部官吏的 1/22。相对而言，元代最为流行的出仕方式是推举和荫庇，其中尤以推举为主，而想要参加推举，又必须是当地的名门望族。② 这样一来，家族在地方的实力就和做官的途径联系起来，这也就可以理解为何孙氏家族如此重视《刚说》和五贤祠的构建，因为这些文化资源确确

① 吴澄：《宁都州孙氏五贤祠堂记》，《宁都城南伯房孙氏十二修族谱》卷首，1923 年本，宁都县图书馆藏。

② 徐黎丽：《略论元代科举考试制度的特点》，《西北师范大学学报》（社会科学版）1998 年第 2 期。

实实给他们带来了好处。

最能体现孙氏家族在地方社会影响力的事实是孙氏家族在平定蔡五九起义中的重要作用。元代对宁都政权构成最大威胁的当数延祐二年（1315）的蔡五九起兵。此次叛乱位置非常靠近宁都州城，宁都州同知也被杀害，[①] 朝廷甚至"命三省讨贼"。也正是在这次战争里，孙氏家族发挥了重要作用：

> 延祐乙卯，赣宁都乱，微孙氏，宁惟宁都不守，赣不支。……初，江西经理田粮，民不堪命，赣为甚，宁都又甚。有蔡午玖者，因之胁从其乡以叛，而众之者三乡，同知赵某遇害。自七月朔，攻围州城十有四日，城守坚，稍退复进，后八日，围城数重。朝廷命三省讨贼声援稍集，而飞刍挽粟不继，孙氏悉其牛羊仓廪府库以备供亿，又多设方略，以家僮民义先官军冲，冒万死力战溃围。又八日，而薄诸河，逾月而抵其巢，又逾月生擒午玖，而后乱甫定。当城中食尽时，危不能朝夕，城不陷，兵不溃，众谓孙氏力为多，而终不言功，则孙公有大德于其乡也。[②]

孙氏家族凭借其强大的实力，在平定蔡五九起义中发挥了重要的作用，所谓"微孙氏，宁惟宁都不守"。在战争中他们散出自己的家仓以供军粮，还能够"以备供亿"，家仆则先于官军冲锋，这足以证明其不俗的经济和军事实力。另外，平定叛乱后，孙氏家族的孙良辰和其弟孙正臣也出仕为官。他们二人的出仕笔者不敢确定是否和前文平叛有功有关，但从孙氏家族的实力来看，根据元代制度推

---

① 黄志繁：《"贼""民"之间：12～18世纪赣南地域社会》，第101页。
② 刘岳申：《申斋集》卷9《孙君墓志铭》，文渊阁四库全书本，第1204册，上海古籍出版社，1987，第237～238页。

举族人出仕应当不是难事。上述记载可证诸《元史》,《元史》卷 28《英宗纪二》载:"六月, 寇围宁都, 州民孙正臣出粮饷军, 旌其门。"①

综上所述, 我们认为, 孙氏家族充分利用了宋代科举制和《刚说》等文化资源, 在地方上获得了较大的政治影响力和经济利益, 而元代也成了孙氏家族最为兴旺发达的时期。

通过对宋元时期廖氏和孙氏家族发展繁荣过程的分析, 笔者认为, 他们家族兴盛的关键因素有两个, 一是科举, 二是文化。具体来说, 廖氏家族可以说是典型地通过科举取士来壮大家族力量的代表。廖氏家族的先祖廖銮在担任武昌刺史后, 其后代就不断利用科举制度在政坛上大放异彩。其中, 地方志中有明确记录的就包括廖匡图、廖融、廖凝等人。② 在宋代, 廖氏族人创造了平均 20 年出一位进士的科考模式, 频率之高正是廖氏家族科举繁荣的充分体现。宋代科举考试的发展让拥有能力的人有了参政机会, 并且这种制度打破了世家大族垄断政坛的现象, 使得中进士成为当时普通家族提升家族地位的关键。再加之宋代官员升迁要有符合条件的高官推荐, 因此拥有深厚的官场人脉也成为家族进一步提升地位的关键所在。③ 虽然在相关资料中笔者并没有见到廖氏族人结交上层社会, 通过扩展人脉来扩大家族影响的记录, 但如果考虑到廖氏家族在宁都和湖南巨大的影响力, 可以推测, 廖氏家族在构建其政治影响力的人脉圈中是非常有条件的。

孙氏家族的兴起也是在宋代, 且也是通过科举入仕的方式进行的。自大中祥符年间孙长儒中进士以后, 孙氏家族就走上了家族繁荣之路,

---

① 宋濂等:《元史》卷 28《英宗纪二》, 中华书局, 1976, 第 631 页。"六月"为至治三年 (1323) 六月, 距平蔡五九之乱已有 8 年, 推测孙氏的功绩被朝廷认可是在至治三年。

② 相关人物条目参见黄永纶、刘丙《宁都直隶州志》卷 22《人物志》, 第 1631、1709 页。

③ 黄宽重:《宋代的家族与社会》, 国家图书馆出版社, 2009, 第 234~238 页。

其中孙立节更是由于在王安石变法中抗拒不从，而受到了保守派苏轼的称赞，为其创作《刚说》，使孙氏家族名噪一时。《刚说》也成了孙氏家族世代传承的文化资源，更为重要的是，《刚说》让孙氏家族与宋代上层社会发生了关系，苏轼、朱熹等先后为之作文。在宋代这一官员升迁需要高官作保的时代，利用这两点，之后的孙氏家族在官场上可以说是顺风顺水，出现了孙氏一门五杰的奇迹，并建立了孙氏五贤祠。这不仅成了自己家族的信仰，甚至也成了宁都当地的信仰。直至明代，知县庄济翁还曾经亲赴五贤祠瞻仰修缮，可见孙氏五贤影响之大。① 到了元代，孙氏充分利用宋代以来积累的政治和文化资源，通过封赠、荐辟等方式出仕，孙辅臣、孙舜臣等族人也分别担任知县、知州等职，达到了家族的鼎盛。②

总结廖氏和孙氏家族繁荣发展的轨迹，可以说，在宋代，科举的成功是家族获得其政治，乃至经济影响力的关键。同时，充分利用家族文化影响力，也是家族获得巨大成功的非常重要的因素。

三　从政治到经济：廖氏家族的转型

明清时期，廖氏家族的科举录取人数较宋代有了明显下降。为了说明明清时期廖氏家族科甲情况，笔者特别以《中坝廖氏族谱·仕宦》为主要参考资料，结合《宁都直隶州志》中的相关记载，列成表3。

从表3可看出，进入明清，中坝廖氏家族取得科举功名的人数大幅下降，没有一个进士，和宋代的科举繁盛形成了鲜明的对比。

---

① 参见黄永纶、刘丙《宁都直隶州志》卷28《祠庙志》，第2154页。
② 黄永纶、刘丙：《宁都直隶州志》卷20《选举志》，第1236页。

表 3　宁都州志中中坝廖氏考取功名分时段统计

功名	进士	举人	生员	总计	占比
宋代	11	11 *	—	22	78%
明代	0	0	3	3	11%
清代	0	1	2	3	11%

　　* 《宁都直隶州志》中记载宋代无举人一级，在此笔者参考《中坝廖氏族谱·科名爵秩考》统计本项数据，其结果未必完全真实，但可作为参考。

　　注：①由于宋代没有贡生、生员等名目，所以宋代只统计举人以上功名；

　　②如一人考取两次功名，则按照最高功名计；

　　③地方志和族谱关于中坝廖氏功名记载大同小异，但为了严谨起见，只统计了地方志和族谱中均有记载的功名获得者。

　　资料来源：黄永纶、刘丙：《宁都直隶州志·选举志》，成文出版社，1989。

　　笔者认为，廖氏家族明清科举功名录取率大大低于宋代的根本原因在于宋代科举的录取比例远高于明清。关于明代科举的录取率，郭培贵在吴宣德等人的研究基础上，认为明中叶后，各省直的科考规模为四五千人至数万人，平均录取率在 10% 上下。乡试录取率，明初一般在 10% 上下；成、弘间定为 5.9%；嘉靖末年又降为 3.3%；而实际录取率又低于此。会试录取率，自洪武至万历中平均为 8.6%；其中，洪武至永乐二年（1404）平均为 21.7%，永乐四年至万历中期平均为 8.4%。[1] 综合起来，明代从生员到进士的录取率大概不到 5‰，何况还有童生到生员的艰难过程，因此，在明代考上进士应该可以说是"万里挑一"，其艰难性不言而喻。目前没有关于宋代科举录取率的专门研究，但在宋代，特别是在南宋，科举录取人数大规模增加是不争的事实，南宋进士科每科录取一般在四五百人，[2] 明代只有 8 个年份会试录

---

[1]　郭培贵：《明代科举各级考试的规模及其录取率》，《史学月刊》2006 年第 12 期，第 24 ～ 31 页。

[2]　关履权：《宋代科举考试制度扩大的社会基础及其对官僚政治的影响》，《宋史论集》，中州书画社，1983，第 168 页。

取人数在 400 人以上，[1] 大部分年份为二三百人，而且南宋版图和人口整体上是远远低于明代的。最为关键的还是宋代许多大家族认识到了"举业"的重要，他们设立各种学校培养族人，并利用各种人际关系拓展其政治资源。[2]

廖氏家族尽管在明清时期丧失了科举荣光，但还是维系着地方大族的影响力，其中的关键因素就是控制了璜溪墟市，具备了雄厚的经济实力。

璜溪墟位于今天的宁都县黄陂镇，据《宁都直隶州志》记载："明万历志墟止六处，曰萧田、罗源、麻源、东山坝、东潮、黄陂。"[3] 文中黄陂即璜溪，据此可推论，璜溪墟的建立最早可以追溯到万历之前。《中坝廖氏族谱》对璜溪墟有这样的记载：

> （璜溪古市）倚村面，流南向，形如偃月，载粮四斗六升。物有行，行有税，输纳维艰，一旬四集，集以一四六九，哗若都会，一二物产北通山左右，南极闽广，虽弹丸地，而角逐奔走足迹半天下矣。[4]

这段材料表明，璜溪墟在当时有着"一旬四集"的境况，墟期在每旬一、四、六、九，共四天，且"哗若都会"，说明集市人流量不小。从上面信息来看，璜溪墟应当是当地的重要集市，笔者推测璜溪墟带来的经济利益应当颇为可观。

关于璜溪墟的繁荣程度，在笔者搜集到的一份诉讼文书中也有所体

---

[1]　郭培贵：《明代科举各级考试的规模及其录取率》，《史学月刊》2006 年第 12 期，第 24 ~ 31 页。
[2]　黄宽重：《宋代的家族与社会》，国家图书馆出版社，2009，第 233 ~ 237 页。
[3]　黄永纶、刘丙：《宁都直隶州志》卷 4《城池志》，第 283 页。
[4]　《璜溪中坝清河廖氏重订族谱》（不分卷），乾隆四十六年本，宁都县图书馆藏。

现。这份诉讼文书是中坝廖氏与同姓但不同族的另一廖氏家族间发生的，主要原因是下坝廖氏认为中坝廖氏霸占墟市，欺行霸市、横征暴敛，遂将其告官。笔者将部分内容摘录如下：

> 国朝顺治九年，毕军宪分发赣关缺额税银一千两，摊派各县。议依康熙二年分派，宁邑一百一十两，名曰"落地税银"，分散城乡各处，怀德璜溪市分认落地税银共十二两四钱。……当下族裔子敏牙名"廖士明"充牛猪行，每年完落地税银三两；廖林棉布行每年完落地税银三两；杂货丝绵行廖友山每年完落地税银五钱；丝绵行廖学樸每年完落地税银一两；药靛棉布行廖胜昭每年完落地税银五钱；苎麻行廖道南即牙名"廖永朋"每年完落地税银四两；七人每年共完落地税银一十二两四钱，具系县贴。后被仇族捏告私充，遵司府批饬，将前县帖缴转改领藩贴。……特抄出前康熙四十六年五月内各宪钧语：卑职查看得璜溪一墟，离城百里，僻处山间，舟楫不通，土产少出，市中无囤货之局，上古惮跋山之劳，所有一二货物出自肩挑负贩。牙侩虽有垄断之心，无奈商贾寥寥，无从而可射利者也。但其廖良国之与廖俊人同姓异族，挟仇怨已非一日，旧承宪台有查私牙之檄，即将廖俊人等以违禁私充等事具控。宪辕计图报复奉批职查，敢不兢兢以仰副宪台厘奸别弊之至意也。遵即行拘各犯逐一研讯。据廖良国首列盐行，不特廖允传哓哓具辩。卑职揆之其情，据云每墟来盐一二百担，非船之不能搬运也。据查璜溪小河不通，舟楫岂可肩挑一二百担之盐而涉山越岭者乎？且曰：每担五十斤，窃璜溪十日四墟，即以十日而计，则盐之斤数将近数万，所买者不过远近居民，日食有限，其能消乏之若许耶？……又查靛行则据廖应生供称：小的常年帮彭兆隆五钱银子，完税只收用钱五厘一担。后查丝绵行，则有廖席珍供称，曾永义有贴，小的只分一股承充，常年完落地税银七钱。询其牙用，供称每

两三分。至于旧衣行亦经穷诘，凭廖汝宁供称，璜溪原无当铺，迨至寒冬有一二贩卖者，悉属穷人所买，价值不过一二百文，安有牙用与？人偏若勒索用钱，何不另买布匹制作新衣，谁肯来售旧衣？所告廖俊仁等强索铺户婚假礼银，私抽市税以及假神结会等款。研讯各犯，坚供没有，讯其指证杳无一人，俱难县坐。而良国……本应法惩，无奈两造烟火相连，又恐结怨愈深，况兼时值农忙，姑从宽典，全其梓里之谊，以俟自新。……本年五月二十二日审详后，仇族复控，抚宪郎不准。批语："明系争夺行业，假公济私。既经司批宪审，何复又起衅端？"不准。[①]

下坝廖氏居于璜溪下坝，在宁都州当时的行政划分中，黄陂镇仅有中坝和下坝两村，[②] 两家虽为同姓，但并非同族，而且似乎还有嫌隙。顺治九年（1652），赣南各县都要分摊赣关缺额税银，名为"落地税银"，宁都县共需分摊110两，分摊到璜溪共12.4两。下坝廖良国或许是出于经济利益的原因，或许是其他原因，向官府控告中坝廖氏家族在征收璜溪墟市落地税银时，"违禁私克"。负责调查的官员经过实地考察，认为"璜溪一墟，离城百里，僻处山间，舟楫不通，土产少出，市中无囤货之局，上古惮跋山之劳，所有一二货物出自肩挑负贩"，并不存在私克税银的空间，廖良国对其进行的指控没有事实根据。最后官方息事宁人，对廖良国的处理也变成了"本应法惩，无奈两造烟火相连，又恐结怨愈深，况兼时值农忙，姑从宽典，全其梓里之谊，以俟自新"。讲究调解结案是中国传统司法制度的重要特点，但是，如若璜溪墟真的毫无利润可言，那么中坝廖氏又为何为璜溪墟与仇族争讼？若廖良国真系诬告，那为何"本应法惩"又变成了"故从宽典"？这背后原因也确实耐人寻味。

---

① 《汇载璜溪墟额征税贴要领事件》，《璜溪中坝清河廖氏重订族谱》（不分卷），乾隆四十六年本，宁都县图书馆藏。

② 黄永纶、刘丙：《宁都直隶州志》卷4《城池志》，第257页。

实际上，清代赣南许多墟市都被家族控制，而且，家族之间为了争夺墟市的控制权，经常争斗，墟市背后的经济利益是不言而喻的。[①]

璜溪墟究竟是否真如调查官员所说"土产少出"呢？在《中坝廖氏族谱》中，有一部分关于璜溪墟税额的记载：

谨将合族现在公私所领藩贴承克各行及赣关分散落地税银一切完纳，则例详载于后。

计开资忠堂领藩贴三纸，存毅轩堂簿箱，经管付数，务必当众验过。

一廖永顺油行贴　每年额税一两

一廖林棉布行贴　每年额税一两

一廖恒与杂货行贴　每年额税一两

一忧布行落地税银二两四钱　一份廖誉　一小猪行落地税银一两以上属大祠完纳

计开各私领税贴　内廖士明牛贴存临资家，转付宪逢领

一廖士明牛行　藩贴一纸，每年额税一两

一廖誉一猪行落地税银一两

一廖学樸丝绵行　藩贴一纸每年额税一两　文步私纳

一廖席珍领丝绵行落地税银一两　文步私纳

一廖胜牧领药材行落地税银五钱　文训私纳

一廖友山分丝绵行落地税银五钱　德辉私纳

一廖永朋领苎麻行落地税银一两　分出蔡江安福一两五钱，足备完纳以上系各私领完纳

---

① 黄志坚、黄志繁：《清代赣南的乡族势力与农村墟市》，《江西社会科学》2003 年第 2 期，第 135～136 页；刘永华：《墟市、宗族与地方政治——以明代至民国时期闽西四堡为中心》，《中国社会科学》2004 年第 6 期，第 185～198 页。

二共原额税一十二两四钱[1]

前引《汇载璜溪墟额征税贴要领事件》中提到，宁都县分摊到的税额是 110 两，而璜溪一地就独占 12 两 4 钱，超过了总额的 1/10，说明璜溪的税收实际上对宁都县是非常重要的。且根据《宁都直隶州志》相关记载，即便在道光时期，黄陂镇所在的怀德乡袤 80 里，有墟 8 处，其中二十七都仅有墟 1 处，即璜溪墟。[2] 或许正因为控制璜溪墟背后巨大的经济利益和政治影响力，才导致下坝廖氏企图通过控告中坝廖氏"违禁私克"税银，从而使自己家族借机取代中坝廖氏，控制璜溪墟。

正是借助璜溪墟的商业利益，廖氏家族花费大量金钱修建家族信仰建筑和宗祠、桥梁，且在积极协助政府赈灾方面，展现了不俗的经济实力。

在宗族设施建设过程中，廖氏家族常常是一掷千金，在修建家族关帝庙过程中，就耗费了 800 两：

> （关帝庙）清康熙丁巳，韩逆入境，族广厦拆废一空，惟本庙后栋与螺山庙独存。康熙庚寅年捐资修造，益加恢廓，约费白金八百有奇。乾隆巳卯重新前栋，兼修中栋，并周围墙壁丹漆。派捐公私约费五百两。[3]

廖氏家族的关帝庙始建于明洪武二十七年（1394），崇祯年间重修，康熙年间的"韩逆"，应是指吴三桂的部将韩大任，其在康熙十六年（1677）肆虐宁都，而关帝庙幸存，廖氏家族遂于康熙四十九年重修，本次重修花费白银 800 两。800 两在当时是一笔相当巨额的财富。清政府规定白银一两合制钱 1000 文，但实际操作中，清初市场一般只能兑

---

① 《璜溪中坝清河廖氏重订族谱》（不分卷），乾隆四十六年本，宁都县图书馆藏。
② 黄永纶、刘丙：《宁都直隶州志》卷 4《城池志》，第 284 页。
③ 《璜溪中坝清河廖氏重订族谱》（不分卷），乾隆四十六年本，宁都县图书馆藏。

付 700～800 文，① 到乾嘉时期，这一比价开始上升，② 核算下来，800
两白银能够兑付 64 万文制钱，这应是一笔不小的费用。此后乾隆时期
重修，又花费了 500 两白银，且其资金明确指出是"捐公私"，说明资
金来自本家族捐赠，这样一来，重修关帝庙的总花费达到了 1300 两。

从族谱上来看，廖氏家族大规模的工程设施建设都是从康熙年间开
始的，笔者根据族谱记载，将廖氏家族修建家族设施的花费和时间进行
了统计，发现在时间上确实具有很大的集中性（见表 4）。

表 4　廖氏家族家族设施兴建情况统计

建筑	花费	时间
黄泥排宗祠	20 两	康熙甲戌年（1694）
关帝庙	800 两	康熙四十九年（1710）
关帝庙	500 两	雍正十三年（1735）
清河中坝廖氏大宗祠	1900 两	乾隆二十三年（1758）
长龙梵刹	800 两	乾隆二十六年（1761）
关帝庙	1000 两	乾隆四十三年（1778）

资料来源：《中坝廖氏族谱·胜迹》，乾隆四十六年本，宁都县图书馆藏。

康熙初年，在"三藩之乱"的影响下，宁都也遭遇兵火，廖氏家
族的许多重要建筑遭到破坏，战后恢复重建是很正常的。但是，通过表
4 发现，廖氏家族不仅在康熙年间有重要的建设，而且在相对和平的雍
正和乾隆时期，也持续地进行了大型建设，总计花费 5000 多两。这种
高频度、大力度的投资建设，说明廖氏家族在当时已经具有了相当的经
济实力。笔者推测，如果没有商业利益的反哺，仅凭农田租佃收入，这
是很难想象的。

廖氏家族还利用自己的经济实力，为宁都修建桥梁、约所、书院等
公共设施，从经济、政治和文化几个方面全方位渗入地方经济社会生

---

① 彭信威：《中国货币史》，上海人民出版社，2007，第 609 页。
② 王宏斌：《晚清货币比价研究》，河南大学出版社，1990，第 3 页。

活，成为地方上一支不可忽视的力量。

在《宁都直隶州志·关津志》中，存在很多廖氏家族在宁都修建桥梁的记载，笔者对这些记录进行了统计。在全部记载中，记载有明确修建者的桥梁269座（即有明确记载某族建，不包括"众建"和"合邑公建"），其中由廖氏家族修建的达到16座，而其中明确由中坝廖氏修建的则有4座，占全部廖氏修桥总数的25％，[1] 这还是在假定其他廖氏家族都不是中坝廖氏族人的情况下得出的数据。4座桥梁具体记载如下：

> 罗陂木桥　中坝廖天衢建。廖资忠修。
> 重祠木桥　怀德乡中坝村，廖资忠众建。
> 高木桥　怀德乡中坝村北，廖族众建。
> 仙乡堂木桥　怀德乡仙乡村中坝。廖道衍建。[2]

廖氏族谱对廖氏家族修建的桥梁也有所记载：

> 螺山庙前桥旧无众资，每漂折，郎资人募化，常月余不就。而赴市杂踏，肩摩踵接，此独甚焉。莲社庵僧梅亮于康熙五十二年冬，敦请本村檀越得二十人，亦正、三迓、少严、子遴四人管理生息。自有桥有会，会有众，随圮随成，人不病涉。康熙六十年，创置庄田六十二担粮亩，庄口土墩刻薄，散给二十人，各执为照，并请县尊陈公作叙，勒石七仙庙侧，其乐助人名悉载碑记。
> 罗陂桥　在安福乡，原建石桥。明嘉靖间，本族先衢东溪公独力鼎建。本朝雍正、乾隆年间，叠圮。公子孙随圮随修。[3]

① 黄永纶、刘丙：《宁都直隶州志》卷15《关津志》，第903页。
② 黄永纶、刘丙：《宁都直隶州志》卷15《关津志》，第903、917页。
③ 《璜溪中坝清河廖氏重订族谱》（不分卷），乾隆四十六年本，宁都县图书馆藏。

廖氏家族不仅修建了地方的桥梁，而且还成立了相应的桥会，方便桥梁的随时修缮。在族谱中，笔者也看到了类似的记载，不仅是桥会，廖氏还成立了路会、茶会等各种各样的会。有趣的是，路会的成立，似乎也与璜溪墟市有关，且很有可能就是为了保证通往墟市道路的通畅，廖氏才重新修建了道路，并成立了路会：

> 璜溪在怀德之最中，五季时廖氏基焉。二水合流，其南至集，其懋迁有无化居，则旬以一四六九出入之路，每因山水暴涨辄圮。又辄经年月捐资于公私，又力不能伐大石厚筑而堤之。雍正十二年暑月，文沛叔等聚族之人而议之，其言曰："南涧木桥三而捐资置产为桥，会众者二，一旬四集，苦暑气上炎，则捐资置产为□者二，利涉利渴乡之人咸有所恃。赖今更能为路会置产应不时之需，而宁独为廖氏世世出入计乎？"①

这段记载说明了路会的运作方式，即通过捐资置产，其收益有保障路会日常运营或者维护路桥之用。而后面记载的捐资置产的人，无一例外都是廖氏族人，而且其购置的田产，也都是通过廖氏家族进行运营、收租。因此笔者认为，这样的路会、桥会组织实质上是带有家族性质的排他性的路权垄断组织。虽然路桥可以供全村通行，但资金的决定权还是牢牢掌握在廖氏手中。笔者认为这事实上也是一种借用家族力量垄断路权的行为，并借此收租，获得家族在地方上的影响力的扩张。

除建立路会、桥会外，廖氏家族也积极参与地方教育，兴办了璜溪书院，还被称为"璜溪八景"之一。璜溪书院由廖氏家族所辟，原本是家族合族修建，但此后成了璜溪地区孩童读书、接受教育的场所。《中坝廖氏族谱》记载：

---

① 《璜溪中坝清河廖氏重订族谱》（不分卷），乾隆四十六年本，宁都县图书馆藏。

（璜溪书院）倚阁之后，界本村堤□尽处。构堂三楹，翼以庑□、交汇其前。□空围墙如璜状，植桂一枝□双株。额曰："璜溪书院"，邑令历山李公旧题。清雍正乙卯合族建。①

璜溪书院在当地民众教化方面起到的作用，是廖氏族人引以为傲的一件事，甚至将璜溪书院作为廖氏家族八景之一。他们在族谱中这样描述璜溪书院："辟讲堂于璜溪之浒，冠高阁，襟双流，都人士弦诵其中，晓昔吟哦，清韵悠扬，与波湍鲸铿答，乡过客游人于斯驻听。"②可见此地不仅风光优美，而且读书人多，吸引了很多访客和游人。关于璜溪书院的相关记载并非仅此一处，在其后同时收录了时任分巡吉安赣道董榕③所作赞诗二首：

薄暮征□此暂停，夕阳峦色书难形。

半空云现光明锦，四面峰围紫翠屏。

水碓塾书声共乱，渔灯夜绩影交荧。

淳风好景堪吟眺，听月楼前桂□声。

路转黄陂秋气清，璜溪精舍育群英。

竭来岭峤炎方地，忽观秦山楚泽明。

漫向苻骚夸后藻，须从姬鲁□韶韺。

殷勤留语诸生记，涟水心通处处行。

据相关记载，董榕时任分巡吉安赣道，衙署设在赣州府，巡行至宁都时专程来到璜溪书院。他的诗中不仅描绘了璜溪书院的秀丽景色，更直言

① 《璜溪中坝清河廖氏重订族谱》（不分卷），乾隆四十六年本，宁都县图书馆藏。
② 《璜溪中坝清河廖氏重订族谱》（不分卷），乾隆四十六年本，宁都县图书馆藏。
③ 董榕，字念青，理学家，乾隆二十一年（1756）始任分巡吉安赣道。

书院书声不辍。由此可见，廖氏家族的璜溪书院确实对教化地方起到了重要作用。璜溪书院的建设时间也远早于道光年间，董榕来到宁都时是乾隆二十三年（1758），因此书院的修建一定早于此年，这一时期也与廖氏家族大规模兴建家族建筑的时间相符。

在地方政治生活中，廖氏家族则通过将本族族产出租作为约所，来进一步巩固其在地方的影响力："地基原系銮公祭产，合乡赁建约所。每年照旧额交租一两四钱。每年照旧额交租一两四钱。康熙乙酉年营汛，移驻赖坪。"① 约所是赣南地区自王阳明莅任以来，为了宣扬其指定的南赣乡约而建立的基层治理机构，其初衷是整顿赣南混乱的社会秩序。② 具体而言，在宗族聚居地，约所数量一般较多。以宁都为例，明末李腾蛟曾如此记录宁都宗族与约所的关系："村之中则有大小宗祠，有书院，有乡约所，……所居户千百十所，口千百十口。异姓附居者十户，口百十口。……聚庐而居，皆公子孙。"③ 这说明在当时约所的建立与宗族的聚居是存在着一定的关联的。很显然，官方在地方大族所在地设立乡约所，正是想利用地方大族的影响力来推行官方教化，反过来也说明了地方大族在地方上的控制力和影响力已举足轻重。

我们注意到，廖氏进行的大规模建设都集中在康熙至乾隆时期。这一时期，正是赣南山区得到大规模开发的时期，也是赣南地区人口迅速增加、商品经济比较活跃的时期。④ 正是在这个背景下，廖氏家族积极投身商品经济，控制了地方市场，从而拥有了比较强大的经济实力，一举由宋元时期的科举家族转化为经济强族，维系了其在地方上的影响力。

---

① 《璜溪中坝清河廖氏重订族谱》（不分卷），乾隆四十六年本，宁都县图书馆藏。
② 赣南地区推行乡约情况，可参见黄志繁《乡约与保甲：以明代赣南为中心的分析》，《中国社会经济史研究》2002 年第 2 期，第 3~8 页。
③ 李腾蛟：《里居志》，《宁都直隶州志》卷 31 之 2《艺文志》，第 2589 页。
④ 参见黄志繁等《清代赣南商品经济》，学苑出版社，2005。

四　祖坟的争夺：孙氏家族的式微

与廖氏家族命运不同的是，元代极其强盛的孙氏家族在明清时期迅速衰落。宁都孙氏家族的衰落自明代以后表现得较为明显，主要体现在两大方面，一是家族人口的外迁，二是家族科举的衰微。

家族的迁徙对于宗族发展来说是再正常不过的事情，基本每个家族都经历过人口迁徙，但这一情况放在孙氏家族身上却显得与众不同。孙氏的家族迁徙不仅仅是单纯的移民，其大量的移民让留守宁都的孙氏人丁大幅度减少，甚至影响了家族后续的繁荣和发展。撰写于民国的《宁都城南伯房孙氏十二修族谱》曾对孙氏各房的发展情况有如下描述：

> 孙氏始祖讳詷。……以公、侯、伯、子、男编立五房。公房查老谱所载，人丁稀少，传至廿三世仁兴、仁旺即无续笔。侯房自英公以下散处各乡里，至十一世彬公字彦文迁居青塘而分居于都，财甚盛。伯房三世祖士元生四子：有恭；有敬；有惠；有信。有恭房在宁者今仅数丁，迁居兴国、赣州者人丁亦少；有敬房今居严坑、法沙等处，有惠居城南北门暨平阳乡孙屋底等处，两子孙为多；有信房查老谱惟载一宣教子孙迁浙江余姚县，余传十六世而子。①

也就是说，自孙氏迁入宁都不久，孙氏家族就开始分为公、侯、伯、子、男等五房。留于宁都者，只有公房和伯房。到了第二十三世，公房

---

① 《宁都城南伯房孙氏十二修族谱》卷首，《孙氏大五房分支源流便览》，1923 年本，宁都县图书馆藏。该谱亦无页码。

就绝嗣了。伯房分为有恭、有敬、有惠、有信四大房，其中有恭房
"在宁者今仅数丁"，有信房也"迁浙江余姚县"，也就是说伯房下面的
四大房中，仅有有敬和有惠房在宁都繁衍生息，包括前文所述的孙氏五
贤，也都出自这两房。人口的外迁导致了孙氏人丁的减少。明末，孙氏
在与他人争夺坟山时在宁都的后裔竟然不满百人了，所谓"孙谕等族
姓不满百人，各俱贫弱"。①

人数或许不是关键，最为致命的是"各俱贫弱"，导致这种"贫
弱"的根本原因是孙氏家族在明清时期科举优势的丧失。孙氏家族仕
途落差相较廖氏家族更加明显，以致清中期孙氏后人痛心疾首地感叹：
"自孙忠烈公昌厥后于会稽，而宁都之孙氏遂微。栾部之后降为皂隶，
议者痛之。"②

曾经的仕宦大族沦落为皂隶这类"贱民"，足以说明清代的孙氏已
经衰落到什么程度了。进入明清，孙氏家族的科举表现可以说是非常惨
淡，笔者通过查阅《宁都城南伯房孙氏十二修族谱》，对族谱中提到的
孙氏族人的科举情况进行了统计，对有明确记载的在科考中考取功名的
人数进行了统计，发现了和廖氏家族类似的功名分布规律，即宋代孙氏
的进士和举人达到了 22 人，而明清时期却无一人中进士或举人。伴随
着科举上的断崖式衰落，孙氏也鲜有高级别的官员出现。正是由于科举
和仕宦的双重衰落这一事实，我们才能理解孙氏后人为什么要去从事皂
隶这种被士大夫鄙视的"低贱"的工作。

在孙氏家族的族谱中，笔者不止一次看到了关于孙氏与其他家族争
夺坟山和相关田产所有权的记载。频繁的坟山争夺，消耗了孙氏大量的
财力和精力，也映衬出孙氏家族势力的衰败。而这其中影响较大的两次

---

① 《宁都城南伯房孙氏十二修族谱》卷首，《城南富春孙氏伯房十二修族谱世传》，1923 年
本，宁都县图书馆藏。
② 《嘉庆十九年六月重修陈夫人墓志铭》，《宁都城南伯房孙氏十二修族谱》卷首，《城南富
春孙氏伯房十二修族谱世传》，1923 年本，宁都县图书馆藏。

坟山争夺，分别发生在崇祯和同治年间。

崇祯十五年（1642），孙姓与曾姓爆发坟山争夺，事情经过如下：

> 崇祯十五年十二月，有曾芳明者将立土印于乌石营，与空棺，试葬其地。棺甫出城，而孙氏子姓拼死争阻，急请本县往勘，则环山皆孙墓也，卧侧无容他人酣睡之理，况曾亦世家贤裔，岂肯酣睡他人之侧哉！[①]

这场官司的另一位主角曾氏家族，一直以来也是宁都地区的望族，在历史上曾经官宦显赫、人才辈出，连孙家都认为"曾亦世家贤裔"。这次案件的审理过程较为简单，结果也倾向于孙氏。宁都府衙认为孙氏先祖以道义闻名，因此对曾氏应当有一定的教育意义，所以判决曾氏退出孙氏坟山。

但这次坟山的争夺，对孙氏来说，其象征意义显然大于实际意义。其象征意义主要是本次争夺的乌石营坟山是孙氏家族的始迁祖孙诇之墓所在地，这里面承载的不仅仅是孙氏家族的财产这么简单，更是孙氏家族的精神象征。《宁都城南伯房孙氏十二修族谱》记载，孙氏始迁祖孙诇"殁葬第三桥乌石营，今呼为马架坑坎癸山午向人形"。[②] 由此也就不难理解，为何孙氏家族面对乌石营坟山被占时坚持打官司了。而更为现实的境况是，面对乌石营被占，孙氏家族已经没有能力保护自己的家族坟山，这才不得已借助官府的力量。这一点在族谱中也有体现："明季曾芳明及父翰林院就义公声势，谋占我始祖东平侯乌石营坟山，时蒙本县大尹叶公会向荣立案钧语，审得孙诇等族姓不满百人，各俱贫弱，

---

① 《嘉庆十九年六月重修陈夫人墓志铭》，《宁都城南伯房孙氏十二修族谱》卷首，《城南富春孙氏伯房十二修族谱世传》，1923 年本，宁都县图书馆藏。
② 《宁都城南播放孙氏十二修族谱》卷首，《城南富春孙氏伯房十二修族谱世传》，1923 年本，宁都县图书馆藏。

遂为邑中宦族所欺凌。"①

通过这段记载能够看到此次坟山争夺背后暴露出的可怕事实：盛极一时的孙氏家族在明末甚至只剩下不满百人，这一数量对于一个曾经人才辈出的家族来说确实显得微不足道，人丁稀少和缺少强有力的家族"代言人"，导致孙氏必须借助官府的力量和祖先的荣耀来夺回自己的坟山。

另一次影响较大的坟山争夺发生在同治年间，这一次情况更为严峻，孙氏家族面对的是两大家族的侵占：

> 同治甲戌年被堪舆巫瑞儒串集，民人邓家泰、差役廖仁怀等各恃其强，谋占我派祖三世仕元遗有坟山一大嶂，坐落万伏里仰湖底。时蒙州宪大人韩讳懿章立案钧论，审得孙族先世虽有名贤辈出，而是时时势两弱，兹巫、邓、廖籍依各姓有坟盗葬祖骸，禀控互争。②

此次坟山争夺，起因似乎也是他族"恃强凌弱"，这再次暴露了孙氏家族式微的事实，甚至在官府审判过程中，都明确指出孙氏家族"时势两弱"。这次坟山争夺依然以孙氏家族的胜利告终。官府判定：

> 此山孙姓自宋元明清四朝以来叠葬坟墓百有余穴，各姓有坟数家，不过先有不贤之辈勾谋盗买之弊，况今犹有赁山字据，显属孙宅之业无疑矣，岂容巫、邓、廖恃众凌弱？③

但本次诉讼值得注意之处在于，它在实际经济中带给孙氏家族很大的影

---

① 《宁都城南伯房孙氏十二修族谱》卷首，《城南富春孙氏伯房十二修族谱世传》，1923年本，宁都县图书馆藏。
② 《宁都城南伯房孙氏十二修族谱》卷首，《城南富春孙氏伯房十二修族谱世传》，1923年本，宁都县图书馆藏。
③ 《宁都城南伯房孙氏十二修族谱》卷首，《城南富春孙氏伯房十二修族谱世传》，1923年本，宁都县图书馆藏。

响。诉讼结束后，由于诉讼金额花费甚巨，孙氏族人不得已将祖墓中金
崄出售与本族族人，并以摊派的方式集资，以作诉讼花费之用。孙氏族
谱记载了这段伤心的往事：

> 遗下万伏里仰湖坟山一火嶂掌醮，四朝并无异议。不料于同治
> 甲戌年被巫、邓、廖三姓生心谋占穷葬数冢。当日合族公议，家焘
> 翁出身构讼。蒙官断释，选改空归。但此穷葬之处虽蒙断迁，而侬
> 族用费无所出办，只得酌议仍将迁改伊塚之处共做金崄十三个，内
> 除家寿翁二个以补出身功劳，兹已出售于本族美林公、传沂公各一
> 个，其余十一个每个派钱若干以清用矣。[1]

这一段记载揭露了另外一个事实，即孙氏家族缺少经济来源，甚至
可以说是经济穷困，已经到了无力支付诉讼经费的地步。这种经济上的
屡弱，一方面是因为孙氏家族缺乏一个能持续带来稳定、可观收入的经
济来源，另一方面也与当时家族受到战争重创导致财富流失有关。

咸丰年间的太平天国运动，给孙氏家族带来了一场浩劫。孙氏族谱
记载，咸丰丁巳年（1857），孙氏家庙在太平天国乱局中被焚毁殆尽。
其实，不仅仅是家庙，甚至财物也被洗劫一空。族谱也描述了当时的悲
惨境况：

> 如吾族宁之有宗祠也不可胜数，其始则有四：孙先生之祠，继
> 则有孙氏五贤之祠，又有乡贤之祠，此皆世久年远废于兵，毁于明
> 嘉靖间。族长发先翁等倡首建南关外先贤祠，缘我国朝顺治庚辰克城
> 焚毁，仅存基址。迨清康熙间复建，匾其门曰"孙氏家庙"。于清咸丰

---

① 《宁都城南伯房孙氏十二修族谱》卷首，《十修戒约六条》，1923 年本，宁都县图书馆藏。

丁巳年土匪扰境，为毁灰烬。嗟夫！孙氏之祠累受兵害可胜道哉！①

由此可见，从明代到清咸丰间的数百年里，孙氏家族的祠庙屡建屡废，咸丰年间的这次战祸可以说是情况最惨的一次。事实上在此次事件前几年，太平天国运动就已经波及宁都，当时孙氏族人有人挺身而出，制止太平军抢劫，当然最后的结局是太平军杀害了孙氏两位族人。可能也正因如此，孙氏族谱中将本次祖庙被焚毁认为是太平军的报复。在太平军攻占州城的那段时间，孙氏族人纷纷外出躲避，但最终还是没能逃脱人财皆空的结果：

各处土匪其势赫，然拦抢行人者屈指难数，观其恶俗必至移哲拖累。是以咸丰五年间，余族国学生义学翁、义赐、传贤、家福翁等出身力阻，以致土匪挟嫌将族中传贤、家福翁命毙于斯土。呜呼，何命之乖蹇如此也！仇仇相报！于咸丰丁巳年将严坑寝堂住室概行灰烬，长发贼匪占进州城，日往月来，族中难以安生，只得于中寮围筑山寨各躲其身。突然山寨失火，焚烧毙命者数人，器物俱概行一空。嗟夫，余族之惨其何以堪！②

从这段记载大致可以看到当年那次战乱的惨状。太平军攻占宁都数月之久，将孙氏家族的严坑故居焚毁殆尽，而家族用以栖身的山寨，也被火灾焚毁，财物付之一炬不说，甚至还造成了人员的伤亡。按照时间推算，此次战乱的时间是咸丰七年（1857），而前文提到的坟山争夺则是在同治十三年（1874），其间过了 17 年之久。17 年的时间对一个家底雄厚、人口众多的家族来说，应当是可以恢复元气的，但从孙氏家族当时的情况

---

① 《宁都城南伯房孙氏十二修族谱》卷首，《新建后祠堂记》，1923 年本，宁都县图书馆藏。
② 《宁都城南伯房孙氏十二修族谱》卷首，《十修新增严坑湖背建造祠堂记》，1923 年本，宁都县图书馆藏。

来看，想要在 20 年不到的时间里恢复元气，难度应当是比较大的。

当然，面对这种家族影响力全面衰退的景象，孙氏家族依然做出了多方面努力来提升家族凝聚力并力图振兴家族。孙氏加强了宗族内部的建设，通过族谱中的族规规范族人行为；通过修建祠堂凝聚族人力量。

孙氏族规包含的内容十分广泛，从对祭祀的规定，到族人行为的规范，再到田产所有权的详细细则，各方面的规定都体现了孙氏构建一个团结稳定家族的愿望。针对家族坟山被频繁争夺的事实，在十修族谱中，就针对族人盗卖坟山的行为做出两条规定：

> 敢有假以风水不利因而将祖迁葬即以其地别卖者，此等不肖子孙深为可恶，合族公议斥出不许入祠，甚则经官惩治。
>
> 本族有绝房祖地者，许坟地相近子孙在彼挂醮，设若内有空穴可以继葬者听之，但不许将彼空弃，亦不许将彼坟山盗卖。如有此等事情，合族查出，鸣官究治。①

十修族谱序文记载："溯自九修道光乙酉年至今五十余年矣。"其中，提到的道光乙酉年是公元 1825 年，由此可以看出十修族谱应当在 1875 年后，而前文万伏里坟山争夺案的时间是在 1874 年。这样一来，似乎可以推测之前的坟山争夺案中出现了孙氏族人内外串通的情况，而这条规矩的制定，就是为了杜绝此后出现这种里应外合的状况。而将倒卖坟山者逐出宗祠，则是用最严厉的手段给族人以警示，以此防微杜渐。

在保护家族祖产之外，孙氏族谱为了团结宗族、凝聚人心，也对家族祭祀规程做出了很多强制性规定，并对违反者制定了严格的处罚制度：

> 一春秋祭祀所以尽追本报远之礼，非徒为糜文也。苟文俱而意

---

① 《宁都城南伯房廖氏十二修族谱》卷首，《十修戒约》，1923 年本，宁都县图书馆藏。

不恳挈则获戾于厥躬矣。凡我少长时值祭祀之日务宜毕诚毕敬，毋使懈怠。如有视为泛常，合族以不敬祖宗罪之，议罚不恕。

一祖宗坟墓共众者，每岁清明必须督率长幼亲诣坟前祭扫，不恕推怠，恐致迷失，其各私坟亦然。①

以上两条规定，分别明确了祖宗祭祀行为和时间上的具体规定。其中，在祭祀中的行为要"毕诚毕敬，毋使懈怠"，而在时间上则要求无论大祠还是各私分，每年清明必须亲自到坟前祭扫，不得例外。对于态度恶劣和不按时祭祀的，都会"送官究治"。规定如此严厉的惩罚措施，可以反过来认为，孙氏家族的凝聚力已经到了需要用非常严厉的惩罚措施来维系的程度了。实际上，伴随着祖先荣光的消逝，孙氏家族从明代开始就已经衰落。

结 论

通过全面论述，我们可以对廖姓和孙姓两个家族的发展历程进行简要总结。宋代，由于科举取士人数的扩大和录取率的提高，给了廖氏和孙氏利用科举步入仕途并维持家族繁荣的机会。廖氏家族在宋代通过科举考试，族人中有 10 余人考中进士，在考取功名后，充分利用了其累世仕宦的文化资本，继续积累了政治和经济资源，成了政治世家和文化大族，拥有着雄厚的实力。孙氏家族的孙立节在宋代通过科举入仕，由于与王安石政见相左而受到了当时保守派苏轼的支持，苏轼为孙立节写作《刚说》以褒扬其行为。孙氏家族则将《刚说》作为家族的文化及政治资源，世代传承，并在元代充分利用这种资源荐辟出仕，家族中甚至出现了一门 5 人都荐辟为官的情况，孙氏家族在元代达到了强盛的顶

---

① 《宁都城南伯房孙氏十二修族谱》卷首，《十修戒约》，1923 年本，宁都县图书馆藏。

峰，在政治和经济上都有不俗的实力。两大家族能在宋元时期取得官场的辉煌，与科举制度有着密不可分的关系，廖氏家族通过科举制度考取功名出仕，孙氏家族的家族文化资源也是在孙立节科考为官后获得。元代虽然科举考试不太正常，但家族文化影响力容易凸显出来，因此，地方文化大族容易凭借其政治资本和文化资本，在科举和仕途上获得成功。因此，这两大家族在宋元时期的成功，其根本原因在于宋代科举制度的发达和录取人数的扩大使重视"举业"的家族抓住了机会。宋元时期发展较好的家族还有一个非常重要的特征，就是重视通过仕宦交往积累人脉和对家族文化资源的充分利用。

明清之后，由于科举制产生了变革，"举业"变得更加艰难，录取率下降和录取人数的减少让两大家族失去了科甲的荣耀。明清时期商品经济的发展又给了家族以新的机会，即通过介入商业活动获取经济利益来扩大家族的影响力，并通过商业利益来谋求政治资源和地方影响力。由于赣南山区主要是在清初得到了大规模的开发，地区商品经济在清代繁荣起来。廖氏家族作为当地的名门望族，对当地的土地有着不言而喻的优先控制权，他们可能控制了大量的土地，从而积累了一定的财富。但更为关键的是，他们通过自建和控制璜溪墟市，获得了对本地商品经济的征税权，从而又积累了不少财富。在拥有一定经济实力的基础上，廖氏家族在当地建设约所、学堂、桥梁等基础设施，甚至参与基层管理，而且与官府建立了良好的互动关系。最终，廖氏完成了从文化世家到地方士绅的转变历程，形成了一个渗透进地方社会、拥有强大经济实力和政治影响力的大家族。

孙氏家族则走了一条不同的家族发展之路。孙氏在面对"举业"衰落的时候，或许是由于他们家族位于县城，无法像廖氏家族那样获得对土地山林的控制权，从而也无法加入商品经济发展的洪流中，因而在明清时期遭受了多重的打击。科举的衰落、战乱的破坏和坟山的争夺，都让孙氏家族疲于应付，孙氏家族不仅丧失了宋元时期家族的荣耀，其至还要通过出卖家产来获得打官司的资金。虽然他们企图通过建立严格的家规制度等一系列措施来加强宗族内部建设，但都没能够真正达到振兴家族的愿望。从八修族谱的"吾族之由宁而成籍外郡者固已过半，其科名绅缙虽皆显著于世，而已远不相及矣"到十一修族谱的"今虽中微远不相及矣，然盛衰乃天运循环之理，安知后之苗裔克绳祖吴有不恢绍先绪者乎？"① 孙氏族人一直在强调家族振兴，但大势已去，事与愿违。

　　廖氏和孙氏这两大家族的不同发展结果，应该是宋明以来中国传统基层社会转型的一个缩影。他们的历史表明，宋元时期的一些在地方上有影响的文化大族，在明代科举制度变革和商品经济发展的背景下，不同程度地经历了一些变革，而科举上或经济上的成功可能是他们能够成功维系地方影响力的两个关键因素。部分家族在宋代通过科举考试获得了世代相承的政治资源，并在宋代保持了家族科举的繁荣，另一部分家族则通过科举考试中获得的文化资源扩大了家族在地方上的影响力，并构建了家族在政坛上的人际关系，最终凭借这种关系，使自己的家族达到了仕宦的顶峰。但在明清时期，这种靠科举得到的政治和文化资源已无法继续适应变革的社会环境并维持家族繁荣，因此能否介入明清时期发达的商业活动，就成了家族兴衰的关键因素。进一步说，似乎可以认为，对"举业"的重视，并通过仕宦活动积累政治资本是宋元时期地方大族兴盛的根本，而成功介入地方商业则是明清地方宗族兴盛的关键。

---

① 参见《八修宗谱续》《十一修族谱新序》，《宁都城南伯房孙氏十二修族谱》卷首，1923年本，宁都县图书馆藏。

《区域史研究》2019 年第 2 辑（总第 2 辑）
第 107～154 页
© SSAP，2019

矿业、移民与商业：清前期云南东川府社会变迁

温春来[*]

摘　要： 云南东川府是清代最重要的产铜地区。东川长期存在一套有着深远历史根源的制度化的政治权力架构，这一架构在雍正年间的改土归流大潮中彻底瓦解，但清王朝在东川改流的动因并非出于对该地矿藏的觊觎。东川改流前后，政府的需求、政策、资金借贷以及大量汉人的移入共同创造了铜矿业的繁荣，东川在经济、政治、交通等方面更加紧密地与内地整合为一体。在此过程中，巨额的矿业财富被带走，生态破坏则留给了矿区。矿业促进了滇东北商业的繁荣，并催生了两类不同的市镇，交通要道上的市镇较为富庶，而真正的矿区市镇却一片赤贫。矿区的民众也缺乏读书的传统，所以很少有碑刻、族谱之类的文献产生与留存，而且矿区人员的流动性很强，因此在田野中我们也很少发现多代定居于此的乡民，村落中的长者所能提供的口述历史，上限大多不会超过晚清时期。

关键词： 东川　铜矿　移民　商业　市镇

清代的矿业空前发达，[①] 成为当时社会经济中非常引人注目的一个

---

[*]　温春来，中山大学岭南文化研究院、历史系、历史人类学研究中心教授。

[①]　从 17 世纪 80 年代到 18 世纪 70 年代，中国矿业的增长率大大超过了此前的两千年。参见中国人民大学清史所、中国政治制度史教研室编《清代的矿业》，中华书局，1983，第 1～2 页。

现象。其中，铜的开采事关国家的币材供给，尤为紧要，官府因之介入最深，相关材料也最为丰富。清代铜主要产于云南，史称"滇省铜政，累叶程功，非他项矿产可比"。① 清代云南铜矿有滇东北、滇中、滇南、滇西四大片区，而以东川府为中心的滇东北最为重要，18 世纪 20～90 年代，这里是云南铜业的核心地区，其产量一度达到云南铜产的 80% 以上。②

自民国时期严中平开创性的研究以来，③ 关于清代云南铜矿业已产生了不少重要论著，④ 对当时云南铜矿业的兴起过程、政府政策、矿厂

① 《清史稿》卷 124《食货五·矿政》，中华书局，1977，第 3666 页。
② 杨煜达：《政府干预与清代滇西铜业的兴盛——以宁台厂为中心》，杨伟兵主编《明清以来云贵高原的环境与社会》，东方出版中心，2012，第 81 页。
③ 严中平：《清代云南铜政考》，中华书局，1948。
④ 除严中平的著作外，关于清代云南铜矿业的重要研究成果尚有：王明伦《鸦片战争前云南铜矿业中的资本主义萌芽》，《历史研究》1956 年第 3 期；Sun，E‐TU Zen，"the Copper of Yunnan：An Historical Sketch，" *Mining Engineering*，Vol.16，No.7（1964），pp.118‐124；Sun，E‐TU Zen，"Mining Labor in the Ch'ing Period，" in Albert Feuerwerker，Rhoads Murphey，Mary C. Wright，eds.，*Approaches to Modern Chinese History*（California，University of California Press，1967）；Sun，E‐TU Zen，"The Transportation of Yunnan Copper to Peking in the Ch'ing Period，" *Journal of Oriental Studies*，Vol.9，1971，pp.132‐148；全汉昇《清代云南铜矿工业》，《中国文化研究所学报》第 7 卷第 1 期，1974；陈庆德《清代云南矿冶业与民族经济的开发》，《中国经济史研究》1994 年第 3 期；彭雨新《清代前期云南铜矿业及其生产性质的探讨》，《武汉大学学报》（社会科学版）1984 年第 5 期；Shulman，Anna See Ping Leon，Copper，Copper Cash and Government Controls in Ch'ing China（1644～1795）（Ph. D. diss.，University of Maryland College Park，1989）；中岛敏「清朝の铜政における洋铜と滇铜」『東洋史學論集』汲古書院，1988、161‐177 頁；James Z Lee，*The Political Economy of a Frontier：Southwest China*（Cambridge：Harvard University Press，2002）；陈征平《清代云南铜矿开发的制度演化及"官治铜政"的特征》，《思想战线》2003 年第 5 期；邱澎生《十八世纪滇铜市场中的官商关系与利益观念》，《中央研究院历史语言研究所集刊》第 72 本第 1 分，2004；蓝勇《清代滇铜京运路线考释》，《历史研究》2006 年第 3 期；杨煜达《清代中期（公元 1726—1855 年）滇东北的铜业开发与环境变迁》，《中国史研究》2004 年第 3 期；Vogel，Hans Ulrich，"Copper Smelting and Fuel Consumption in Yunnan，Eighteenth to Nineteenth Centuries，" in Hirzel，Tomas and Nanny Kim，eds.，*Metals，Monies，and Markets in Early Modern Societies：East Asian and Global Perspectives，Monies，Markets，and Finance in China and East Asia*，Vol.1（Berlin：Lit verlag Dr. W. Hopf，2008）；杨煜达《政府干预与清代滇西铜业的兴盛——以宁台厂为中心》，杨伟兵主编《明清以来云贵高原的环境与社会》，东方出版中心，2012；马琦《清代滇铜黔铅开发研究》，人民出版社，2013；温春来、李贝贝《清初云南铜矿业的兴起》，《暨南学报》（哲学社会科学版）2018 年第 2 期。

数量、产量、矿税、矿产分布、矿业组织、生产关系、矿产运输路线
等，学界已有较深入的认识。但对于铜矿业究竟给滇东北地方社会带
来了什么，学者们的关注却不多。在这个方面，比较重要的成果有黄
菲的研究，她在分析东川成为清代最重要的铜矿区之后认为，在景观、
空间、建筑上的变迁以及相应的话语观念方面，从表面上看，这一过
程的主导者是官府与汉人精英，但土著的传统与能动性仍然在景观巨
变中有迹可循。① 不过，铜矿业的兴盛在黄菲的研究中大体上只是作
为一个重要背景，她的着力点并非铜矿业与地方景观变迁的直接关
系。此外，美国学者李中清（James Z. Lee）通过定量评估，把云南铜
矿业与西南怎样从不发达的边疆地区发展成为主要经济区的问题联系
起来。这一宏观的变迁过程涉及了东川矿区。② 杨煜达量化分析了滇
东北的铜产量，在此基础上评估了当地森林被砍伐、水土流失日益严重
的情形。③

　　在他人研究的基础上，本文主要关注以下几个方面：其一，清朝在
滇东北建立起直接统治与铜矿业发展的关系；其二，矿业的兴起与移民、
商业之间的直接关联；其三，矿业所带动的经济繁荣与矿区的贫困。

一　滇东北彝族的传统政治结构

　　清代的东川府，范围大致等于今云南省昆明市东川区、曲靖市会泽
县、昭通市巧家县。东川府崇山峻岭，峰峦起伏，金沙江自南向北，流

① Huang Fei（黄菲），Landscape Practices and Representations in Dongchuan, Southwest Eighteenth - Century China（Ph. D. diss. , Leiden University，2012）.
② James Z. Lee, *The Political Economy of a Frontier*：*Southwest China*（Cambridge：Harvard University Press，2002）. 该书系在作者 1983 年完成的博士论文基础上修改而成。中译本名为《中国西南边疆的社会经济：1250—1850》，林文勋、秦树才译，人民出版社，2012。
③ 杨煜达：《清代中期（公元 1726—1855 年）滇东北的铜业开发与环境变迁》，《中国史研究》2004 年第 3 期，第 157～174 页。

向四川。

历史上，今云南东北部，贵州西北部、中部、西南部，四川南部一带，历史上曾长期分属于几个不同的彝族支系统治，形成了具有自己的文字、政治结构与礼仪传统的若干君长国，东川即阿芋陡君长国故地。① 该君长国设有待补、则补、者海、巧家、阿汪、以扯六营，以及火红、那姑、马书、法夏、弩革等几头目（亦称伙目），"营长主兵，头目主赋"。② 东川的附近，则有乌蒙、乌撒、古口勾、芒部等君长国。③

在宋代，东川等君长国是完全独立的地方性政权，与中央王朝连羁縻性质的关系都没有建立。元明两代大力开拓西南地区，建立并完善了土司制度，在东川设军民土府，属四川。彝族君长们虽然成了王朝的土司，然而原有的政治制度仍然有效维持并运行。王朝力量根本无法深入君长国的内部。东川虽号称一府，但在明朝仅编户一里，④ 万历年间的《四川重刊赋役书册》并未提及东川府，更不用说登载其人丁、田土、赋役数据。⑤ 可见，百姓们并不向王朝缴赋应役。直到康熙二十五年（1686），在四川几位高官的反复劝谕下，者海营营长才表示"向化"，每年纳荞折银 50 两。⑥

从明末到清初，王朝通过一系列军事行动，消灭了川南的扯勒、贵州的水西、乌撒等彝族君长国。到三藩之乱平定之后，清王朝在西南地

---

① 温春来：《从"异域"到"旧疆"：宋至清贵州西北部的制度、开发与认同》，生活·读书·新知三联书店，2008，第 7～12 页。
② 乾隆《东川府志》卷 14《秩官·土官禄氏世职》，《西南稀见方志文献》第 26 卷，兰州大学出版社，2004，第 125 页。
③ 温春来：《身份、国家与记忆：西南经验》，北京师范大学出版社，2019，第 296 页。
④ 嘉靖《四川总志》卷 14《郡县志·东川军民府》，《北京图书馆古籍珍本丛刊》第 42 册，书目文献出版社，1996，第 271 页。
⑤ 《四川重刊赋役书册》，《北京图书馆古籍珍本丛刊》第 60 册，书目文献出版社，1998。笔者所见明代四川通志（包括正德、嘉靖、万历三种版本），虽然有专章论及乌撒府、东川府，但同样没有提及人丁、田土、赋役方面的数据。
⑥ 乾隆《东川府志》卷 3《建置》，第 35 页。

区能够建立流官政府直接统治的范围以及对剩余土司的威慑与控制，远远超过了之前的任何一个历史时期。康熙三十八年（1699），因东川君长国内部惨烈的争斗，君长遗孀禄氏主动申请改土归流。清廷顺势改东川土府为东川军民府，设流官知府一员、东川营游击一员、守备一员。① 然而，君长虽已不存，但是原来的营长们仍然桀骜不驯，成为东川的实际控制者。改土归流徒有虚名。②

　　不但朝廷力量不易深入，内地汉人进入滇东北以及毗邻的黔西北的情况同样少见。这一带崇山峻岭，山多地少，不具备发展传统农业的条件，并且交通艰难。③ 更为重要的是，移民到这里之后社会地位低下，而且缺乏安全保证。因此，在改土归流之前，除了个别有文化，且能帮助土司与官府乃至朝廷处理关系的汉人进入彝族君长国担任官职外，④很少有汉人移民的记载。⑤ 相反，倒是常有充满尚武精神的彝族上层分子外出劫掠汉人为奴，或贩卖给其他彝人谋利，甚至常将掳掠到的一家

① 乾隆《东川府志》卷3《建置》，第33页。据《清圣祖实录》（本文所引《清实录》均为中华书局1985年影印本）（卷191，康熙三十七年十二月辛亥，第1027页），朝廷下令改东川土府为东川军民府，乾隆《东川府志》称康熙三十八年改流，应是指命令下达后的实际执行时间。

② Kent Clarke Smith, Ch'ing Policy and the Development of Southwest China: Aspects of Ortai's Governor – Generalship, 1726 – 1731 (Ph. D. Diss, Yale University, 1970), p. 115; Huang Fei, Landscape Practices and Representations in Dongchuan, Southwest Eighteenth – Century China (Ph. D. diss., Leiden University, 2012), p. 36.

③ 自然环境如何造成东川长期相对于王朝的独立性，可参见 Huang Fei, Landscape Practices and Representations in Dongchuan, Southwest Eighteenth – Century China, pp. 25 – 28。

④ 这样的汉人，在黔西北水西君长国，比较出名的是明代的陈恩、陈其愚父子，此外还有数量不少的汉把、汉目 [见余宏模《明代水西慕魁陈恩墓碑探证》，《贵州文史丛刊》创刊号；（明）朱燮元《朱少师奏疏钞》《蜀黔疏·勘明水西各土遵照明旨分土授官以安地方事》]。在东川，笔者所见最著名者当数清初促成东川主动申请改土归流的陈清与余联甲（乾隆《东川府志》卷3《建置》，第35页；乾隆《东川府志》卷20《艺文·东川改土建学始末碑记》，第151～152页）。

⑤ 东川土司遗孀于康熙三十七年主动申请改流之后的几十年，东川仍然有大片土地未开垦，其中一个重要原因就是"土人凶悍，专事劫掠"，以致内地之人不敢赴当地开垦。见《雍正朝汉文朱批奏折汇编》（第七册）雍正四年三月二十日《云南巡抚鄂尔泰奏稽查钱局亏空情形并拟请暂停鼓铸折》，江西古籍出版社，1989，第11～12页。

人拆散分卖。①

以上叙述表明，在彝族政治制度被摧毁之前，不管是王朝官方还是内地百姓，要想进入滇东北开采矿产资源都是相当艰难的，而当地族类又缺乏开采冶炼的传统，因此丰富的铜矿在明代之前没得到有效开发就在情理之中了。

二 东川改流与矿业发展之关系

从名义上看，康熙三十八年禄氏献土之后，东川即改土归流，但要等到雍正八年（1730）之后，清王朝才通过战争实际控制了东川。这是与雍正年间西南地区大规模的改土归流过程联系在一起的。对包括东川地区在内的广阔土司区域进行改土归流的原因及性质，学界讨论颇多，具体到滇东北一带，不少学者认为改流的原因与开发铜矿、解决国家币材需求的目的相关，② 这是一个看似合乎逻辑与情理的解释，但并未有任何材料给以直接支持，因而仅仅是一种假设或猜测，正如黄菲所指出的，不管是雍正皇帝还是策划改流的鄂尔泰，都未声称滇东北改流与铜矿有关联。不过，作为一种补救的办法，我们可以通过具体分析东川铜厂的实际开办情况，并结合鄂尔泰赴任云南之后了解铜厂与策划改流的过程，用实证性的分析来检验学者们关于滇东北铜矿与改流之间的因果假设。下文将在这个方面展开初步探讨。

如果说，清王朝在滇东北的军事行动与东川铜的获取之间有某种关

① 黔西北、滇东北彝人外出劫掠人口为奴或贩卖的记载，可参见（明）包汝楫《南中纪闻》；（明）朱征舆《张氏传》，乾隆《毕节县志》卷 8，贵州省图书馆复制油印本，1965，第 37~42 页；乾隆《东川府志》卷 8《户口·种人》，第 81 页。

② Kent Clarke Smith, Ch'ing Policy and the Development of Southwest China: Aspects of Ortai's Governor – Generalship, 1726 – 1731, pp. 117 – 119; Huang Fei, Landscape Practices and Representations in Dongchuan, Southwest Eighteenth – Century China, pp. 37 – 38.

系的话，那么其前提必须是在此之前官员们已清楚东川有铜矿，而且储量丰富。这一点是不成问题的。汤丹是东川也是清代全国最有名的铜厂，其开采时间即在禄氏主动献土改流之康熙三十八年。① 不过当时东川尚隶川省，因营长伙目力量强大，矿业并未获得较大发展。朝廷于雍正三年（1725）十月二十六日（庚寅）发布命令，调广西巡抚鄂尔泰为云南巡抚管总督事务；② 雍正四年（1726）二月初一日，鄂尔泰到达云贵总督衙署，③ 约两个月后，朝廷即下令东川由四川改归滇属。④ 因此，鄂尔泰上任后做的首批要事之一就是秘密派人往东川查访地方疆界、形势险要、山川城池、衙署营汛、兵丁户口、粮饷赋役以及风俗、矿厂等，"俱得悉大概"。⑤ 正是在这一系列调查的基础上，制定了针对东川铜厂的两大政策。其一，题报了东川铜厂的税额。东川府的两个主要铜厂汤丹、普毛，铜每一百斤抽收课铜十斤，折算成银，两铜厂年课

① 民国《新纂云南通志》卷146《矿业考二·铜矿》（牛鸿斌等点校，云南人民出版社，2007，第136页）称康熙三十六年，"汤丹之名始见官书"，而乾隆《东川府志》卷11《厂课》（第97页）称："（汤丹厂）本朝自禄氏归土，康熙三十六年听民纳课开采。"梁晓强指出，禄氏归土系康熙三十八年，因此府志中的"六"应为"八"之误（梁晓强校注《东川府志·东川府续志》，云南人民出版社，2006年，第237页）。梁晓强之判断正确，且前文的分析亦已表明，禄氏未献土改流前，很难出现在其境内开矿并纳课给清朝官府的情况。《新纂云南通志》疑袭乾隆《东川府志》之误，不足为信。又，东川由四川改归滇属的雍正四年十二月，鄂尔泰奏称"汤丹一厂已试采，矿苗甚旺"［《云南巡抚鄂尔泰奏报收盐办铜数目折》，《雍正朝汉文朱批奏折汇编》（第八册）（雍正四年九月十九日），第702～704页］，能否据此认为汤丹是在雍正四年开办的呢？不能，因为汤丹厂等厂加入云南，雍正五年云南铜矿盈余二百多万斤。如果汤丹真的是在雍正四年才开始试采，可能难有这么大的产量。事实的真相可能是，汤丹属川时期，官府并未真正介入管理，也未题定税额，雍正四年归滇后官府才真正进行调查，并题报了矿税。

② 《清世宗实录》卷37，雍正三年十月庚寅，中华书局，1985，第552页。

③ 《鄂尔泰奏稿》，清钞本，雍正四年二月二十四日。

④ 《清世宗实录》卷43，雍正四年四月戊寅，第633页。东川归滇的重要原因是距成都过远，官府难以遥制，雍正五年乌蒙、镇雄二府由四川改属云南也是基于同样的理由。详细的讨论可参见 Kent Clarke Smith, Ch'ing Policy and the Development of Southwest China: Aspects of Ortai's Governor - Generalship, 1726 - 1731, pp. 120 - 124; Huang Fei, Landscape Practices and Representations in Dongchuan, Southwest Eighteenth - Century China, pp. 38 - 39。

⑤ 《鄂尔泰奏稿》，清钞本，雍正四年六月二十日。

银为 1200 两。其余各铜厂衰旺不一，或硐老山空，另开子厂，所以没有定额，"止于总数奏销"。① 当时的课铜折征银标准是每百斤铜收银三两，② 据此可知，汤丹、普毛二厂的课铜数是 4 万斤，按 10% 的税率，年产铜量为 40 万斤。其二，按照滇省通行的办法，召集商民开采，实行官方向开矿者借贷资本的放本收铜政策。③ 根据乾隆三十九年（1774）云南布政使王太岳的叙述，东川另外三个最重要的铜厂——碌碌、大水沟、茂麓，也是在雍正四年"入册造报"的。④

滇省其他铜厂的税额共为 9625 两之多，⑤ 是东川铜厂税额的 8 倍，可见东川铜厂的产量并不突出。其原因在鄂尔泰的一份奏折中有所揭示，即康熙三十八年东川改土归流之后，营长伙目仍然拥有强大力量，东川地方文武官员不敢也不愿赴任，长期待在两千里外的省城成都，只是每到年终时，文官前来收租，武官前来发饷。雍正皇帝继位后，经过整饬，状况有所改观，做到了"文员到署，武职到营"，但仍然"因循畏缩，锢习难返，垦田开矿之议，从未与闻"。⑥ 东川归滇后，云南官员称东川铜厂之前如何管理、抽课，"文卷无考"，⑦ 从另一个侧面反映了蜀管时期官员们的懈怠与无奈。

有必要指出，在鄂尔泰看来，铜矿只是东川存在的诸问题之一，而且并不处于核心位置——田土荒芜可能更为重要，⑧ 而这些问题的存在

---

① 乾隆《云南通志》卷 11《课程·厂课》，景印文渊阁四库全书第 569 ~ 570 册，台湾商务印书馆，1983，第 371 页。

② 《云南巡抚鄂尔泰奏报铜厂一季获铜斤余息银两数目折》，《雍正朝汉文朱批奏折汇编》（第七册）（雍正四年三月二十日），江苏古籍出版社，1989，第 117 ~ 118 页。

③ 乾隆《东川府志》卷 11《厂课》，第 97 页。

④ 《云南巡抚李湖奏复汤丹等成给费情形事》，《乾隆朝录副奏折》（乾隆三十九年八月二十五日），中国第一历史档案馆藏，缩微号：076 ~ 2316。

⑤ 乾隆《云南通志》卷 11《课程·厂课》，第 371 页。

⑥ 《云贵总督事鄂尔泰奏报经过东川所见地方情形折》，《雍正朝汉文朱批奏折汇编》（第八册）（雍正四年十二月二十一日），第 702 页。

⑦ 乾隆《东川府志》卷 11《厂课》，第 97 页。

⑧ 他的几份奏折中，讨论田土抛荒的内容更为突出集中，而铜矿问题都只是简单带过。

都是与营长伙目实际控制了地方联系在一起的。因此，他于雍正四年九月十九日策划整个滇东北改流的奏折中建议，首先应解决东川问题，铲除"顽梗滋扰"的营长，更撤一切土目，让地方真正"归辖流官"。在此基础上，对与东川毗邻的乌蒙（即彝族乌蒙君长国）、镇雄（即彝族芒部君长国）二土府进行改土归流，一年之内，"不但六营可定，乌蒙可图，而田地、矿厂次第清理，即国赋可增，民生攸赖矣!"① 在这里，鄂尔泰指出了改流与开矿的关系。

但事态的进展同鄂尔泰的计划不同，而且开矿与改流的关联程度在他心中可能越来越低。川陕总督岳钟琪于雍正四年已部署针对乌蒙土知府禄万钟的行动（当时乌蒙尚属四川），鄂尔泰只得因应这一形势。② 就在这一年十二月，鄂尔泰指挥征讨贵州长寨的战事结束后，从贵阳返滇途中亲赴东川视察，目睹了田地荒芜、城垣倾圮、人户萧条等种种情形，亲自为兵丁训话，并传谕六营长、诸头目，"赐以银牌、牛酒，无不踊跃帖服，惟命是从"，接着展开了针对田土、税粮、矿厂的一系列清理、整顿措施。他指出，东川营长土目肆意抢割庄稼，因此人不敢赴垦，田土抛荒。这也连带制约了矿业的开发，因为粮食不足就无法养活大量矿工，从前四川方面未能好好开发东川矿业的缘由正在于此，现在要通过发展农业来促进矿业的发展。他还建议，为了更好地管理地方，应该在东川府境内靠近乌蒙的巧家新设一县。③ 鄂尔泰的整顿措施和放本收铜、招集商民开采等政策实行后，东川铜厂很快就获得了惊人的发展。雍正五年，鄂尔泰奏称"矿产增盛"，除满足本省所用之外，可余

---

① 《云南巡抚鄂尔泰奏确遵旨商酌安顿东川乌蒙地方等事折》，《雍正朝汉文朱批奏折汇编》（第八册）（雍正四年九月十九日），第 113 ~ 114 页。

② 《管云贵总督事鄂尔泰奏议除乌蒙等三十一府以靖云贵川粤四省边界折》，《雍正朝汉文朱批奏折汇编》（第八册）（雍正四年十一月十五日），第 451 ~ 452 页。

③ 《云贵总督事鄂尔泰奏报经过东川所见地方情形折》，《雍正朝汉文朱批奏折汇编》（第八册）（雍正四年十二月二十一日），第 702 ~ 703 页。

"二百数十万斤",① 可以说，东川营长、伙目们的存在，在很大程度上已经不再是矿业发展的障碍。而所谓户部宝泉局、工部宝源局两大全国最重要的铸钱机构的需铜压力，云南官员们根本感受不到。遍览《世宗宪皇帝朱批谕旨》《世宗宪皇帝圣训》《清世宗实录》《雍正朝汉文朱批奏折汇编》《鄂尔泰奏稿》等史料，根本看不到滇东北改土归流之前或改流过程中雍正皇帝督促鄂尔泰等官员开发矿业以满足铸钱所需的记载，相反倒是云南官员主动奏报铜厂有成效，要求转运外省或滇省开局铸钱以解决大量积压铜斤的销路问题。当时全国铸钱所需铜材主要来自日本，朝廷中枢到地方官员，并未意识到可以用滇铜取代洋铜，更没有意识到东川改土归流与铸钱铜材的关系，相反，要等到东川改流、铜矿业发展起来之后，官方才发现滇铜的巨大产能从而开始规划用滇铜取代洋铜。

乌蒙、镇雄于雍正五年改流，② 并从四川改隶云南，俱属乌蒙府。③ 同年，在东川府之巧家添设会泽县，第二年因"征粮不便"，改会泽县附郭，移经历司分防巧家，又改六营长、九伙目地置四乡八里。④ 这极大改变了营长、伙目对东川地方社会的实际控制情形。

乌蒙土府改流的成功，是靠了土知府禄万钟之叔父禄鼎坤的归顺，禄鼎坤因此被授予武职职衔，但这与他自己的预期相差较远，特别是到雍正八年，清政府为了消除他对地方的影响，准备将他调往河南卫辉，直接引发了他的反叛。东川的营长、伙目们可能因为自己的地盘于雍正六年被改置为四乡八里而心怀不满，群起呼应，经过几个月的战斗，官

---

① 《清朝文献通考》卷 15《钱币三》，万有文库本，商务印书馆，1936，第 4986 页。

② 光绪《镇雄州志》卷 1《建置》，《中国地方志集成·云南府县志辑 8》，凤凰出版社、上海书店、巴蜀书社，2009，第 28 页。

③ 乾隆《云南通志》卷 4《建置·昭通府》，第 123 页。

④ 乾隆《东川府志》卷 3《建置》，第 33 页。关于东川改流以及划归云南管辖的详细讨论，参见 Kent Clarke Smith, Ch'ing Policy and the Development of Southwest China: Aspects of Ortai's Governor - Generalship, 1726 - 1731, pp. 113 - 124; Huang Fei, Landscape Practices and Representations in Dongchuan, Southwest Eighteenth - Century China, pp. 35 - 39。

府终将叛乱平定。① 于是改乌蒙府为昭通府，② 而东川营长、伙目们掌控地方的格局被彻底瓦解。雍正八年的军事行动，可以说与开矿没有太多关联。

　　总之，在策划滇东北改流之初，鄂尔泰曾想过与铜矿的关系，但铜矿只是因素之一，而且不占据核心地位。之后，铜矿与改流间的因果关联就越来越弱化了，研究者不能因为铸钱所需铜材不足以及改土归流与云南铜厂兴旺在时间上的巧合，就夸大二者间的关联性。

　　但我们不能否认的是，正是地方逐渐整合进王朝国家的过程，为矿业的发展创造了前提。在清代东川，国家为这一整合实施了三个步骤：首先，康熙三十八年促成土司遗孀的献土归流，东川的铜矿开始得到小规模的开采；其次，雍正四年改属滇省，解决了东川远离成都、难以遥制的困局，鄂尔泰借此加强了对营长伙目的约束，开垦东川田土并整顿矿业，归滇后东川可享受到云南的放本收铜、主动招商民开采等积极发展矿业的措施；最后，通过雍正五年乌蒙、镇雄二土司的改流，基本消除了两处土司对东川的骚扰与威胁，再经由雍正八年的军事行动，消除了营长伙目的力量，彝族传统的政治制度就此彻底瓦解，为包括矿业在内的整个经济的开发提供了保证。

三　矿业与移民

　　东川府的土著民缺乏开矿的传统、技术与资金，铜矿业的发展与移民关系密切。雍正年间的东川知府崔乃镛称"大抵厂商聚楚、吴、蜀、

---

① 乾隆《东川府志》卷 3《建置》，第 34 ~ 37 页；卷 14《秩官·土官禄氏世职附》，第 122 ~ 126 页；卷 20《艺文下》，第 179 ~ 186 页。

② 乾隆《云南通志》卷 4《建置·昭通府》，第 123 页。

秦、滇、黔各民，五方杂聚"。① 乾隆三十六年，署理云贵总督彰宝总结道："（云南）各厂办铜炉户俱系四方食力之民，闻利则趋，利尽则散。"② 民国《新纂云南通志》亦称："清初自湘鄂徙来矿工，入东川，全属从事采铜。"③

清代矿业发展推动了移民潮流，是一个常识，但要对之进行有说服力的定量分析却异常艰难。李中清认为，1750 年西南地区大约已有 30 万矿工，1800 年矿工人数达到了 50 万。④ 这些数据很大程度上是估计与猜测的结果，而且更重要的是，矿工人数不等于矿业移民数量，不只是因为许多矿工有家小，还因为自清初开始就不断有矿工进入，他们中有许多在西南地区繁衍生子，其后代未必继续从事矿业，而新的矿工又从外地移入。此外，也有一些矿工并非来自外省，而是本省内部的流动，甚至直接就是矿厂附近的住民。根据这样一个持续变动且未必有规律可循的过程，实难对矿业在移民中的作用进行量化分析。有鉴于此，本文先从宏观的方面，对东川府的人口变化进行一些粗疏的定量评估，尽量说明这些变化与矿业间的关联，然后再具体考察铜矿厂中的客民情况。

禄氏献土改流之前，东川本地汉人稀少，康熙三十八年改流之后，由于营长伙目尚实际控制着地方，连地方官员都长期待在两千里外的省会成都，汉人移民的数量非常有限，官府基本上没有进行人口登记与人丁编审，这就是所谓隶蜀时期的"版籍无考"。雍正四年归滇之后，情况也没有多大改观，因为是"新附夷户"，所以也未编审丁口。但我们

① 雍正《东川府志》卷 2《艺文·云南东川府地震纪事》，梁晓强校注《东川府志·东川府续志》，云南人民出版社，2006，第 395 页。
② 《隆朝朱批奏折》乾隆三十六年二月二十三日《署理云贵总督彰宝奏报遵旨酌议云南汤丹等厂预发工本扣缴余铜事》，中国第一历史档案馆藏，缩微号：04 - 01 - 35 - 061 - 2535。
③ 民国《新纂云南通志》卷 146《矿业考二·铜矿》，第 9~10 页。
④ James Lee, "Food Supply and Population Growth in Southwest China, 1250 - 1850," *The Jorunal of Asian Studies*, Vol. 41, No. 4, 1982, pp. 711 - 746.

也大致可以知道此时人口方面的两个特点：一方面，自明末以来的长期战乱致使"夷民"人口损失很大，远逊于昔日的"繁盛"。据称康熙三十九年（1700）年禄氏"夷民"有1729户，后逃亡在外者归来，又增加了300户。另一方面，汉人人口仍然寥寥可数，而且大多属尚未落籍的"客民"，府城内仅有汉民二十余户，这应该是已著籍东川者，此外有"客民"百余户，"悉无家室，来去无定"。不过，到雍正十三年（1735）统计时，"汉夷居民"已达5400户。① 这么高的户数增长速度，显然不可能是人口自然繁衍导致的分户结果，而是缘于大量移民的涌入。移民的动力一方面是改归滇属之后官方的大力鼓励垦荒，② 但更主要的动力可能是来自矿业开发。例如，雍正八年，尚处于发展阶段的汤丹厂，就已聚集厂民1万余人，③ 主要来自楚、吴、蜀、滇、黔各省。④ 乾隆二十年（1755），奉行保甲，东川府四乡八里，共有烟户12803户，而各厂户数达2404户，但各厂人户"去往不常"。⑤ 乾隆三十七年（1772），署云贵总督彰宝亦云东川府汤丹、大碌二铜厂民各有数万人，"皆属江楚川黔外来谋食之徒"。⑥

　　许多前来开矿者最后落籍东川。乾隆《东川府志》分析了本地汉人的六种来源，其中便有两种同矿业相关。"雍正间冶坑大开，炉户、砂丁蚁附"，迨至"洞老山空"，这些外来者便到"蛮寨"谋生，"生子

---

① 乾隆《东川府志》卷8《户口》，第74页。方志上一方面称隶属时期"版籍无考"，另一方面又给出康熙三十九年的"夷户"数据，这可能是并未将户口登记于官方册籍，仅知道一个总的数据。

② 前面已提到鄂尔泰主张招民垦荒，发展农业作为矿业的基础。方志中也有不少垦荒记录，如雍正五、六两年，知府黄士杰详报开垦蔓海、者海田3026亩，有垦民王应龙等413户；雍正七年，知府罗得彦、知县王忠武又让垦民胡士杰等36户开垦蔓海、以濯河田，老哈等55户开垦米粮坝田。见乾隆《东川府志》卷10《赋税》，第89页。

③ 乾隆《东川府志》卷3《建置》，第36页。

④ 雍正《东川府志》卷2《艺文·东川府地震纪事》，第395页。

⑤ 乾隆《东川府志》卷8《户口》，第74页。

⑥ 《署理云贵总督彰宝奏为滇省铜厂欠项请准豁免事》，《乾隆朝朱批奏折》（乾隆三十七年正月二十二日），中国第一历史档案馆藏，缩微号：04-01-36-004-0860。

并化为蛮"。这一类汉人来源规模尚不算大，"其后铜厂大旺，鼓铸新添，各省其旁郡民聚二三万人，其娶妻生子，凿井耕田"，就此落籍。同时，还有不少江西、湖广的炉户砂丁，娶"僰女"为妻，成为上门女婿。①

矿业移民们常常根据族群、籍贯等联合起来，这从"客长"的设置即可见一斑。《滇南矿厂图略》称："（客长）分汉、回，旺厂并分省，而以一人总领之，掌平通厂之讼。"②

各省甚至更小行政单位的同乡，还常常围绕会馆组织起来。移民们也常常带来家乡的神灵信仰并修建庙宇，而且庙宇往往就建于会馆中，二者合为一体。乾隆四年（1739），汤丹厂内的庙宇、会馆数量就已达80 间。③

今会泽县城（前东川府城）内，会馆众多。会馆通常有两个名字，一个是以地域命名的"某某会馆"，另一个则是以所供奉的神灵命名，如江西会馆亦名万寿宫，贵州会馆亦名忠烈宫，江南会馆亦名白衣阁，陕西会馆又称关圣宫，福建会馆亦名天后宫，云南会馆又名财神庙。有时移民带来的不止一个神灵，这样就会出现两座神庙建于同一会馆中的情形，会馆因之有了更多名称。如四川会馆亦名川主庙、关爷庙，湖广会馆又名寿佛市、禹王宫。④ 在对湖广会馆的实地考察中，笔者还发现，会馆中还有一座东岳宫。

东川城内会馆的资料透露出，湖广人（楚人）在云南矿业发展中起着重要作用。笔者于 2012 年 2 月在府城内的湖广会馆考察时发现了不少

---

① 乾隆《东川府志》卷 8《户口》，第 80～82 页。
② 吴其濬：《滇南矿厂图略》卷 1，《续修四库全书》第 880 册，上海古籍出版社，2002，第 144 页。
③ 《云南总督庆复奏报汤丹厂失火事》，《乾隆朝朱批奏折》（乾隆四年三月二十九日），中国第一历史档案馆藏，缩微号：04-01-35-060-0549。
④ 徐希厚：《独具特色的会馆文化》，卞伯泽主编《历史文化名城会泽揽胜》，云南美术出版社，2002，第 152～153 页。2012 年 2 月，笔者在会泽县城实地考察的结果，与该文的描述大体一致。

碑刻，其中有部分碑刻，记载的是乾隆三十二年（1767）会馆内的禹王宫落成时，几大矿厂的捐款名单。兹摘要抄录与铜厂相关者如下：

汤丹厂众姓功德

靖州捐银七十两；衡州府五十两；宝庆府四十两；长沙府二十二两；桂阳州二十两；永州府六两；贺碧玉捐银十三两；谭自兆十三两；李伯梅十两；贺世盛五两；贺魁元五两；唐绍哲五两；张石秀三两；唐效望一两；郑高十两。

落雪厂众姓功德

靖州各捐银三十两；衡州府三十两；郴桂府三十两；宝庆府十八两；茶陵州十两；合省公三十两；刘松山三两；胡伯谦二两；……

大水沟小江众功德

茶陵州共捐十两；宝庆府捐五两；公捐银二两；杨启凤八两；尹发乔五两；王汉草五两；……

三次收汤丹厂功德

衡州府化捐银十五两；靖州十五两；宝庆府十两；茶陵州十两；桂阳州五两；贺碧玉八两；贺世盛四两；廖传中四两；谭自兆三两；倪泰来三两；黄州府二两；傅新保二两；本城胡敬干银五两；肖文玉银五两。

可以发现，当时东川府最著名的几大铜厂汤丹、落雪、大水沟的湖广厂民，或以个人名义，或以籍贯为单位，积极捐输。这些碑刻的内容表明了以下几点。

（1）到东川从事矿业的所谓湖广人或楚人，其实主要是湖南人，而且大都来自靖州、衡州、宝庆、长沙、桂阳、永州、茶陵、郴州等府州，碑刻中的地名，只有黄州府属湖北行省。其他材料也表明了这一点，例如道光二十七年（1847）七月，云贵总督林则徐的一份奏折中提到，担任汤丹厂客长的许厂孝，来自湖南宝庆府的武岗州。① 除铜矿外，湖南人也大量在东川从事铅矿采炼，会泽湖广会馆中的"鋶铅两厂并砇山众功德""装修禹王金像鋶铅厂功德""装修禹王金像铅厂众功德"几块碑刻对此皆有所反映。其实不只矿厂，整个东川府的湖广人，可能都以湖南人为主体，乾隆年间，湖广会馆遭火灾后重修，任首事者即祁阳县人王大本，他还撰写了《重建会馆捐金记》，而《募捐重修会馆引》的作者则是清县人张鹏鸄。②

（2）矿厂内有着不同层面的同乡组织。首先，汤丹厂的湖南人在厂内建有湖广会馆，但他们又积极为府城内的湖广会馆捐款，这说明矿厂内的厂民同本厂之外距离较远的同乡是有联系的，③ 府城内的湖广会馆，是整个东川府（不只是矿区）湖广人的一个象征。其次，各矿厂以本厂之名向府城湖广会馆捐款，但许多又细分为府、州。显然，在同一厂的同省人中，还有基于更小地域单位所结成的群体。这个单位通常是府级政区。我们看到的名单中以府名者有衡州府、宝庆府、长沙府、永州府，以州名者有桂阳州、靖州、茶陵州等。其中，靖州与桂阳是直隶州，与府同级，靖州辖有会同、通道、绥宁三县，④ 桂阳领临武、蓝山、嘉禾三县。⑤ 只有茶陵州是散州，属长沙府。⑥ 可见，府级政区是一个重要的同乡单位。

---

① 林则徐：《汤丹厂汉回互斗各犯审明定拟折》，《林文忠奏稿》，《近代中国史料丛刊三编》第 164 册，文海出版社，1989，第 966 页。

② 王大本《重建会馆捐金记》、张鹏鸄《募捐重修会馆引》，均载于《东川湖广会馆传书》（清刻本），感谢黄菲博士提供。

③ 这些矿厂距东川府城的距离并不近，以最近的汤丹厂为例，李凤铭在《难忘在矿山的艰苦岁月》（李天佑、刘锦东、詹应璋主编《铜都史话》，德宏民族出版社，2010）中称，他 1959 年是刚从师范学校毕业参加工作的教师，一群人在没有负重的情况下，沿着传统时期的道路从会泽走到汤丹，凌晨 4 点多出发，中间只是在一户农民家吃了点儿烤土豆，并未休息，到第二天早上 7 点多才到达。

④ 光绪《靖州乡土志》卷 1《沿革》，成文出版社，1975 年影印本，第 18～19 页。

⑤ 同治《桂阳直隶州志》卷 1《疆域》，《中国地方志集成·湖南府县志辑 32》，第 2 页。

⑥ 同治《茶陵县志》卷 3《沿革》，第 135～136 页。

　　一般而言，同一县的人较之同府（直隶州）不同县的人之间更具亲切感，但矿厂内的湖广厂民们为何不以县级政区的名义来捐款呢？这可能是因为矿区中来自同一州、县的人数或势力有限之故，因此只有府、直隶州才是一个具有凝聚力与捐款可行性的最小单位。如果县级政区有较多的人口或较大的财力，完全可能建立起自己的会馆。例如，在东川府城中有江西会馆即万寿宫，始建于康熙年间，系赣省南昌、临江、瑞州、建昌、九江、南安、吉安等十四个府厅州县的江西籍客民集资兴建；同时，南昌府与瑞州府两府客民合建了豫章会馆，俗称江西庙小戏台；吉安客民兴建了吉安会馆，又名二忠祠；临江府客民兴建了临江会馆，亦名药王庙，临江府清江县客民又建了清江会馆，又称肃公庙、仁寿宫。[①] 但我们并不清楚这些会馆与矿业的关系。

图 1　东川府城湖广会馆内的禹王宫（笔者摄于 2012 年 2 月）

　　在矿区，加入会馆者，可能不止矿工，也可能包括那些从事贸易、手工业等为矿业提供服务的人员。在矿厂发生的一些械斗案件，就是由

---

①　徐希厚：《独具特色的会馆文化》，第 152～153 页。2012 年 2 月，笔者在会泽县城实地考察与采访的结果，与该文所描述的相符。

这些服务人员受辱、矿上同乡帮忙而引发的。①

遗憾的是，不管是在文献资料还是田野访谈中，笔者均未能获悉这些会馆（庙宇）过去的运作情况，只知道在需要集体应对某些事情时，庙宇就成了聚议之处。道光二十七年（1847），汤丹厂发生的一起一百三四十人卷入的汉回械斗中，汉人一方（当以湖南人为主）就是在禹王宫会齐的。②

四　商业的发展

矿业的兴盛，直接推动了滇东北商业的发展，对此我们可以从交通与需求两个方面来展开分析。

（一）运输成本的降低

矿区大都偏处深山，多属人迹罕至的荒僻边地，所以一旦成功开办矿厂，为了运输矿产品以及米粮等必需品，必然要开辟一条道路通向省内各主要交通干线。③ 例如，东川府的著名铜厂碌碌厂（亦称落雪厂、大雪山厂）"自路径开通之后，厂民聚集"。④ 为运输汤丹、因民方向各厂铜斤，修筑了沿小江、尖山、尾坪子、焦家坪、大村子、热水塘、以礼到达府城之道路。在今以礼村七孔桥侧，还保存有一条长 1.3 公里、宽 1.4 米的运铜古道，用不规整的五面青石支砌，许多石板上都有深深的马蹄印迹。这条古道修筑一年后，以礼河洪水上涨，运铜夫役深以为苦，东川知府崔乃镛乃捐资于以礼河旁筑堤，并在堤旁栽种桃柳，不仅

① 林则徐：《汤丹厂汉回互斗各犯审明定拟折》，《林文忠奏稿》，《近代中国史料丛刊三编》第 164 册，第 966~967 页。
② 林则徐：《汤丹厂汉回互斗各犯审明定拟折》，第 967 页。
③ 潘向明：《清代云南的矿业开发》，第 354 页。
④ 张允随：《张允随奏稿》（下），乾隆十三年正月二十七日，第 727 页。

使驿道畅通无阻，而且农田的安全也得到了保障。① 有时，为了开发一
处有潜力的矿山，官府也会主导修一条路以便开采。②

　　滇铜是北京户部宝泉局、工部宝源局乃至各省许多铸局的币材来
源，所以政府还必须改善、新修连接云南的省际交通干线并使其与矿区
连接起来，以便滇铜能够经贵州顺畅运抵四川泸州，再沿长江达汉口。
东川长期是最主要的铜产区，也有着重要的铜运干道，从此地运至泸州
的路线，称为东川路。另一条滇铜线路为寻甸路。东川路从东川陆运，
经鲁甸、昭通府城、大关、永善或镇雄，然后分别运至永宁、罗星渡、
豆沙关或黄草坪下船转运泸州。经此路运输者，最远为禄劝县狮子尾
厂，凡经陆路21站半、1200余里到豆沙关，再经水路1450里到泸州；
最近者为永善县金沙梅子沱厂，全部走水路，行690里便到泸州。铜产
最旺的汤丹厂，陆路行13站半、800里可到豆沙关。③

　　为了顺利运铜，云南巡抚张允随还规划并实施了金沙江疏浚工程。
金沙江经云南之鹤庆、丽江、永北、姚安、武定、东川、昭通七府以达
四川，其中自东川府小江口起至川省叙州府新开滩止，绵延1300余里，
水深滩险，历来被当地土司等首领视为阻挡王朝力量进入的天堑。为了
滇铜运输而凿修的正是这段河道。张允随将此工程分为上、下两段分别
办理，以金沙厂为界，上自小江口为上游，计673里，下经永善县黄草
坪至叙州府新开滩为下游，计646里。其中，黄草坪距金沙厂60里，
完全不能通航，需彻底疏凿；黄草坪至新开滩计586里，勉强可通，但
要将一些险滩凿修后才能真正通行无阻。④ 上游自乾隆五年（1740）十

①　陶正明、梅世彬主编《会泽县文物志》，云南美术出版社，2001，第44~45页。
②　《云南总督张允随奏陈滇省铜厂情形预筹开采接济京局事》，《乾隆朝朱批奏折》（乾隆十
二年三月初十日），中国第一历史档案馆藏，缩微号：04-01-35-060-2002；《云南总
督张允随、云南巡抚图尔炳阿奏为滇省新开铜厂渐臻旺盛事》，《乾隆朝朱批奏折》（乾
隆十三年正月二十七日），中国第一历史档案馆藏，缩微号：04-01-36-004-0534。
③　严中平：《清代云南铜政考》，第85页。关于滇铜运输路线的更详细讨论，可参见蓝勇
《清代滇铜京运路线考释》，《历史研究》2006年第3期。
④　张允随：《张允随奏稿》（上），乾隆六年八月初六日，第607~608页。

一月试修起，至乾隆八年（1743）四月竣工；下游自乾隆六年（1741）十月开修，至乾隆十年（1745）四月完工；又续开蜈蚣岭等 21 滩，自乾隆十一年（1746）三月动工，至乾隆十三年（1748）四月结束，总计用时 7 年有余。① 据乾隆十一年张允随的奏报，金沙江水道每年约可运铜 100 万斤，可节省银 6300 余两。② 不过，金沙江工程并未收到张允随预期的成效，因为蜈蚣岭第 15 处滩石极险，无从施工，铜船至每一滩前均须"起剥登陆"，再重新装船，③ 而且上游沿江披沙一带属于政府控制不了的"野夷"出没之处，"不免惊心"。④ 因此上游工程基本失败。但下游即黄草坪至新开滩这一段，即便主张惩罚张允随的户部尚书赫德、湖广总督新柱也承认"尚属有益"，"尚足以资铜运"，"（较之从前运费）节省较多"。⑤

在疏浚金沙江的同时，张允随亦规划了金沙江南岸陆路的修整。乾隆七年（1742）将比渡以上至滥田坝 600 余里修治宽平，次年又将比渡至副官村 400 余里一律修治。⑥ 这些新路的开辟，不但缓解了原来道路的交通压力，而且这些新路都包含了部分水路，因此大大降低了运输费用。⑦ 此外，水路开通后，大量商船载货而来，回程放空，正好可雇来运载铜铅。⑧

政府为了铜铅运输积极开辟、整修道路，使得西南地区的运输费用

---

① 张允随：《张允随奏稿》（下），乾隆十四年二月二十三日，第 748 页。
② 张允随：《张允随奏稿》（下），乾隆十一年九月二十四日，第 692 页。
③ 潘向明：《清代云南的交通开发》，马汝珩、马大正主编《清代边疆开发研究》，中国社会科学出版社，1990。
④ 乾隆《东川府志》卷 4《疆域》。
⑤ 张允随：《张允随奏稿》（下），乾隆十四年八月十二日，第 757～758 页。
⑥ 张允随：《张允随奏稿》（下），乾隆八年十二月二十日，第 655 页。
⑦ 张允随：《张允随奏稿》（上），乾隆七年二月十七日，第 620～621 页；《张允随奏稿》（下），乾隆九年十一月十六日，第 664～665 页；《张允随奏稿》（下），乾隆十一年九月二十四日，第 692 页。
⑧ 张允随：《张允随奏稿》（下），乾隆十年五月二十七日，第 672 页；乾隆十年九月二十日，第 675 页。

开始下降。例如，1600～1800年，云南东部的粮食运费降低了一半。交通的投资使市场力量得到释放，市场范围相应扩大，西南地区的贸易得到了较大发展。①

铜铅运道同时也是重要商路。对此，蓝勇已有过一些研究，② 本文拟就与东川及毗邻的昭通府相关的重要运道来进行分析。

1. 金沙江水路

金沙江黄草坪至四川新开滩河道计580余里，原本就是云南永善县赴川省采买兵米之路以及"商贾贩运米粮、油盐各物之路"。③但由于该水道水流湍急，险滩众多，顺流至四川时，空船放行，遇"中流迅疾"之处人力难施，船只容易损伤；运米回程时，每遇险滩，都要将米粮卸下改用陆运，然后纤夫们将空船"牵挽而上"，④可以说十分不便。因此，官员们在规划疏浚金沙江河道运铜时，就预期可兼收"帆樯直达东川、巴、蜀，米盐可无阻滞"之效。⑤乾隆七年（1742），金沙江东川府小江口至金沙厂段开通后，"川、楚商船赴金沙厂以上地方贸易者渐多"，⑥十年（1745）五月，当金沙江工程结束后，不到半年，四川载运米、盐、货物赴金沙厂贸易的商船已有300余号。⑦十四年（1749）四月，张允随奏称四川商船已"可抵上游之滥田坝等处，是以昭（通）、东（川）两府，米、盐价值渐平，铜运亦多节省"。⑧

---

① 李中清：《中国西南边疆的社会经济：1250～1850》，第86～87页。
② 蓝勇：《清代滇铜京运对沿途的影响研究——兼论明清时期中国西南资源东运工程》，《清华大学学报》（哲学社会科学版）2006年第4期，第95～103页。
③ 张允随：《张允随奏稿》（上），乾隆七年十月初二日，第639页。
④ 张允随：《张允随奏稿》（上），乾隆六年八月初六日，第606页。
⑤ 张允随：《张允随奏稿》（上），乾隆七年五月二十四日，第635～626页。
⑥ 张允随：《张允随奏稿》（下），乾隆九年九月二十八日，第662页。
⑦ 张允随：《张允随奏稿》（下），乾隆十年五月二十七日，第670～671页。
⑧ 张允随：《张允随奏稿》（下），乾隆十四年四月初三日，第750页。

2. 东川—盐井渡—泸州水陆运道

乾隆七年将许多险滩打通，从昭通府城北之洒鱼河即可通航直达四川泸州，不但可供铜运，而且"兵米商船上下无阻，百货通行，不独附近昭通各郡物价得以平减，即黔省之威宁等素不产米之处，亦可接济通流"。① 四川商民满载油、盐、布、帛等货，"咸闻风贩运"，其回程的空船，则雇来运送铜斤。② 随着工程的结束，远近各处商民已经修建商铺店房，集市贸易兴起，"川货日见流通"，"商旅往来渐有内地景象"。③ 陆路同样成为重要商道，驮马运铜往昭通，回程即运回食盐。④

3. 威宁—罗星渡

乾隆十年罗星渡水道开通后，"不特铜运得济。滇民往来，亦有裨益"。⑤ 靠罗星渡水道带来的便利，改土归流不久的镇雄州"一切盐、米、布帛，藉以通流，于边徼民生不无裨益"。⑥

4. 金沙江南岸陆路

金沙江南岸千里陆路修整后，"商旅负贩金沙、乐马等厂贸易者，千里之内，往来不绝"。⑦

对于商人们经由铜运道路开展商业活动，官员们是积极鼓励的：首先，大量商人载货而来，有助于解决矿区的米粮等生活必需品的供应问题；其次，进入云南贵州的许多商船都没有回头货，回程放空，正好可雇来运载铜铅，"上运多一船之米石，下运即多一船之铜斤"；⑧ 最后，

---

① 张允随：《张允随奏稿》（上），乾隆七年二月十七日，第 620 ~ 621 页。
② 张允随：《张允随奏稿》（上），乾隆七年十一月十七日，第 642 页。
③ 蓝勇：《清代滇铜京运对沿途的影响研究——兼论明清时期中国西南资源东运工程》，《清华大学学报》（哲学社会科学版）2006 年第 4 期，第 95 ~ 103 页。
④ 乾隆《东川府志》卷 10《赋税·盐课》。
⑤ 《清高宗实录》卷 229，乾隆九年十一月癸卯条之后，日期不清楚。
⑥ 张允随：《张允随奏稿》（下），乾隆十年五月二十七日，第 672 页。
⑦ 蓝勇：《清代滇铜京运对沿途的影响研究——兼论明清时期中国西南资源东运工程》，《清华大学学报》（哲学社会科学版）2006 年第 4 期，第 95 ~ 103 页。
⑧ 张允随：《张允随奏稿》（下），乾隆十年五月二十七日，第 672 页；乾隆十年九月二十日，第 675 页；乾隆十年十月二十一日，第 677 页。

官员们也很清楚，云贵百姓生活困难的原因之一就是交通不便所带来的货物匮乏，他们乐于见到商业发展带来民生改善。正如张允随指出的："滇南地接三巴，惟因寸步皆山，不能流通百货，但得多开一节水路，滇民即受一节之益。"[①]

西南地区的矿业衰落之后，这些运道仍然发挥着商道的作用，只是矿产品不再重要，鸦片逐渐成了西南地区区域贸易中最重要的商品。[②]

这些道路的修筑，不只带来了经济方面的积极效应，而且有助于加强对新开辟地区的控制，同时有助于清王朝将力量延伸至金沙江北岸一些尚处于王朝控驭之外的地方。[③]

（二）矿业人口的商业需求

大量的矿业从业人员，直接催生了巨大的商业需求。

清代矿业大体上由开采与冶炼两大部分组成。冶炼需要燃料，云南炼铜的燃料主要是炭与木材，[④] 这就直接带动了伐木、烧炭、采煤等行业的发展。除燃料之外，还需要大量的人工、畜力、船只将铜铅运至北京及各省，云南、贵州不少百姓以运输矿产品为生。陈庆德将整个滇铜的生产分为"硐、炉、炭、马"四大基本生产环节，硐户采挖矿砂，炉户负责冶炼，炭户提供柴炭，马户运输产品。根据每个工种的生产效率，结合滇铜的年产量，陈庆德认为硐、炉、炭、马四大工种，全盛时

① 张允随：《张允随奏稿》（下），乾隆九年十一月十六日，第 665 页。

② 张朋园：《落后地区的资本形成——云贵的协饷与鸦片》，《贵州文史丛刊》1990 年第 2 期，第 50～74 页。关于清代鸦片在西南地区的种植、流行以及政府的禁止等情况，可参见 David Bello, "The Venomous Course of Southwestern Opium: Qing Prohibition in Yunnan, Guizhou in the Early Nineteenth Century," *The Journal of Asian Studies*, Vol. 62, No. 4, 2003, pp. 1109 - 1142。

③ Huang Fei, Landscape Practices and Representations in Dongchuan, Southwest Eighteenth - Century China, pp. 45 - 49.

④ 关于滇铜冶炼的燃料，记载比较详细的史料见吴其浚《滇南矿厂图略》，以此资料为主，Hans Ulrich Vogel 对云南铜业的燃料使用问题进行了研究，参见其 *Copper Smelting and Fuel Consumption in Yunnan, Eighteenth to Nineteenth Centuries* 一文。

期约需 7.4 万人。①

　　陈庆德通过产量来计算滇省铜厂从业人员的数量，颇给人启发，然
而因为缺漏了一些重要环节，其推算结果与事实存在较大差距。首先，
矿硐开采到一定阶段，抽水就成为一项必需的工作，而且越来越重要。
政府在补助铜矿业时，专门将抽水单列，作为最主要的补助内容。这一
点在陈氏的计算中完全没有被考虑进去。其次，通过产量来计算矿业从
业人员的数量，是建立在矿厂均保持生产的理想状态且矿工充分就业的
假定上的。只有开采有效的矿厂被计算进去是不合理的，还有众多的矿
山投入了大量的劳动力，结果却所获甚少乃至一无所获。早在雍正二
年，云贵总督高其倬就指出，许多厂民领取官方借贷工本后仍然无力开
采，还有许多"打硐无效徒费工本"的情况，造成官方贷款无法收
回。② 乾隆三十一年（1766），杨应琚亦描述了云南普遍存在的"今日
于此山开采无益，明日又往彼山开挖，有经年并不得矿办铜而米粮空耗
者"情形。③ 同时，开采有效的矿山，年长日久之后，也会出现需要
投入成倍的劳动力来获得同样产量的情况，甚至因"硐老山空"而虚
耗劳力。最后，陈氏所据的产量只是官方数据，而官方数据来自官府
能够实际监控的铜厂生产量，还有诸多"私铜"遗漏在外。因此，陈
庆德所计算的矿民数无疑是大大偏低的。其他学者的研究为笔者的这
一分析提供了例证。大理府云龙州白羊银、铜厂，按照陈氏的计算方
法，该厂从事铜、银生产的矿工、冶炼工、薪炭等耗材的生产人员、
管理人员当在 360 人左右，但即便根据不完全的统计，人数也达到了

---

① 陈庆德：《清代云南矿冶业与民族经济的开发》，《中国经济史研究》1994 年第 3 期，第
　73 页。
② 《大学士傅恒等题为遵查云南汤丹大碌等铜厂酌给厂费等事》，《户科题本》（乾隆二十一
　年十二月十四日），中国第一历史档案馆藏，缩微号：02 - 01 - 04 - 07 - 375 - 1615。
③ 《云贵总督杨应琚奏请酌剂滇省铜厂事务节其耗米之流以裕民食事》，《乾隆朝朱批奏折》
　（乾隆三十一年六月初四日），中国第一历史档案馆藏，缩微号：04 - 01 - 36 - 004 -
　0745。

550 人。[1] 而据荆德新的估计，白羊厂的硐户、炉户、砂丁、商民当在千人以上。[2] 以白羊厂为标准，陈庆德的计算结果可能仅有铜矿业实际从业人数的一半。因此，笔者猜测云南铜矿业中，硐、炉、炭、马从业人员应当在 15 万人左右。这一结果与李中清的估计相近，他认为云南在矿业极盛时期有不多于 20 万矿工，其中至多一半即约 10 万人从事铜矿业。[3] 他的猜测没有将炭户、马户列入，如果加上，就与 15 万相当了。东川长期作为云南最主要的产铜地，聚集了 10 来万从事与矿业相关工作的人口，应当不会是无根之论。再加上他们的家庭人口，规模更加可观。

大量的矿业从业人口的存在，意味着规模巨大的米粮、油盐、布帛、铁具等生活与工作必需品的需求，其推动了商业的发展。乾隆三十四年，署云南巡抚彰宝就声称汤丹、大碌、金钗、义都等铜厂俱在万山之中，并无稻田，厂民所需口粮，"全赖外州县客商贩运接济"。[4] 这对地方的影响是惊人的。张允随指出，东川府汤丹等厂年产铜八九百万斤，各省民人"聚集甚众"，"并运铜脚户往来接踵"，需要食用大量米粮，米价非常昂贵。远在数百里外的云南、曲靖、武定三府均受到影响，当地有米之家贪得高利，"将米运厂发卖"，以致本地百姓反而买不到米。政府不得不进行干预，劝谕有米之家"运米如市，公平售卖"，并调出常平仓谷平抑粮价。[5] 据李中清分析，在云南，矿区每年要吃掉超过 80000 吨的谷物，即 800000 多石大米。[6]

矿区食物市场的发展影响了食物价格的空间格局。乾隆三十一

---

① 吕昭义、吴彦勤、李志农：《清代云南矿厂的帮派组织剖析——以大理府云龙州白羊厂为例》，《云南民族大学学报》（哲学社会科学版）2003 年第 4 期。
② 荆德新：《杜文秀起义》，云南民族出版社，1991，第 25～26 页。
③ 李中清：《中国西南边疆的社会经济：1250～1850》，第 295 页。
④ 《署理云南巡抚彰宝奏为敬筹调剂铜厂厂民口粮以资开采事》，《乾隆朝朱批奏折》（乾隆三十四年九月二十七日），中国第一历史档案馆藏，缩微号：04－01－36－004－0780。
⑤ 张允随：《张允随奏稿》（下），乾隆九年三月初五日，第 658 页。
⑥ James Lee, *Food Supply and Population Growth in Southwest China, 1250–1850*, p.741.

（1766）年，云贵总督杨应琚奏称，随着云南矿业的发展，现在各厂聚集厂民不下数十万，而且来滇者仍然络绎不绝，其中以江、楚等省流寓者最多。因此，周边地区面临着米价剧增的情况，他建议控制矿厂的开采以遏制人口移入的势头。[①] 李中清指出，云南东川、昭通，贵州威宁的谷物价格比其他地区要高得多。为了保证矿区的食物供给，政府不得不建立一套复杂的食物再分配系统来补充谷物的市场分配。这就使得重要矿区食物价格的波动被控制在较小幅度上，1775 年，东川、昭通、威宁三府的大米、小麦与荞麦的年平均价格波动比云南其他地方都要低。铜产量的脉动决定着谷物市场的变化节奏，矿业生产的其他必需品——燃料和房屋等——同样受到了影响。食物的供不应求可能已引起了铜价的上升，甚至推动了铜产量的增加，但铜矿市场不断增长的需求也引起了食物价格的上升。[②] 大量矿业移民所带来的粮食供应紧张难题，成为云南地方官发展农业的动力之一。[③]

五　市镇的兴起

在清代的西南矿区，兴起了不少繁华的市镇。如果不是大规模的矿业开发，很难想象，从前那些山高林密、汉人稀少的西南僻远之区，会迅速发展成为店铺鳞次栉比、商旅往来频繁、寺庙会馆分布密集的集镇。这些集镇可分为两类，一是铜材运道上的重要中转站，二是开采、冶炼铜矿的矿区，两类市镇在性质上有很大不同。

---

① 《云贵总督杨应琚奏请酌剂滇省铜厂事务节其耗米之流以裕民食事》，《隆朝朱批奏折》（乾隆三十一年六月初四日），中国第一历史档案馆藏，缩微号：04 - 01 - 36 - 004 - 0745。
② 李中清：《中国西南边疆的社会经济：1250 ~ 1850》，第 296 ~ 298 页。
③ 前文就曾提到鄂尔泰发展农业为矿业提供基础的措施。乾隆十三年，云南巡抚图尔炳阿亦称："至滇省多山，粮鲜出入，囤户所积无多，黄酒本不多造，蒸熬止许用秕稗苦荞等粗粮，俗不奢华，粮价亦不甚贱者，由于出产五金，外省人民走厂开采，几半土著，且本省生齿亦繁故也。惟有教民勤力开垦，使无遗利。"《清高宗实录》卷 317，乾隆十三年六月，第 127 页。

（一）铜材中转站上的市镇：会泽与娜姑

1. 屹然一都会

经历了几百年的历史沧桑，清代东川府城的面貌至今仍然大体保留，成为今会泽县城的重要组成部分。2013 年，会泽古城因遗存丰富，街区集中成片，古城传统格局和风貌保存完整而被列为国家历史文化名城。在古城内，分布着 12 个省的 8 个大会馆，9 个府厅州县的 8 个小会馆，9 个较大规模的行业庙会，22 个规模较大的宗教性庙宇，加上近郊大大小小的各类庙宇，共计 108 座。① 2012 年 2 月，笔者在会泽古城住了一星期，虽然许多庙宇已不复存在，但漫步城中，仍然有三步一庙、五步一馆之感。众多会馆反映出商业的兴盛，例如湖广会馆占地 8474.4 平方米，建筑面积为 3126.7 平方米，由门楼戏台、前殿"禹王宫"、中殿"东岳宫"、后殿"寿佛寺"四个建筑群体组成。② 该会馆拥有 1000 多石租子的田亩、山地和东外街、宝善街上的 200 余间铺面房产。③

古城许多街道的名称，也与某种贸易或手工业相关，如卖鱼街、米市街、铜匠街等。根据一些资料介绍，过去会泽街道的两旁，粮行、油行、糖行、轿行、花生行、丝绸铺、银器铺、马鞍铺、铃铛铺、典当铺等店铺商行鳞次栉比。④ 县城的西关、闸口上、北台下、东外街、发儒街有马店 70 余家，过去专门接待南来北往的马帮，每日接待上千匹骡马，其中铜匠街段姓、发儒街孟姓、西关李姓、闸口上高姓都是有名的

---

① 徐希厚：《独具特色的会馆文化》，卞伯泽主编《历史文化名城会泽揽胜》，第 151 页。
② 陶正明、梅世彬主编《会泽县文物志》，第 55~56 页。
③ 杨德昌：《会泽文化之旅·铜马古道篇》，云南出版集团公司、云南美术出版社，2008，141 页。这些会馆、庙宇许多在雍正《东川府志》卷 1《祭奠》、乾隆《东川府志》卷 7《祠祀》中有记载。
④ 卞伯泽：《名城览胜》，政协云南省会泽县委员会文史委员会编《会泽文史资料》第 10 辑，2000，第 102~103 页。

图 2　全国重点文物保护单位会泽县江西会馆（笔者摄于 2012 年 2 月）

大马店，前后进深近百米。① 马帮往来的频繁，表明会泽是一个重要的交通节点，这是与其作为重要产铜地区的首府以及滇东北铜斤重要汇聚地的地位相符的。在过去，根据经营路线的不同，以昆明为中心，滇省有迤东、迤南、迤西三大马帮，会泽是迤东马帮往来的一个大站，大量骡马每日往来于以会泽为中心的南北大马道上。其中，北路为会泽—黑土基—红石岩—珊瑚树—迤车汛—小河边—江底—大水井—桃园—丁家湾—昭通，到昭通后，经黄荆坝、老鸹可进入长江水道；南路为会泽—硝厂塘—鹧鸡—哨牌—癞头坡—野猪塘—功山—甸头—卫所—张所—羊街—对龙—兔耳关—九龙湾—昆明，到昆明后，可经迤西、迤南马道到南亚、东南亚各国。②

　　分析各种资料，很容易知道，我们所看到的商业中心会泽，是雍正四年矿业兴起后的二十余年间形成的。

　　明代东川禄氏土司即在今会泽县城附近之马鞍山建城，很快又移治

---

① 杨德昌：《会泽文化之旅·铜马古道篇》，第 234 ~ 237 页。

② 杨德昌：《马背驮进文明》，政协云南省会泽县文史委员会编《会泽文史资料》第 10 辑，第 113 ~ 115 页。

于万额山之南，"伐木为栅，以卫府治"。① 梁晓强认为，马鞍山附近之城即乾隆《东川府志》所载位于五龙募村之土城，为土司禄氏所建，而万额山南之城即同书所载之禄氏水城。② 除此二城外，禄氏尚另建有土城一处，不见于明代方志，但乾隆《东川府志》明确指出此城"在绥宁门外，土酋三子，各居其处，今皆无存"。③ 以上三城均位于清代所修府城附近，在今天尚有水城村、五龙募村、土城村之名。土城与水城的并立，反映了东川土著首领间的冲突与分裂。④

土司所建之城，与后来熙熙攘攘、百货骈阗的府城截然不同，这些城非常简陋，只是用一些栅栏做简单防护，不是传统上有围墙、壕沟的城市，⑤ 其间也不可能存在兴盛的商业贸易。至于寺庙，明代方志中仅提到一处安禅寺，⑥ 与后来庙宇遍布的情况有天壤之别。康熙三十八年，土司遗孀献土改流之后，出于防卫的需要，知府王永玺在今古城处创筑土城，三年后，知府肖星拱以土城空旷难守为由，压缩了土城的规模，"约退三十余丈"，后来逐渐倾圮。⑦ 改土归流并未带来农业、商业、矿业的繁荣，文武官员长期躲在成都，不敢赴任。雍正四年东川改归滇属之初，从威宁经东川的鄂尔泰看到的景象是"城垣倾圮，人户

---

① 顾祖禹：《读史方舆纪要》卷 73《四川八·东川军民府》，《续修四库全书》第 598～612 册，第 233 页。

② 梁晓强：《历代东川府城的变迁和会泽县的设置》，原载《云南史志》2004 年第 4 期，经增订后收入梁氏校注之《〈东川府志·东川府续志〉校注本》，云南人民出版社，2006，第 119～125 页。

③ 乾隆《东川府志》卷 5《城池》，第 51 页。

④ Huang Fei, Landscape Practices and Representations in Dongchuan, Southwest Eighteenth – Century China, pp. 53 – 54.

⑤ Huang Fei, Landscape Practices and Representations in Dongchuan, Southwest Eighteenth – Century China, p. 53；梁晓强：《历代东川府城的变迁和会泽县的设置》，《〈东川府志·东川府续志〉校注本》，第 119～125 页。

⑥ 嘉靖《四川总志》卷 14《郡县志·东川军民府》，《北京图书馆古籍珍本丛刊》第 42 册，书目文献出版社，1996，第 271 页。

⑦ 乾隆《东川府志》卷 5《城池》，第 51 页。

萧条","垦田开矿之议,从未与闻"。①

　　也正是从雍正四年起,东川开始发生一系列深刻变化。首先,在发展农业作为矿业基础的思想指导下,鄂尔泰规划了一系列的垦荒计划:买置耕牛,捐造农具,拟于府治附近的者海、漫海等处盖房百余间,"先垦田万余庙,雇工分种"。② 后来的地方官员们积极推进,大力垦田、修建水利工程。雍正六年,知府黄世杰请领库帑开挖三河:一从马五寨,由以车出鱼洞,计长 20 里,是为左河;一从华宜寨起,至水城,计长 20 余里,是为中河;一从拖乐村,由马厂出鱼洞,计长 20 里,是为右河。这一重要工程对解决水患、灌溉田亩有着重要意义,例如著名的蔓海之水从此泄归以里大河,湖泊变为良田。③ 府城东面的者家海,"百里平旷,其地最寒",雍正九年任东川知府的崔乃镛, "督民成田"。④ 城周边的农业发展相当迅速,吸引了许多移民前来。鄂尔泰的开垦计划是官府给牛种农具及住房,"雇工分种",其招徕流民前来开辟地广人稀、田土抛荒严重的东川的目的非常明显。其次,前文已详细论述过,鄂尔泰采取了一系列积极的措施推动当地矿业的开发,其收效迅速而显著,到雍正八年,汤丹厂的厂民已达万余人,外来移民的规模相当可观。复次,清王朝通过军事行动解除了营长、伙目对东川地方社会的实际控制,次年知府崔乃镛将土城改建为石城,奠定了今会泽古城的规模。最后,雍正十二年,东川府城设局铸钱,"四方负贩者络绎不绝,城中居民渐集"。⑤

　　这样,我们就能理解,雍正十三年所修《东川府志》中,府城乃

---

① 《云南巡抚鄂尔泰奏报收盐办铜数目折》,《雍正朝汉文朱批奏折汇编》(第八册)(雍正四年九月十九日),第 702 页。
② 《云南巡抚鄂尔泰奏报收盐办铜数目折》,《雍正朝汉文朱批奏折汇编》(第八册)(雍正四年九月十九日),第 703 页。漫海,即蔓海,系府治附近的一个大湖,周有 30 余里。
③ 乾隆《东川府志》卷 4《疆域》,第 43、48 页。
④ 乾隆《东川府志》卷 20 下《艺文·东川府石城记》,第 170 页。
⑤ 乾隆《东川府志》卷 1《气候》,第 31 页。

至全府的状况已与鄂尔泰所见者有很大不同，此时城内已有汉民二十余户，但客民数量却已达百余户，他们"悉无家室，去来无定"。① 食盐的销量亦反映出短短数年间东川府所发生的巨变，雍正四年改归云南之初，"人户稀少，且夷民贫乏，有终年不知盐味者，每年仅销盐三四万斤，后因汤丹等厂兴旺，厂民商贾繁众，始销至六万斤"。②

乾隆初年，滇铜地位进一步崛起，京局所需全部铜斤以及各省所需大部分铜斤均来自云南特别是东川，府城成为重要的铜材汇聚地与中转站。大约至乾隆十三年（1748），基本的铜材运道已建设完成，进一步推动东川府城发展成一个商业中心。同时，以府城所在坝子为中心的农业开发也取得了很大进展，乾隆二十一年（1756）知府义宁规划主持修建了分水大堰，引以里河水归义通河。于三家村安过水涵洞一口，泄旧府旁各山箐水，灌溉五龙募、水城、龙潭左边田亩；于龙潭村当中安过水涵洞一口，泄后山箐水，灌济校场面前一带田亩；于金钟山前安过水涵洞一口，泄后山箐水，灌济校场坝一带田亩；于校场坝安泄水闸口一道，归街子河；于西城角安过水涵洞一口，泄西来寺后山箐水，灌济鲁机村门首田亩；于北门炮台脚下安过水大涵洞一口，泄城内过街楼、西门一带水，灌济北门外一带田亩；于北门外安过水大涵洞一口，泄城内东、南、西门一切水，灌溉水塘一带田亩，归海子河。总之，到乾隆二十年左右，资以灌溉的河、江、潭、溪、沟等，已达数十处。③ 可以看出，这些垦荒与水利工程很多都是在府城附近，府城周边的农业发展相当迅速。

乾隆二十六年《东川府志》再次编成时，当地的面貌已与雍正初年截然两样。志书卷首载有5篇时人所写序言，其中有4篇谈到了当地商业的发达。署云贵总督刘藻称："民夷商贾，四方辐辏，食货浩穰，

① 乾隆《东川府志》卷8《户口》，第74页。
② 乾隆《东川府志》卷10《赋税》，第92页。
③ 乾隆《东川府志》卷4《疆域》，第43页。

屹然一都会。"① 江苏长洲人顾济美正好在雍正四年任云南通海县令、乾隆二十五年任云南布政使，目睹了东川府的巨变，在府志序言中他感慨："顿异畴昔民气之和，乐田畴之蕃沃，商旅之辐辏，道路之康夷，铜厂之旺盛，或十倍于前。"② 联系到乾隆十年，张允随尚称"滇南地处天末，重山复岭，不通舟楫。东川、昭通两府，俱系新辟夷疆，商旅罕至，米盐百货更加昂贵"。③ 东川的发展不可谓不迅速，府城也崛起为"屹然一都会"，成了一重要的商业中心。

图 3　会泽古城内的巷子（笔者 2012 年 2 月摄）

2. 与矿业的关系

会泽作为商业市镇兴起的过程，与东川铜矿业的发展大致同步，这绝非只是时间上的巧合。滇东北跬步皆山，基本不通水运，交通不便，

---

① 乾隆《东川府志》，刘藻"序"，第 4 页。
② 乾隆《东川府志》，顾济美"序"，第 6 页。
③ 张允随：《张允随奏稿》（下），乾隆十年九月二十日，第 675 页。

也没有特别的经济作物，铜矿业的发展以及由此引起的交通改善，无疑是会泽等市镇兴起的重要背景，东川府城也深深打上了矿业的痕迹。

作为产铜盛地，东川发展出了精湛的铜器加工艺术，昆明城内各古董铺所售之佛像、钟鼎、古玩及各种铜器，"铸造之工，多属昆明及东川人"。① 会泽古城内有一条以加工铜器闻名的街道——铜匠街，铜匠街上张氏的斑铜加工代表了东川铜器制造的最高工艺水平。所谓斑铜，即是使铜器表面呈现若干点状和不规则块状的极富立体感的斑纹，似镶嵌入若干赤金色晶体，自然、晶莹，看似凹凸不平实则光滑如镜。它采用会泽特有的天然铜（民间称"鸡窝铜"，此种铜块中含有少量的金、银等贵金属），经选料、净化、粗坯、成形、烧斑、整形、精加工、淬斑、煮斑、露斑、擦洗、抛光等一二十道工序制成，其中有十来道工序全靠一锤锤敲打来完成，烧一火，打一次，一件产品要烧几十火、打数万锤方能成型。② 目前张氏斑铜工艺已作为国家级非物质文化遗产而受到保护。

在府城内众多庙宇中，有几座与矿业关系密切的庙宇。一是矿王庙，建于乾隆五十七年，是矿山砂丁、炉户等开采、冶炼行业的庙宇，庙内供奉的神像是一个采矿的砂丁；一是火神庙，是矿冶业庙宇，举凡砂丁采矿，炉户冶炼，均离不开火，火成了矿产业成败的关键，持业者奉火神娘娘（或称金火娘娘）为护佑他们的神灵，塑火神娘娘金身，四时朝拜；③ 一是位于宝云钱局内的金火炉神庙，此庙与火神庙在雍正《东川府志》中尚无记载，但在乾隆二十六年修成的府志中已出现。④

① 民国《新纂云南通志》（第七册）卷142《工业考·五金业》，云南出版集团公司、云南人民出版社，2007，第82页。
② 张克自：《张铜匠家与斑铜器》，政协云南省会泽县委员会文史委员会编《会泽文史资料》第4辑，1993，第107页；张克自：《享誉海内外的手工制品——斑铜》，卞伯泽主编《历史文化名城会泽揽胜》，第447~449页。
③ 徐希厚：《独具特色的会馆文化》，卞伯泽主编《历史文化名城会泽揽胜》，第156页。
④ 乾隆《东川府志》卷7《祠祀》，第71~72页。

图 4　会泽古城铜匠街（笔者摄于 2012 年 2 月）

图 5　铜匠街上的张氏斑铜铺（笔者摄于 2012 年 2 月）

此外，会泽从事银铜铅锌冶炼和成品制造的工匠众多，从事这些行业的人多建老君庙，供奉太上老君。其中的铜器业铸了个铜质的大小适中、可以移动的老君神像，每个月接到不同的工匠家供奉，往返循环。铜器行业没有固定的会首，神像所在之家便是临时会首，行业议事或规定的会期便都集中在这"坐庄"的会首家。不过，重要节气、会期聚会的开支费用，则由大家分摊或大户捐助。①

分布在东川各地的矿厂也积极参与府城内的事务。除前文论述的铜厂外，在府城湖广会馆内，笔者还发现了几块铅厂的捐款碑，还有一块"炭山众功德"碑，这说明在为矿冶提供薪炭的行业中，出现了不少湖广人，他们也向府城湖广会馆捐款。有意思的是，位于昭通府鲁甸厅的乐马铜厂也捐了大笔款项。② 这些碑刻，有助于我们理解《湖广会馆传书》的一段话：

> 今馆之重建，经营十余年，而所募四乡银两如各厂各山、各村各坝，有只捐收一次犹廉焉耳，捐收再三可谓费矣。城中诸梓里先生用之不敷，又从而增益之，若是者四次焉。至于往来行商，数则易稽，名难悉举，统而计之，尚未允议。③

在这份捐输说明中，将各厂各山列在首位，也说明了从事矿业的湖广籍人士对湖广会馆的贡献与影响。除矿山外，铸钱局湖广人也捐助了会馆，《湖广会馆传书》载："（乾隆）四十二年，新局楚众捐银一十一两八钱，底簿失传，姓字莫考。宝云局前后实收捐助银四百一十三两零六分。"④

铜材重要中转地或运铜要道上兴起的市镇还有不少，府城西部的娜姑镇白雾村就是其中之一。娜姑在文献上又称那姑，其名源自彝语，

---

① 徐希厚：《独具特色的会馆文化》，卞伯泽主编《历史文化名城会泽揽胜》，第157页。
② 见会泽老城区湖广会馆内的"乐马厂众姓功德"碑、"炭山众姓功德"碑、"装修禹王金像铅厂众功德"碑、"锼铅两厂并碛山众功德"碑等。
③ 王大本：《重建会馆捐金记》，《东川湖广会馆传书》。
④ 《东川湖广会馆传书》卷3。

"娜"为黑,"姑"即原野或草地,"娜姑"意为"黑色的宝地"。① 娜
姑是滇蜀古道上的重要一站,汇聚在东川府城的铜斤,向西北方向运
经白雾、娜姑、巧家厅、蒙姑,渡金沙江即进入四川。今人在娜姑镇
石匠房山涧南边的耕地中,发现一块《捐资新修蒙姑坡桥路碑》,碑
文有云:

> 螳琅(按:即东川)一邑,幅员辽阔,壤接川黔,固商旅辐
> 辏之区也。而岁赋京铜,不下数百万,尤于运道为扼要焉……,
> (蒙姑)坡当三里,输纳各厂,铜运旧路,倾圮不复可行。刘君
> (按:刘汉鼎)别开新径,较旧平近二十里。……自是巧家通郡城
> 一路如履康庄矣……②

碑文显示,蒙姑—娜姑一线是铜运旧路,也是府城通巧家厅必经之
道,此外还是连接附近一些矿厂的要道。《东川府志》叙述道路时,娜
姑成为标志性的地点之一,如"会泽县,附郭。……西自府城、那姑,
至则补阿木可租三百里,交四川会理州界……","分防则补巡检司,
在府治西北三百五十里,东距那姑二百里……"③

白雾村是府城往娜姑的必经之地,是一个重要的交通节点。文献中
提到的一些以娜姑为名的机构、庙宇等,实际上是在白雾,这也反映出
此地的重要性。例如清代娜姑塘就设于白雾,至今尚存房子一间,重
檐,占地 30 多平方米。据说当年除这座房子外,还有一个 200 多平方
米的小花园。④

---

① 《铜运古道第一镇》,政协云南省会泽县委员会文史委员会编《会泽文史资料》第 14 辑,
　　第 3 页。
② 《捐资新修蒙姑坡桥路碑》,陶正明、梅世彬主编《会泽县文物志》,第 145～146 页。
③ 乾隆《东川府志》卷 5《道路》,第 54～55 页。
④ 卞伯泽:《白雾街塘房》,卞伯泽主编《历史文化名城会泽揽胜》。

　　除汛塘外，白雾村保留下来的古建筑尚有寿佛寺（湖广会馆）、云峰寺、财神庙（云南会馆）、文庙（三圣宫）、三元宫（楚黔会馆）、万寿宫（江西会馆）、太阳宫（通海会馆）、龙王庙、关帝庙、张飞庙、白雾街古戏台等。2005 年，白雾村被建设部、国家文物局公布为国家级历史文化名村。①

图 6　白雾村古街一角（笔者摄于 2012 年 2 月）

　　同东川相邻的一些府县也有不少会馆寺庙，如昭通府城的文庙、武庙、陕西庙、川主庙、南华宫、禹王宫、江西会馆、玉皇阁，镇雄州城的江西庙、贵州庙、川主庙、武庙、城隍庙、巧圣宫、楚圣宫、文昌宫、忠烈祠、岑公祠、先农坛等。② 昭通、镇雄均为滇铜京运的要地，其商业之兴盛与此不无关系。

---

① 《万里京运第一站白雾村》，政协云南省会泽县委员会文史委员会编《会泽文史资料》第 14 辑，第 94~96 页。
② 杨德昌：《会泽文化之旅·铜马古道篇》，第 142 页。

（二）"贫困"的矿区市镇

厂民专心业矿，是无法自给自足的群体，需要一个市场来维持生活。当矿厂规模达到一定程度，甚至会直接带动一个市镇的兴起。这些市镇，与完全因商业而发展起来的市镇有很大不同。

1. 顿令空谷成市廛

我们先来看看，矿区社会是怎样形成的。清人吴芗厈的《客窗闲话》描述了一个开矿的过程。大理太守肖希圣的弟弟肖希贤，不事诗书，同母亲一起随兄到云南，受兄长幕客称滇中矿业如何暴富的鼓动，日日"偕客遍历群山以求奇遇"，但一年多后仍未找到矿山，最后幕客不胜其烦，随便指一山云"此中产矿甚旺"。希贤信以为真，于是找到山主议价，"以百金得之"，并招集人众开采。太守力阻，但希贤不听，反而通过母亲使兄长属下的"贡夫"前来帮忙。此后五六年间，"丁男涌集，合力兴工，锯木凿山，穿石穴上"，但结果是"虚掷亿万工"，毫无所得。兄长任满离滇，要弟弟放弃寻矿之事，一同离开，但希贤不肯半途而废，其母遂将兄长的积蓄分一半与弟，告诫他如果用得只剩数百两银子而仍然无所获时，就立即归去。当官的兄长一离去，那些贡夫随之星散，希贤只得自己雇募役夫开采。又经过数年，银两消耗殆尽，而且拖欠了许多工钱。就在他即将破产的最后时刻，终于戏剧性地发现了大矿。于是离开的"旧友"纷纷归来，"或司载籍，或司会计，或司监督，或司宾客，量能授任"，并报官设厂，"百炉并开，以鼓以铸"，官府派遣弁兵，安营环守，以保卫并监督矿厂生产，"自中丞以下咸来纳交，声势一时烜赫"。而希贤则打算将挣来的财富载运回乡，同母亲及兄长"享此终身"。①

这样一个从"败家子"一变而为大矿商的故事，无疑带有小说性

---

① 吴炽昌：《正续客窗闲话》卷 1《萧希贤》，时代文艺出版社，1987，第 17 ~ 19 页。

质，却与当时的诸多史料所展现的开矿过程以及官府对矿业的管理制度相协调。即便一夜之间从走投无路的失败者到突获巨矿的情节，也具有充分的事实基础。例如王崧的《矿厂采炼篇》就提到当开矿者资本缺乏，用度不支，无法还债及提供矿工的油米盐柴，"计惟有死"之际，突然间大矿呈现，于是"门外马喧人闹，厂主及在厂诸长咸临门称贺，俄顷服食什器、镜锈罗绮、珠玑珍错，各肆主者赠遗络绎，充牣阶墀，堆累几榻，部分未毕，慧仆罗列于庭，骏马嘶鸣于厩，效殷勤、誉福泽者，延揽不暇"。①

这个故事的难得之处，在于它生动、完整地呈现了一个寻矿开矿的过程，使我们看到了一片荒山野岭是如何形成一个矿业聚落的。在西南地区，开矿基本上属于一种主动的选择，② 虽然云南实施官方借贷资本的放本收铜政策，但只是针对已经有效开采的铜矿，而勘察矿脉往往耗时耗力，却不能指望能借到官方的资本。③ 寻觅到可以开采的矿山并试采有效后，就可以报官了，官方为了确保掌控矿产品并维持地方秩序，会派厂员进驻、派兵监守，而各种采矿、冶炼的人以及管理者聚集而来。此外，正如有学者曾简明指出的，伴随着大大小小的矿厂的建立，产生了一系列的业务，以满足诸如木材、驼畜、运夫、燃料、食物以及娱乐等方面的需求。④ 对于这些相关的服务性行业，王崧曾有描述："厂既丰盛，构物庐以居处，削木板为瓦，编篾片为墙，厂之所需，自

---

① 王崧：《矿厂采炼篇》，吴其濬撰《滇南矿厂图略》，第 151～152 页。
② 应该说，清代的绝大部分矿工都是自愿从事这一行业的，但乾隆以降，新疆、甘肃、黑龙江没有足够的矿工开发矿产，政府曾实行佥派矿户的办法。到清末，山东、山西、湖南都出现了平民被迫或被骗入矿工作的事件。参见 Sun E‑TU Zen, "Mining Labor in the Ch'ing Period," in Albert Feuerwerker, Rhoads Murphey, Mary C. Wright, eds., *Approaches to Modern Chinese History* (University of California Press, 1967)。
③ 钱仲云诗称："厂主半客籍，逐利来穷边。入官报试采，自竭私家钱。"（黄钧宰：《金壶七墨》，《清代笔记丛刊》第 7 函第 3 册，卷 2，第 3 页）这可为试采有效之前官方帑本不参与的又一证据。
④ Suan Natuin and Evelyn S. Rawski, *Chinese Society in the Eighteenth Century* (Yale University Press, 1989), p. 203.

米粟薪炭油盐而外，凡身之所被服，口之所饮啖，室宇之所陈设，攻采煎炼之器具，祭祀宴飨之仪品，引重致运之畜产毕具。商贾负贩，百工众技，不远数千里蜂屯蚁聚，以备厂民之用，而优伶戏剧，奇衺淫巧，莫不风闻景附，觊觎沾溉，探丸肤箧之徒，亦伺隙而乘之。"① 这样，大的矿山就会发展成为一个市镇。例如云南路南州的象羊山，于乾隆十年勘得矿苗，呈请官府开采之后，"远近来者数千人，得矿者十之八九，不数月而荒巅成市，即名之曰象羊厂"。② 汤丹、宁台等大厂的规模更为可观，据称厂民十来万，加上各种服务性行业与人员，"厂有街市、巷陌"，"人烟辐辏，买卖街场，各分肆市"。③ 乾隆四年二月，汤丹厂发生了一起火灾，调查结果显示，厂内贮铜官房 83 间，庙宇、会馆 80 间未被大火波及，但店铺、厂屋等被烧 2437 户，④ 由此可窥知汤丹厂的规模。

清人吴振棫的《厂述》诗反映了市镇从荒山中突然兴起的状况：

> 厂主半客籍，逐利来穷边。
>
> 入官报试采，自竭私家钱。
>
> 欣然大堂获，继以半火煎。
>
> 抽课得羡余，陶猗不足贤。
>
> 百货日麇集，优倡肆妖妍。
>
> 荒荒蛮瘴中，聚若都市阛。⑤

---

① 王崧：《矿厂采炼篇》，吴其濬撰《滇南矿厂图略》，第 151 页。

② 张弘：《滇南新语》，《小方壶斋舆地丛钞》第 7 帙第 3 册，第 229 页。

③ 《铜政全书咨询各厂对》，吴其濬撰《滇南矿厂图略·滇厂图略》卷 1，第 160 页；雍正《东川府志》卷 2《艺文·云南东川府地震纪事》，第 395 页。

④ 《云南总督庆复奏报汤丹厂失火事》，《乾隆朝朱批奏折》（乾隆四年三月二十九日），中国第一历史档案馆藏，缩微号：04 - 01 - 35 - 060 - 0549。

⑤ 吴振棫：《厂述四》，李岳瑞《春冰室野乘》卷下，《近代中国史料丛刊》第 1 辑，第 60 册，第 304 页。

　　曾任云南临安知府的诗人王文治亦称："远人鹜利纷沓至，运甓芟茅安井臼。顿令空谷成市廛，铃驮骈阗车毂走。"① 而一个成功的矿商，其财富相当可观，正如王文治所称"豪商大贾裘马轻，硐户砂丁衣面垢"。② 希贤的前半生要靠兄长养活，但今后其兄却能与他共享矿厂带来的荣华。这并非夸张，曾为官滇省的钱塘人吴仲云就曾作诗描述那些发达的矿商：

> 华楹具百戏，雕俎罗八珍。
>
> 指使诸僮仆，佩服丽且新。
>
> 问官所职掌，曰铜铁锡银。
>
> 朝上一纸书，暮领十万缗。
>
> 会计足课额，可以娱嘉宾。
>
> 勿谓官豪华，视昔官已贫。
>
> 颇闻有某某，凭陵居要津。
>
> 积金百斗高，歌舞难具论。
>
> ……③

2. 贫困的矿区

　　矿业是西南地区商业的重要推动力量，造就了不少腰缠万贯的矿主，但矿区的市镇，比起像会泽、娜姑这样的市镇来，却完全是另一番景象。在这些地方，基本没有像样的会馆、寺庙、祠堂、民居等古建筑留存，也看不到传统商业街道的痕迹，而且在访谈中，也几乎没人会讲到令他们印象深刻的精美建筑。只有在清代最重要的铜厂汤丹，访谈人

---

① 王文治：《梦楼诗集》卷 8《南诏二集·个旧厂》，《续修四库全书》第 1450 册，第 460 页。

② 王文治：《梦楼诗集》卷 8《南诏二集·个旧厂》。

③ 吴振棫：《厂述一》，李岳瑞《春冰室野乘》卷下，《近代中国史料丛刊》第 1 辑，第 60 册，第 302 页。

对笔者提到位于大麦地的赵氏宗祠不错,笔者前往察看,并查阅了相关资料,发现这座祠堂是 1934 年才开始修建的,[①] 而且比起会泽、白雾的那些建筑来,十分普通。

另外一个让人印象深刻的对比是,在矿区的市镇,当笔者询问当地是否出过什么有名的读书人或举人、进士时,得到的都是否定的回答。而位于铜斤汇聚地与交通要道上的市镇,却有着较浓厚读书风气,科举也较为发达。民国初期对西南政局有着强大影响的唐继尧,即出生在会泽县城(即府城)内的一个书香家庭,"累世均以科名显于乡里,父为邑中名宿",他本人 6 岁入私塾,15 岁中秀才,1904 年考取官费留日。[②] 会泽境内的另一个市镇娜姑,虽不处于行政中心的位置,但同样有浓厚的读书氛围,出过曾任六品内务京官、擅长书法的谢毓楠。[③] 娜姑白雾村有"文庙"一所,原称"关帝庙",建于雍正年间,后来逐渐叠加上了"儒"的色彩。嘉庆年间扩建之后,大殿中立关公塑像,右供孔子牌位,左奉文昌塑像,称为"三圣宫",庙内还建有奎楼,供奉主管文运的奎星。尽管这样的布局并不符合官方的文庙规制,但当地人仍然称其"文庙"。

白雾村还有一个非常有意思的"崇正学社",成立于同治十二年(1873),参加者多为儒学生员、落第举子和赋闲绅士。该社主张"尊儒",设有白雾分社、则补分社。[④] 需要指出的是,则补同样位于交通要道上,系会泽通往巧家厅的必由之路,官府在此设有巡检司。[⑤]

读书风气的差异自然带来一个结果,在会泽、白雾这类市镇,可以见

---

① 李天祜:《汤丹赵氏宗祠简介》,李大祜、詹应璋主编《铜都史话》,德宏民族出版社,2010,第 155～156 页。
② 谢本书:《论唐继尧》,《近代史研究》1981 年第 2 期。
③ 谢淑琼:《忆先父》,政协云南省会泽县委员会文史委员会编《会泽文史资料》第 7 辑,1996。
④ 陈兆彩:《漫谈娜姑"崇正学社"》,政协云南省会泽县委员会文史委员会编《会泽文史资料》第 11 辑,2003。
⑤ 乾隆:《东川府志》卷 5《道路》,第 55 页。

图7　娜姑白雾村文庙（笔者摄于2012年2月）

到大量的碑刻，而在汤丹、落雪、茂麓这些矿区，碑刻的数量却非常稀少。

　　结合文献资料与实地考察，笔者认为矿区市镇与交通要道市镇的上述差异是有深刻原因的。2012年2～3月，笔者曾前往东川府的汤丹厂、落雪厂、茂麓厂所在地考察，这些地区大都僻处深山，直到今天仍然交通不便，相较而言，汤丹是最方便的地方，从东川市区出发，大约需一小时车程，其中大部分是盘山公路。到茂麓厂的旅程最艰辛，笔者于2月18日上午11点从东川市区出发，坐上每天一班的前往舍块乡的破旧不堪的中巴，爬了一小时的山路后从汤丹附近绕到另一条路，开始下坡，接着又是爬更大更高的山，途中车的油箱泄漏，修理了半个多小时。下午3点到达著名的落雪厂。落雪同汤丹一样，四周童山濯濯，触目尽是裸露的山石、黄土，令人有身处塞北之感。从落雪起，柏油路变成了石子路，一路颠簸，因为路况太差，乘客还下车走了一小段，然后上车继续爬坡，随着海拔的升高，路边看见了积雪。最后走了约半小时的下行山路，5点到了舍块。

　　到了舍块后，找不到去茂麓的车，两地之间也没有任何公共交通工

图 8   赴东川茂麓厂途中（笔者摄于 2012 年 2 月）

具。笔者只得在舍块住了一晚，并托旅店老板联系了一辆私家车。次日
12 点半上车，沿着一条比昨天糟糕得多的山路，一路尘土飞扬，盘旋
而下，约一小时后到达金沙江谷底的茂麓。想到就在一两百年前，每年
数十万斤笨重的铜材，就是从此地翻山越岭、跨江渡河运到万里之外的
北京，令人不胜感慨！要知道，茂麓虽位于金沙江畔，但却是不通航运
的，该厂的铜斤是送到东川铜店转运的。①

茂麓之行，还让笔者惊讶于今天的中国南方还有蔬菜、粮食严重匮
乏的乡村！与笔者结伴同行的茂麓小学的三位老师，19 日一早就在舍
块的集市上大量购买蔬菜，足够吃半个月，还说凡是有机会出来都是如
此。许多蔬菜不经放，最后都蔫了，比较好的是土豆，所以每次都会买
很多。在茂麓考察的几天里，笔者了解到茂麓不但耕地稀少，而且还缺
水、蔬菜、粮食能够自给的农户非常少，更不要说有余剩出去卖。

茂麓或许是一个极端的例子，但交通不便、耕地缺乏、农业落后差

---

① 《铜政便览》卷 1《厂地上》，《续修四库全书》第 880 册，上海古籍出版社，2002，第
239 页。

不多是矿区的共同特征，云南汤丹、落雪等铜厂的情况前文已有所交代。乾隆三十四年，署理云南巡抚彰宝就奏称当时云南最大的四个铜厂汤丹、大碌、金钗、义都"俱在万山之中，并无稻田"。①

童山秃岭、水资源缺乏、农业发展条件恶劣，这无疑是清代矿业开发所带来的恶果。早期的东川府志中，不难看到有关森林的记载，但矿业的薪炭消耗极为惊人。例如广西回头山铜矿，乾隆二年（1737）开采，7 年之后，附近柴炭砍烧殆尽，所需燃料来自十里之外。② 乾隆三十七年（1772），汤丹厂开办 70 余年之后，近厂松木砍伐殆尽，为了获取煎炼蟹壳铜的松炭，得到一二百里之外买运回厂。③ 除汤丹外，东川府境内还有因民、碌碌等几大铜厂，周围数百平方公里的林木被砍伐殆尽，木炭来源由近及远，渐渐向百里以外小江上游功山一带的林区采办木柴。④ 炼铜燃料使用所带来的恶劣生态后果，使滇东北地区在短短的 130 年间森林覆盖率下降了 20 个百分点，而且矿业的开发，刺激了滇东北地区山区大量的毁林开荒，变森林为农田活动，使滇东北地区在短短的时间内，从一个人口稀少的欠开发地区，成了云南人口密度较高、环境破坏和水土流失最严重的地区，也成了清代中叶以来长江上游输沙量的主要来源地区之一。⑤ 今天的东川泥石流频繁，有"世界泥石流博物馆"之称。

除了僻处深山、耕地稀少且贫瘠之外，矿区还有一个很重要的特点，即一旦硐老山空，成千上万的厂民就会一哄而散，留下无数的坑洞

---

① 《署理云南巡抚彰宝奏为敬筹调剂铜厂厂民口粮以资开采事》，《乾隆朝朱批奏折》（乾隆三十四年九月二十七日），中国第一历史档案馆藏，缩微号：04 - 01 - 36 - 004 - 0780。

② 《广西布政使唐绥祖奏请开采桂省铜厂以资鼓铸事》，《录附奏折》（乾隆八年十一月），中国第一历史档案馆藏，缩微号：052 - 0458。

③ 《署理云南巡抚李湖奏为敬陈滇省铜厂事宜事》，《乾隆朝朱批奏折》（乾隆三十七年四月），中国第一历史档案馆藏，缩微号：04 - 01 - 36 - 004 - 0882。

④ 杨德昌：《会泽文化之旅·铜马古道篇》，第 25 页。

⑤ 杨煜达：《清代中期（公元 1726~1855 年）滇东北的铜业开发与环境变迁》，《中国史研究》2004 年第 3 期。

以及砍伐得光秃秃的山岭。正如乾隆三十六年署理云贵总督彰宝总结的："（云南）各厂办铜炉户俱系四方食力之民，闻利则趋，利尽则散。"① 东川府的汤丹、碌碌这些著名大铜厂，当乾隆三十年左右生产出现问题后，砂丁、炉户很快离开，人数不到旺盛时期的一半。②

这样，矿业的发展虽然创造出大量的财富，但拥有财富的那些客民，并不愿意在矿山附近修建豪华的建筑，甚至不会在此长久居住。他们要么像肖希贤一样回到自己的家乡，要么就定居于生活条件优越、信息较为发达的交通要道上的市镇。东川府城内的会馆，有那么多矿山厂民捐款，他们显然借此奠定了在城内的地位，甚至可以想象，许多矿山的投资者，不一定居住在矿山，而是生活在会泽、娜姑这样的市镇，在这些地方，他们还可以将从矿业中赚来的钱投资于土地、商铺，联系府城湖广会馆重修时厂民的积极捐款，可以推测会馆所拥有的数百家店铺，肯定也有厂民的贡献。前文提到东川府城内有矿王庙、火神庙等矿业庙宇，如果不是有许多投资矿业的人住在府城，我们很难理解还有谁会在府城修建这类庙宇。

富有厂民不会建设矿区，也不会选择定居于此的推断，可以在文献中得到印证。矿区的房屋几乎都是比较简单的。正如王崧所称，"厂既丰盛，构物以居处，削木板为瓦，编篾片为墙"。③ 乾隆四年三月，云南总督庆复在奏折中提到，汤丹厂的厂屋包括经营商业的铺户都是"屋无砖瓦，俱系竹木草稗"。④

矿区不但建筑简陋，而且除了少数矿业投资者、管理者以及一些小

---

① 《署理云贵总督彰宝奏报遵旨酌议云南汤丹等厂预发工本扣缴余铜事》，《乾隆朝朱批奏折》（乾隆三十六年二月二十三日），中国第一历史档案馆藏，缩微号：04 - 01 - 35 - 061 - 2535。
② 《署理云南巡抚李湖奏为敬陈滇省铜厂事宜事》，《乾隆朝朱批奏折》（乾隆三十七年四月），中国第一历史档案馆藏，缩微号：04 - 01 - 36 - 004 - 0882。
③ 王崧：《矿厂采炼篇》，吴其濬《滇南矿厂图略》卷1，第151页。
④ 《云南总督庆复奏报汤丹厂失火事》，《乾隆朝朱批奏折》（乾隆四年三月二十九日），中国第一历史档案馆藏，缩微号：04 - 01 - 35 - 060 - 0549。

商贩外，生活在此处的主要是赤贫的普通砂丁、炉户，我们可以从一些过去流传的反映矿区生活的民间歌谣中窥其一斑：

上也难来下也难，管家有把铁算盘。

砂丁生活如牛马，一天难挣半斤盐。

太阳出来红彤彤，为穷为苦才卖工。

铜板不得三十个，腰杆累成一张弓。

老厂上来一道坡，一进官门砂丁多。

老板穿的绫罗缎，砂丁穿的麻布窝。

望郎坡呀望郎坡，世世代代坑穷哥。

矿主吃的鸡鱼鸭，砂丁稀饭半砂锅。

天不平来地不平，这边打雷那边晴。

锅头炉头饭喂狗，砂丁饿死在街心。①

结　语

早在中央王朝大规模开发西南之前，滇东北地区已经存在一套有着深远历史根源的制度化的政治权力架构，同中央王朝的关系较为疏离。直至清初，国家并不能有效控制这些地区，无论是官府还是内地汉人，都难以开发这些地区的资源，而当时铸币所需的铜材，也主要来自海

---

① 这些歌谣均转引自杨德昌《会泽文化旅游·铜马古道篇》，第 156～158 页。

外，国内的矿产开发，不但有上述客观上的困难，在主观上也一直处于争议和限制之中。随着货币需求量的增加以及从海外进口币材的日益艰难，国内矿业发展的主观限制逐渐放松乃至变为鼓励，而改土归流等措施则在客观方面创造了相应的条件。政府的激励政策、资金保障、大量汉人的移入共同创造了铜矿业的繁荣。

自 18 世纪初起，西南地区的铜矿业蓬蓬勃勃地发展起来，云南作为全国最重要的铜产地，每年上千万斤铜从云南起解，马驮人背，经过崎岖不平的山间驿道运至四川永宁，然后在此地上船，沿永宁河驶入长江，一路东下，直抵汉口，而各省也不断派员赴滇采买铜材，形成了全国的铸钱铜材主要依赖云南特别是东川府的局面，修筑驿路、开通河道成为官府的一件大事，大量移民进入东川，导致了族群间的融合与纠纷，东川府这一前土司地区，在经济、政治、交通等方面更加紧密地与内地整合为一体。这一过程，同时还刺激了商业的发展以及市镇的兴起。

虽然矿业开发促进了地方经济的发展，深化了民族地区与内地的整合，但也带来了悲剧性的生态后果。巨额的矿业财富被带走，生态破坏留给了矿区。矿业开发促进了滇东北商业的繁荣，并催生了两类不同的市镇，交通要道上的市镇较为富庶，而真正的矿区市镇却一片赤贫。矿区的民众也缺乏读书的传统，所以很少有碑刻、族谱之类的文献产生与留存，而且矿区人员的流动性很强，因此在田野中我们也很少发现多代定居于此的乡民，村落中的长者所能提供的口述历史，上限大多不会超过晚清时期。这些导致了矿区区域史研究的困难，本文的粗疏之处，在所难免。

《区域史研究》2019 年第 2 辑（总第 2 辑）
第 155～175 页
© SSAP, 2019

军阀派系政治中的中央与地方：
1922年湖北省长更迭案探析[*]

张　超^{**}

摘　要：民国时期，地方疆吏人事更迭及任免牵涉各方利益，并为地方社会所关注。第一次直奉战争后，黎元洪复任总统，为张扬民权，遂颁布一系列省长令，其中鄂省以鄂人汤芗铭为省长。然汤氏赴任之路异常曲折，一方面直系军阀曹锟、吴佩孚态度并不明朗；另一方面湖北督军萧耀南明迎暗拒，湖北地方亦掀起迎拒风潮，并发生索印风波。在中央的多方斡旋下，汤氏毅然赴鄂上任。汤虽至鄂，竟又出现军阀萧耀南自兼省长这一蛮横之举，使得鄂省政潮日趋白热化。1922 年湖北省长更迭政潮，既折射出鄂省地方场域中的权力博弈与政治生态，亦可反映军阀派系对官僚体制运作的挑战。

关键词：省长问题　黎元洪　萧耀南　湖北地方

1922 年 7 月 29 日，《申报》发表了一篇题为"鄂事"的时评，在当时非常引人注目。这篇时评称："今鄂省长问题，结果如此，其内部

---

* 本文系 2016 年国家社会科学基金重大项目"近代中国工商税收研究"（16ZDA131）的阶段成果。

** 张超，华中师范大学中国近代史研究所博士研究生。

之不安，不问可知矣。一旦鄂事动，北方各省断不安然如旧也。政府何以必择汤以长鄂，迎汤拒汤之徒何以各出死力以争如此，鄂督何以于汤抵鄂之日而突兼省长。此其原因，非局中之人无由推测，然而其局中之争烈矣。"[1] 由时评不难发现，鄂省突发督军自兼省长事件，不仅引发了鄂省政潮，甚至牵涉北方政局变化，并有愈演愈烈之势。揆诸情理，省长案发生，地方军阀虽有实权，但多还顾及中央威信及脸面，不至公开违背中央意旨，而鄂省竟出现上述一幕。

民国肇建，省制问题仍不啻"中国政治问题中之大症结"，成为各派势力争权夺利的政治杠杆。毫无疑问，省制的构建其实是在新政体下规范各方政治力量的利益。就地方言，省制的表达与实践必然要求诸一省之具体的政治行为，而省级政治中又以省长问题最为地方社会所关注。"省长是地方政治重心，在行政主导的政治制度下，掌握了全省最高行政机构，就取得了号令全省的资格。"[2] 自1916 年袁世凯去世后，皖系主政北京政府，中央权势及其对各省控制力日趋变弱，军政力量控制省政，省行政长官趋于成为军政长官的附庸，省议会成为摆设和利益角逐场。因此，"军阀政治体系受到规范政治制度的制约是很少的"。[3] 同时，伴随自治运动的兴起，各省纷纷提倡军民分治、省长民选，以图践行民主共和精神。质言之，在中央衰微、军阀势力坐大、自治力量发展等多种因素的交织作用下，省长问题日趋复杂。

有关民国省长问题，学界已有一定关注，或从省制构建层面论及省长民选及省自治问题，或注目于省议会与省长的矛盾冲突引发的政潮，

---

① 冷：《鄂事》，《申报》1922 年 7 月 31 日，第 1 张第 3 版。
② 丁旭光：《变革与激荡——民国初期广东省政府（1912～1925）研究》，世界图书出版公司，2010，第 75 页。
③ 美国学者齐锡生在《中国的军阀政治（1916～1928）》一书中，把 1916～1928 年的中国看成一个国际体系，各派军阀在一种"权力均势"的体系中博弈，军阀之间的相互关系才具有真正的意义。

或聚焦于省长与督军因权力争斗引发的纠葛，但较少从督军、中央与地方社会的联动关系切入。[①] 有鉴于此，本文期冀以 1922 年湖北省省长事件为个案，考察民初军阀派系对于官僚体制运作的挑战，亦可窥探鄂省地方场域中的权力博弈与政治生态。

一　湖北省长事件及人选之争

第一次直奉战争后，直系军阀曹锟、吴佩孚掌控中央政权，形成了"直系即中央"的政治局面。[②] 当时，民国大总统为安福国会选举之徐世昌。徐为北洋元老，自 1918 年担任总统后，"以文临武，周旋于各派军阀斗争之中"。[③] 此番直系登台，以"恢复法统"为名逼迫徐氏下台，并扶植前总统黎元洪上台。徐知大势已去，遂主动辞职。此后，"国务院代表高恩洪到天津迎接黎元洪复职，吴佩孚等亦通电请黎入京"。[④] 1922 年 6 月 11 日，黎元洪复任大总统。[⑤] 黎氏二次上台，不愿再任徒具虚名之总统，而直系不过把其当作政权过渡的工具，政府的一切大政方针必须听命于曹、吴。这种格局自然在黎元洪与直系军阀之间产生了权力之

---

① 代表性论著有：朱英《民国时期省议会与省长之间的冲突——以江苏省议会弹劾省长案为中心》，《江苏社会科学》2007 年第 1 期；刘宗灵《地方场域中的权力博弈——以民初江西民政长事件为个案的考察》，《浙江学刊》2009 年第 2 期；丁旭光《变革与激荡——民国初期广东省政府（1912~1925）研究》，世界图书出版公司，2010；陈明《民国初期的政体选择：省制构建及其问题（1912~1928）》，博士学位论文，中山大学历史系，2012；郭从杰、李良玉《1921 年安徽省长人选政潮探析》，《阜阳师范学院学报》（社会科学版）2012 年第 6 期；霍龙飞《1920 年苏鄂两省省长更动风波》，《历史教学问题》2014 年第 4 期；彭毅鹏《1919 年广东省长更迭风潮及"三罢"运动研究》，硕士学位论文，广东省社会科学院，2015；朱英、张超《论 1920 年湖北省长人选问题引发的政潮》，《江苏社会科学》2017 年第 1 期；徐杨《近代中国省政研究：以浙江省为中心的考察（1900~1937）》，博士学位论文，华东师范大学历史系，2017。
② 来新夏：《北洋军阀史》，东方出版中心，2016，第 723 页。
③ 刘楚湘：《癸亥政变纪略》，《近代史料笔记丛刊》，中华书局，2007，第 17 页。
④ 朱峙三：《朱峙三日记》第 4 册，国家图书馆出版社，2011，第 251 页。
⑤ 《黎黄陂已入京就职》，《申报》1922 年 6 月 12 日，第 2 张第 7 版。

争，而且很快就在省长问题上显现出来。① 黎力主废督，先后颁布了一系列省长令，如任命高凌霨为直隶省省长，王永江为奉天省省长，张绍曾为陕西省省长，张其锽为广西省省长，② 王瑚为山东省省长，韩国钧为江苏省省长。与此同时，湖北省省长更迭亦在酝酿中，且甚嚣尘上。

回溯湖北政局，自 1915 年 12 月王占元正式主政以来，因其重用鲁人、镇压荆襄自主、操纵省议会，鄂人已多有不满。此后，又因 1920 年湖北省省长政潮及大规模兵变潮，③ 鄂省各地爆发了驱王运动。及至1921 年湘鄂战争后，北京政府免去了王占元各职，任命吴佩孚为两湖巡阅使，萧耀南为湖北督军。④ 至此，湖北纳入直系曹锟、吴佩孚势力范围。适时，鄂省自治运动高涨，主张"鄂人治鄂"。萧为鄂人，⑤ 其督鄂自然符合鄂人社会心理，成为"鄂人治鄂"的象征。萧督鄂后，对地方势力如将军团孙武、石星川、哈汉章等人，委以公管企业经理、副经理等职；对武汉商界人士如徐荣廷、周星棠、吕伯超等也都聘为顾问，尽量安抚。⑥ 至于省长易人一事，萧则两电政府，请维持现状，暂缓变动。

湖北省省长原为刘承恩，⑦ 鄂人多有不满，⑧ 其因有三。一是自治

① 来新夏：《北洋军阀史》，第 743 页。
② 《第一批发表四省长之经过》，《申报》1922 年 6 月 21 日，第 2 张第 7 版。
③ 详情见朱英、张超《论 1920 年湖北省长人选问题引发的政潮》，《江苏社会科学》2017年第 1 期；张超《民国时期湖北"武宜兵变"研究（1920~1921）》，硕士学位论文，华中师范大学近代史研究所，2017。
④ 「湖南軍ノ湖北進撃並ニ王占元ノ失脚」（1921 年 9 月 20 日），Ref. B02130892600，支那情報第十三号（情 - 58），外務省外交史料館。
⑤ 萧耀南系湖北黄冈人，初以教蒙馆为业，后到武昌新军第八镇工兵营当兵，从此步入军界、政界，并逐步发迹。萧追随曹锟，先后任第三镇参谋长、标统，1920 年直皖战争后，升二十五师长。1921 年湘鄂战争爆发，萧率部回鄂，执掌鄂事。
⑥ 涂文学主编《武汉通史·中华民国卷》上册，武汉出版社，2006，第 38 页。
⑦ 刘承恩系湖北襄阳人，行伍出身。早年入清军服役，曾在广西提督苏春元属下任管带、统领官等职。1916 年 10 月，在军阀陆荣廷支持下出任广西省省长。1921 年 3 月至 1922年 7 月任湖北省省长，并被授为将军府承威将军。详情见李盛平《中国近现代人名大辞典》，中国国际广播出版社，1989，第 173 页。
⑧ 需要说明的是，本文所指鄂人，多为湖北地方上层，如地方自治团体、省议会、旅京团体等。

问题。鄂省曾设自治筹备处，县设筹备员。刘氏到任，便裁减筹备处经费，取消筹备员。二是财产问题。刘氏擅自挪用未列入预算的财政款项，又假借官钱局公款。① 三是选举问题。"选举理应公开，刘却专守秘密，对于各县选民数额任意增减。"职是之故，北京鄂事平治会曾向政府请愿，要求罢免刘承恩，并提出新省长人选应具备三个条件：（1）鄂省本籍人；（2）精明强干，素无党派而孚乡望者；（3）曾为驱王效力，可以得湘鄂自治军之同意。② 湖北省议会平社议员亦请求驱刘。③

自王去萧来，鄂人以为刘必被撤，萧却维持现状。在萧看来，鄂省局面尚不稳定，此时更换省长容易引发政潮，故致电黎元洪，表示"既非拥护旧人，亦非于继任之人有所不满。只希望得一鄂人，与之共事，以后进行民治，少所抵牾"。④ 其实，萧还是在为自己做打算，"若换省长，曹、吴难免不提出人选来；湖北籍人中有做省长资格的人很多，用甲则得罪乙。新省长未必有刘承恩这样听话，所以不如照旧"。⑤ 此后，鄂省自治团体又在武昌、汉口开驱刘大会，商讨驱刘办法。⑥ 因中央始终未有明令，刘氏继续维持省长地位。

此番黎氏再度执政，鄂人更不能容刘。湖北旅京实业协会认为，刘为湖北自治之障碍，如若不去，"不但全省政治无改进之理，鄂人且将

① 《刘承恩免职后之狼狈》，《晨报》1922 年 7 月 13 日，第 2 版。
② 《王渐槐等要求罢免刘承恩并提出长鄂条件快邮代电》（1921 年），天津市历史博物馆藏《北洋军阀史料·黎元洪卷·五》，天津古籍出版社，1996，第 269 页。
③ 《湖北省议会平社议员请撤销刘承恩省长职函》（1921 年），《北洋军阀史料·黎元洪卷·五》，第 277 页。
④ 《萧耀南陈述鄂人长鄂问题函》（1921 年 10 月 13 日），《北洋军阀史料·黎元洪卷·五》，第 266 页。
⑤ 卢蔚乾：《北洋时期湖北的省长更迭及"鄂人治鄂"》，中国人民政治协商会议湖北省委员会文史资料委员会编《湖北文史资料北洋军阀统治湖北》第 2 辑，湖北人民出版社，1989，第 31 页。
⑥ 《湖北各县市自治联合会驱逐省长刘承恩大会传单（印件）》（1921 年 12 月 20 日），内务部档案，中国第二历史档案馆藏，全宗号：1001（2），案卷号：241，第 7～8 页。

同坠地狱苦海，永无自拔之机会"。① 省议会平社议员致电黎氏，要求惩办刘氏。② 旅京同乡亦向国府请愿，罢免刘氏。③ 黎为鄂人，"乡人纷请罢刘，碍难再拂鄂人公意"。就黎言，其对刘早有不满。王占元督鄂时，曾力保刘承恩为省长，"以塞鄂人治鄂之口"。黎氏"劝刘勿为王所利用"，④ 刘不听，竟回鄂就任。当然，黎亦有所图谋。此次复任总统，并不甘做人傀儡，遂倡导废督。废督之计，不过与军民分治一脉相承。同时，鄂省乃黎氏发迹之地，其希望通过更迭省长，以掌控鄂省政局。另外，萧对刘态度也有变化。萧主政湖北，声明不干涉民政。刘则以省长自居，"今日调知事，明日换差缺，令人莫知其所以然"。⑤ 这就引起萧诸多不满。

质言之，总统黎元洪、督军萧耀南、鄂人在撤刘问题上基本趋于一致，但对于省长继任人选却多有分歧，大致说来，可分为拥汤、拥萧、挽刘三派。

拥汤派力主汤芗铭继任湖北省省长。⑥ 该派在中央以黎氏、部分鄂籍国会议员为主，在地方则有汉口各团联合会、汉口总商会、汉口市区

---

① 《湖北旅京实业协会朱序梁等控告湖北省省长刘承恩罪状的文书》（1922 年 6 月 5 日），总统府军事处档案，中国第二历史档案馆藏，全宗号：1003，案卷号：369，第 1～3 页。
② 《廖秩道等请惩办刘承恩何佩瑢营私舞弊呈》（1922 年 6 月），《北洋军阀史料·黎元洪卷·五》，第 280 页。
③ 卢蔚乾：《王占元、萧耀南把持下的湖北政局》，政协武汉市委员会文史学习委员会编《武汉文史资料文库政治军事卷》第 1 辑，武汉出版社，1999，第 124～125 页。
④ 《鄂省长更动之因果》，《新闻报》1922 年 6 月 21 日，第 2 张第 2 版。
⑤ 刘氏为整顿民政、财政起见，以通令致各道道尹、政务厅厅长暨各税关监督、财政厅厅长，凡知事与厘局、税局、财政局所局长所长不称职及舞弊者，准由各关监督暨财政厅厅长随时查明，呈请省长撤换，择保贤能接替。详情见《鄂省政海之潮声》，《新闻报》1921 年 11 月 27 日，第 4 张第 2 版。
⑥ 汤芗铭系湖北浠水人。早年就学于福州船政学堂，后被选派到英国学习海军。归国后历任镜清舰机长、南琛舰副舰长、海军统制萨镇冰副官。民国后，担任海军部次长兼北伐军海军总司令等职。1913 年任湖南查办使、湖南督军兼民政长，次年改任督理湖南军务。其在湖南任内屠杀百姓，有"屠夫"之称。1916 年 7 月，被湖南民众驱逐，后依附直系军阀，任汉口商埠建筑督办。详情见王新生、孙启泰《中国军阀史词典》，国防大学出版社，1992，第 197 页。

自治筹备事务厅、汉口市政学会等团体之支持。① 当然，亦不乏反对者，如旅京湖北同乡认为"省长一职，综管民政关系，非有老成、富于政治知识之人"不能胜任。就汤言，袁世凯称帝时，首先劝进称臣，为鄂人所反感。汤又是海军出身，不谙政治，值此"民治潮流澎湃之日，自宜引用政治长才"，适应潮流。此外，湘鄂素来和睦，汤氏担任湖南督军时，感情即不融洽。"若汤又执鄂政，更必发生重大恶感，小则引起湘鄂之冲突，大则妨害南北之统一。"②

　　拥萧派则以湖北军界为主，③ 主张废督，由萧继任省长。自黎氏倡导废督以来，各省闻风而动，如江西督军陈光远、浙江督军卢永祥。受潮流所迫，萧曾开废督讨论会，自请废督。④ 该主张为鄂人反对，原因有三：一是萧虽隶属鄂籍，"不过仅挂空名，实际与鄂省毫无痛痒关系"；二是"除萧一人外，督署中自参谋长以至一切课员，几无鄂籍之人。如果易督署为省署，则鄂人吃苦，益不堪问"；三是若废督，萧必以己为省长，而仍不解兵权。⑤

　　挽刘派以省署职员为主，支持刘承恩留任，其一面派员入京，联络府院及旅京同乡会方面，一面致电直系曹锟、吴佩孚，寻求支持。又派人疏通省议会议员，"请勿乘危攻击，并许以利益条件，崇正派议员概委差缺，平社议员每人津贴五百元，作下届选举运动费"。⑥

　　上述三派以拥汤派声势最为浩大，运动最力。6月30日，该派国

① 《汉口陈步云等电》（1922 年 6 月 27 日），内务部档案，中国第二历史档案馆馆藏，全宗号：1001（2），案卷号：279，第 71~75 页；《汤芗铭长鄂之迎拒电》，天津《大公报》1922 年 6 月 24 日，第 2 张第 3 版。
② 《鄂人反对汤芗铭长鄂》，《申报》1922 年 6 月 29 日，第 3 张第 10 版。
③ 军界方面以将军团为主，其成员计有唐春鹏、石星川、孙武、熊祥生、吴兆麟、应龙翔、陈士可、覃师范、蔡汉卿、傅楚材、杨缵绪、哈汉章等。该团成员多为萧在将弁学堂的同学，由萧向黎元洪一律保荐为将军府将军。
④ 《萧耀南亦拟废督后为省长》，《晨报》1922 年 7 月 6 日，第 3 版；《萧耀南之省长热》，天津《大公报》1922 年 7 月 7 日，第 2 张第 3 版。
⑤ 市隐：《北京通信》，《申报》1922 年 7 月 11 日，第 2 张第 6 版。
⑥ 《五光十色之鄂省长潮》，《新闻报》1922 年 6 月 27 日，第 2 张第 2 版。

会鄂籍议员韩玉辰、陈邦、范熙壬等赴保定、洛阳谒见曹、吴，一致请求驱刘，并由汤继任。① 当时，北洋政府实行责任内阁制，省长任免案应交内务部部长提请内阁会议讨论，经阁议通过，大总统才能发布任免令。② 7 月 3 日，该派访问内务总长张国淦，催促将任免令提交阁议，③但其借故推脱。④ 张表示鄂人多不满汤，若发表后，"引起重大反响，转致不可收拾，故主张暂缓发表，先疏通反对者，以期减少波折"。黎氏则认为"鄂人意见绝不一致，或迎或拒，皆私心上之作用，欲求一全鄂欢迎之人，殆不可得"，汤氏既有一部分人拥护，不妨令其前往接任。"如果到任后，措施不能满足舆望，尚可再任撤换。"⑤ 此后，内阁会议召开，黎表示将以人民资格主持去刘任汤，⑥ 议案遂通过。6 日，汤芗铭被正式任命为湖北省省长。

综上所言，因黎氏强势干预，汤氏继任令最终颁布。至此，省长更迭问题似已结束。黎氏之所以支持汤，因与其为同乡，又同为海军学生出身，素有交情。袁世凯垮台后，汤始终支持由副总统黎元洪继任大总统，故黎内心对汤极为感激。此外，汤曾隶籍军界，与萧亦为同乡。汤担任湖南都督时，曹锟为第三师师长，萧耀南为参谋长，吴佩孚为副官长，驻防岳州，四人互有交际。鉴于此，黎认为直系不至于公开反对。

二　围绕汤赴任之博弈与索印风波

尽管中央任命汤芗铭为新省长，但并未根本解决省长人选政潮。各

---

① 《旅京鄂人之驱刘运动》，《晨报》1922 年 7 月 1 日，第 3 版。
② 卢蔚乾：《北洋时期湖北的省长更迭与"鄂人治鄂"》，中国人民政治协商会议湖北省委员会文史资料委员会编《湖北文史资料北洋军阀统治湖北》第 2 辑，第 32 页。
③ 穆：《北京特约通信》，《申报》1922 年 7 月 10 日，第 2 张第 6 版。
④ 一说张国淦自己想做省长，所以迟迟不肯提出湖北省省长任免之议案。
⑤ 《鄂省长明令发表之经过》，《晨报》1922 年 7 月 7 日，第 2 版。
⑥ 《国内专电》，《申报》1922 年 7 月 8 日，第 1 张第 4 版。

方又围绕新省长赴任展开了博弈，使此次纷争进入了一个新阶段。

汤芗铭掌鄂令虽公布，但纯为"黎氏个人所主持，命令发表以前，完全未取得直派之同意"，故为获得曹锟、吴佩孚支持，汤不得已自行赴保定、洛阳接洽。汤先到保定，"曹以病挡驾"；① 后至洛阳，吴认为鄂政界反对甚力，应暂缓赴任。② 其实，早在命令颁布前，曹就曾致电府院，反对汤芗铭掌鄂。③ 吴亦致电国务院，警告"南北尚未统一，封疆大吏不宜大肆更张"。曹、吴拒汤，有如下考虑。第一，鄂省素为直派之饷源，④ 战略地位重要。如汤掌鄂，则鄂省财政收入恐非直军所有。⑤ 第二，曹锟早有做总统之野心。黎元洪资历、声望比曹高，曹担心大总统改选时，黎会连任。汤与黎是湖北同乡，此次又是黎主张发表的，汤肯定会帮助其竞选。⑥ 第三，湘鄂战争后，吴佩孚与赵恒惕订约和好，且有湘鄂联防之协定。汤与湘人结怨甚深，曹、吴担心汤若掌鄂，湘人必与鄂省绝交，湘鄂联防之局面将破裂，南北大局必受其影响而愈趋复杂。⑦ 总之，直系方面认为"汤氏长鄂于现状不适，若不根本实施一番规划，终无以善其后"。⑧

当汤继任消息传至湖北，地方势力以趋向利害之不同，有迎汤派、拒汤派之对峙。⑨ 迎汤派以省议会平社议员、各界团体为主，主张服从

---

① 《国内专电》，《申报》1922年7月13日，第1张第4版。
② 《国内专电二》，《申报》1922年7月11日，第2张第6版。
③ 《国内专电》，《申报》1922年7月8日，第1张第4版。
④ 默：《李廷玉长赣》，《申报》1922年9月20日，第3张第11版。
⑤ 《鲁长问题将解决王瑚决可到任》，《申报》1922年8月31日，第3张第10版。
⑥ 卢蔚乾：《北洋时期湖北的省长更迭及"鄂人治鄂"》，中国人民政治协商会议湖北省委员会文史资料委员会编《湖北文史资料北洋军阀统治湖北》第2辑，第35页。
⑦ 惜静：《北京通信》，《申报》1922年8月1日，第2张第6版。
⑧ 中国社会科学院近代史研究所编《白坚武日记》第1册，江苏古籍出版，1992，第368页。此时，白坚武为吴佩孚所聘，任两湖巡阅使署和直鲁豫巡阅使署政务处处长，参与军机要务。
⑨ 前文所提之挽刘派，因省议会议员以刘氏挪用公款为由，于8日发出两电，一电致政府，一电致吴佩孚，务饬萧督将刘扣留，静待清算。挽刘派知刘万不可保留，遂加入拥萧派，以厚拒汤之实力。详情见《刘承恩免职后之狼狈》，《晨报》1922年7月13日，第2版。

中央命令。拒汤派以鄂籍军人团为主，^① 其以团体名义发出拒汤、拥萧电，如湖北农工商学会、湖北十属公民团分别致电府院、吴氏，反对汤继任；^② 湖北全省公民会、湖北自治讨论会推戴萧氏为湖北省省长。^③ 需要指出的是，该派函电多由官电发出，背后主事者为将军团人物，其假借民意，一面阻汤到任，一面劝萧兼任。

此后，两派继续开展迎拒活动。7 月 10 日，拒汤派召开会议，议决四项内容：（1）电请政府收回汤氏长鄂命令，否则即为政府弃鄂，鄂人当谋自决；（2）致电汤氏，警告自行辞职；（3）派人赴汉车站，阻汤南下到汉；（4）组织队伍，准备拒汤旗帜，在武汉游行，促一般人注意。同日，迎汤派亦开会，决定电请汤氏迅速就任，并推派代表向萧及曹、吴请愿，^④ 又派代表谒见萧，请其顺从民意，促汤即日南下。^⑤ 13 日，拒汤派先至省议会请愿，请议员一同前往省署要求刘承恩交出省长印信，崇正派议员李德寅、翁举安等允其请。^⑥ 其实，拒汤派行动已先获该派支持。此派议员原为王占元豢养，王下台后，又多依附刘承恩。拒汤派因欲实行萧兼任之计划，不得不联络一部分省议员，以厚己派之实力。崇正议员"以权利相结合者，见有活动之机会"，遂与拒汤派采取一致行动。故到会请愿，"不过一形式，以敷衍外人之耳目"。^⑦ 随后，拒汤派至省署，请刘交出印信。就刘言，此时如芒刺在背，只希

---

① 多系军署差遣、顾问、咨议等。

② 《湖北公民拒汤之激昂》，《申报》1922 年 7 月 12 日，第 3 张第 10 版。

③ 《鄂人拒汤芳铭长鄂之电》，天津《大公报》1922 年 7 月 13 日，第 2 张第 2 版；《鄂自治会请改任萧耀南为省长》，《京报》1922 年 7 月 11 日，第 3 版。

④ 《鄂人拒汤迎汤之态度》（1922 年 7 月 12 日），武汉地方志编纂委员会办公室编《武汉民国初期史料（1912～1928）》，第 177～178 页。

⑤ 《国内专电二》，《申报》1922 年 7 月 13 日，第 2 张第 6 版。

⑥ 湖北省议会自成立以来，内部斗争一直相当激烈。王占元督鄂时，其分为两派，一派为议员俱乐部，一派为广益俱乐部。后因 1920 年湖北省省长人选政潮，议会分为平社与崇正俱乐部两派。平社以议长屈佩兰、副议长刘楫为代表，为文治派中之极端倒王运动者；崇正俱乐部以副议长李德寅为代表，此派议员多依附王氏，势力较大。详情见刘挫尘《鄂州惨记》，交通印书馆，1922，第 92～93 页。

⑦ 《鄂省长风潮之澎湃》，《新闻报》1922 年 7 月 17 日，第 2 张第 2 版。

望早日离开，自然表示赞同，乃派员护送省长印信与请愿团齐往督署。① 至督署，该派请萧暂收印信。萧因"中央无兼任明令"，且"旅京之乡绅不大推崇，而鄂方又无正当团体拥戴，仅凭少数人之请求，就冒昧接受，恐难免以后之反响，或致原有位置亦因之不稳"，故坚决不允，并表示"汤长鄂已见明令，无论如何应听中央及曹吴两使主持，护理省篆，于理实有不合"，② 乃决定将省印暂留省署，由专员保管。迎汤派闻拒汤派之行动，也派代表谒见萧督，力斥该派行为之非法，请萧勿予接受，并再请督促汤早日接任。③

鉴于省长政潮越发扩大，萧为自辩，一面致电中央，说明鄂省政潮情形，请汤早日就任；一面通知警察厅，禁止为省长问题开会或游行。16 日，萧分别致电鄂省各地方，通告公民送印经过，并声明在省长问题未解决前，省署政务仍由省长刘承恩及政务厅厅长办理。④ 当然，萧虽拒绝接印，但省署民政公文均送交督署，"由萧派人将公文逐件检阅，又均经萧谕令，以两长会衔名义发出"。⑤ 由此可见，萧实已行使省长职权。

汤氏因未获曹、吴之同意，于 16 日返京向黎氏陈述到任困难之情形。黎极不以为然，特派公府咨议卢静远赴鄂从事调停，表示汤若能到任，前事不再追究。又令汤早日赴鄂接任，若吴、萧必欲拒绝到底，则与汤同去留。19 日，旅京鄂人因担心鄂省政治上发生不良影响，特在湖广会馆开会，讨论促汤迅速赴任办法。会议议决四项内容：（1）公举代表分谒府院；（2）由该代表等赴汤宅，面为敦促；（3）分电曹、

---

① 一说刘因请愿团人太杂，恐途中发生意外，仅将印信空盒捧出，派监印官黄理章及武昌县知事李承修护送至督署。又备一咨文，谓前日公民团请愿，要求将印送交督署，今日又聚众千余人来署，逼令将印交出，特此备文，将湖北省长印咨送督署，即请查收。
② 《鄂省拒汤派索印之怪剧》，《申报》1922 年 7 月 16 日，第 3 张第 10 版。
③ 《鄂省长风潮之澎湃》，《新闻报》1922 年 7 月 17 日，第 2 张第 2 版。
④ 《湖北省长纠葛未了》（1922 年 7 月 20 日），武汉地方志编纂委员会办公室编《武汉民国初期史料（1912~1928）》，第 178 页。
⑤ 《鄂长风潮之不易解决》，《申报》1922 年 7 月 21 日，第 2 张第 7 版。

吴及萧，表示该会意见；（4）致电武汉各法团，请其一致敦促。① 同日，中央接湖北省议会会长屈佩兰与武汉各团体电，请汤早日莅任。② 21 日，黎氏以"为谋鄂省全体人民之幸福"，敦促汤氏早日赴任，并表示若有困难，"当以全力为后援"。③ 中央亦派李济臣与金永炎赴洛，为汤氏说情。④ 湖北旅沪同乡会也分别致电中央与湖北省议会，欢迎汤芗铭长鄂。⑤ 上述情形表明，支持汤氏赴任的呼声越发浩大。鉴于各方压力，汤氏明确表示 27 日南下赴任。⑥ 此讯传至鄂省，迎拒两派均急忙准备，以争最后胜利。27 日晚，迎汤派集合于汉口商场督办处，妥商欢迎办法。拒汤派亦在武昌开会，决定收买公民，武力挡驾。⑦ 萧氏担心两派斗争过烈，于己不利，除派军队实行干涉外，又颁取缔令，不准其集众游行。⑧ 29 日上午，两派聚集大智门、刘家庙两处车站，互相对峙，大有决斗之势。汤氏为安全起见，在湛家矶车站提前下车，前往汉口商场督办处暂驻。至此，汤氏赴任之事告一段落。

　　整体上看，围绕汤氏赴任一事，除直系方面态度不明朗外，鄂省地方也存在迎拒之风潮，并发生索印怪剧。综观迎拒两派之争斗，究其实际"不外为觊觎省长者作傀儡"，牵涉利益之争，而解决问题关键则在督军萧耀南。《申报》就指出，"萧第一希望自兼省长，即不能自兼，

---

① 《旅京鄂人催汤芗铭赴任》，《新闻报》1922 年 7 月 22 日，第 2 张第 1 版；《旅京鄂人催汤芗铭赴任》，《申报》1922 年 7 月 22 日，第 2 张第 7 版。

② 《鄂法团又催汤芗铭赴任》，《晨报》1922 年 7 月 21 日，第 3 版。早在 15 日，省议会平社议员已分别致电府院及吴佩孚，请汤氏迅即赴任。详情见《湖北省议员联电欢迎汤芗铭》，《晨报》1922 年 7 月 18 日，第 3 版。

③ 《黄陂促鄂省长赴任》，《京报》1922 年 7 月 22 日，第 3 版。

④ 中国社会科学院近代史研究所编《白坚武日记》第 1 册，第 370 页。

⑤ 《旅沪鄂人欢迎汤芗铭长鄂》，《申报》1922 年 7 月 30 日，第 4 张第 13 版。

⑥ 《汤芗铭到鄂时情形》，《申报》1922 年 8 月 1 日，第 2 张第 7 版。

⑦ 拒汤派闻汤氏出京来汉，以时机迫切，稍纵即逝，故先期以金钱买收流氓、人力车夫及卖菜佣等（公民身价为之顿涨，每人一日须得工钱二串四百文），不下二三千人，以一队密布于汉口刘家庙车站，以数队分布于武昌江岸及省议会。详情见《汤芗铭到鄂后之烈潮》，《申报》1922 年 8 月 3 日，第 3 张第 10 版。

⑧ 《汤芗铭到鄂时情形》，《申报》1922 年 8 月 1 日，第 2 张第 7 版。

亦须以能听指挥之人任之。若既不能自兼，而又来一难以驾驭之人，当然不能放心，其必欲设法以拒绝者，实为意计中事。然稍顾名誉之人，又不敢显然反抗，于是勾通地方人士，假公民团体名义，以达其目的而自不露面者，往往而有。故今日之鄂公民，第致力于拒汤，而于拒汤外不顾及继往之人，则其结果未有不为督军傀儡者也"。① 由此可见，仅就结果言，迎拒两派之争的最大受益者实为萧。自索印风波后，萧实已掌民政大权，行使省长职权。然而，汤此时已到汉，萧又是否愿意放权？

三　督军自兼省长：军阀蛮横应对之举

屡经周折的汤芗铭虽抵鄂，但并不意味着省长政潮就此结束。29日下午，汤谒见萧氏，其避而不见。此时，拒汤派至督署请愿，请萧兼任省长。萧遂在督署召集军政机关长官及崇正派议员开紧急会议，议决即日自兼省长，并发布就职布告。该布告称：

> 照得湖北省长问题，酝酿日久，意见纷纭，本督军洽军乡邦，对于行政事宜，从不稍加参预，致遗出位之讥。近日以来，各界人士咸以省长虚悬，百务停滞，兼摄之寄，群推藐躬，谢绝百端，终不见谅，群情激昂，几莫能制，不得已徇公民之请求，于七月二十九日暂行兼任湖北省长职务，以维现状而安民心，除电请中央迅予解决外，特此布告。②

由布告可知，萧假借公民名义，兼任省长。8月1日，萧致电府院

---

① 默：《湖北之拒汤团》，《申报》1922 年 7 月 13 日，第 3 张第 11 版。
② 《鄂省长潮之新波折》，《新闻报》1922 年 8 月 2 日，第 2 张第 1 版；《汤芗铭到鄂后之烈潮》，《申报》1922 年 8 月 3 日，第 3 张第 10 版。

及保、洛方面，表示兼任省长，因服从民意，维持地方。"至根本的解决，在由湖北文治派中推荐稳健之人物承继，以符湖北之舆情。"① 此后，萧正式照会各国领事，表示兼任省长。② 又在省城颁布临时戒严令，并调军队保护省城。萧氏敢冒大不韪，于汤氏到鄂之日兼任，其因有三。一是或已先得保、洛方面同意。萧属直系，为曹、吴所器重。直系历来将湖北纳入其势力范围，以利于对别派军阀进行政治斗争、军事混战。③ 二是担心废督。萧曾言吾亦湖北人，汤亦湖北人；吾为军人，汤亦军人，汤能长鄂，吾亦何尝不能。④ 三是汤若就任，萧担心非其所能驾驭。

鉴于如此局面，汤氏于 7 月 30 日致电中央，表示"萧督暂行兼摄省长职务，似此违反真正民意，显抗中央命令"，⑤ 并派范熙壬、韩玉宸赴京请示。31 日，汤又致电黎氏，指出萧"伪托民意，肆意专横，形同独立。请中央早谋解决，以免酿成巨变"。⑥ 汤在汉分别宴请绅商各界与中外新闻记者，声明奉命长鄂，目的在于服务桑梓，并非为做官。⑦

汤氏既不能接任，中央又安能淡然。其先致电宽慰汤，"嘱其暂勿在汉设署，亦勿仓促离鄂，对于萧兼则绝对不能承认"，并致电诘问萧。当然，中央亦自知鄂长问题含有吴、萧之关系，鄂事根本解决不在鄂，而在保定、洛阳方面。31 日，中央派王怀庆前往洛阳疏通一切。⑧

---

① 《汤芗铭如何处分》，《京报》1922 年 8 月 3 日，第 2 版。
② 《萧耀南对外之照会》，《新闻报》1922 年 8 月 2 日，第 1 张第 4 版。
③ 倪忠文主编《北洋军阀统治湖北史》，湖北人民出版社，1989，第 195 页。
④ 《国内专电》，《申报》1922 年 8 月 4 日，第 1 张第 4 版。
⑤ 《汤芗铭到鄂后之烈潮》，《申报》1922 年 8 月 3 日，第 3 张第 10 版；《萧耀南已暂行兼摄省长矣》，《京报》1922 年 8 月 1 日，第 2 版。
⑥ 《汤芗铭报告萧耀南自兼省长拒其就任湖北省长呈》（1922 年 7 月 31 日），天津市历史博物馆藏《北洋军阀史料·黎元洪卷·五》，第 291 页。
⑦ 《萧兼省长后之鄂潮》，《申报》1922 年 8 月 7 日，第 2 张第 7 版。
⑧ 《鄂长问题无发展》，《京报》1922 年 8 月 2 日，第 3 版。

8月1日，黎氏又派金永炎赴保、洛征求解决的意见。① 吴则拟推荐汤
芗铭为海军总长，以图解决。② 曹亦致电汤，认为奉令履任，既为地方
拒绝，自应暂留汉上，静候政府解决。③ 自收到府院及曹、吴回复，汤
氏仍留汉口商场督办处，并申明未奉中央命令，决不离鄂。

　　一般而言，省长案发生，地方虽有实权，但多还顾及中央威信及脸
面，不至公开违背中央，而萧公然自兼，"事实上无异对中央宣告独
立"，所以舆论对其多有讥评。《申报》评论道："汤既奉中央政府任命
而来，则汤到之后，宜速交省长印于汤，迎其来而保护之，勿使有妨碍
接任之举动发生，则风潮自然平息。此以萧之责职言，理应如是也。即
不然而欲兼顾民意，认汤不合资格，则为萧计，宣一面切实声明不愿自
兼，一面请中央另简适当人物，谅中央亦未必坚执汤氏而一无转圜，则
风潮亦可平息。此以顾全大局言，理应如是也。若不如此，而欲借口于
从公民之请，攫而自任，置中央任命于不顾，则不仅无以平鄂人之愤，
且更无以全政府之体面，而鄂局将从此多事。"④ 由时评可知，鄂事解
决全在萧，其理应顾全大局，兼顾民意。另外，时人章太炎亦认为
"萧坐镇武昌，自谓服从中央命令，乃于中央所任省长，拒使不得到
任。纵汤芗铭不满人望，为督军者何得把持印信，擅兼民政，若非割
据，何以有此假令。省宪制成，各有规则，岂容洛阳、武昌为此越分侵
权之事"。⑤

　　与此同时，湖北地方也出现了不稳局面，各界态度不一，具体来
说，可分为三种取向。第一种反对萧兼任，认为汤既奉有正式命令，即

① 《汤芗铭如何处分》，《京报》1922 年 8 月 3 日，第 2 版。
② 吴曾电萧，已同曹锟联电保荐汤为陆军总长。详情见《汤芗铭宴武汉各团体数百人》，
　《京报》1922 年 8 月 4 日，第 2 版；《鄂省长争潮仍未解决》，《申报》1922 年 8 月 6 日，
　第 2 张第 6 版。
③ 《鄂省长潮中之京保洛三方要电》，《京报》1922 年 8 月 5 日，第 6 版。
④ 默：《再论鄂局》，《申报》1922 年 7 月 31 日，第 3 张第 10 版。
⑤ 马勇编《章太炎书信集》，河北人民出版社，2003，第 756 页。

无印亦属正当省长。① 该派以武汉各界团体、省议会平社议员为主。31
日,武汉各法团代表召开联席会议,会议表决四项办法:(1)由个人
亲自签名,对于本日所议决各项,负完全责任。(2)用书面并推代表
质问萧氏,何故收买下等流氓,伪造民意;何故用二十师卫队殴辱迎汤
公众;何故拒绝中央任命之省长而自行兼摄。(3)由各团体领袖联名
通电全国,宣布省长问题经过之实在情形,借以证明萧之伪造民意。
(4)声明省长印信,非由合法之省长使用,不生效力。同日,汉口各
法团联合会开会,并议决办法三项:(1)将少数退伍军人收买无赖当
街行凶情形,通电全国,以免传闻失实;(2)声明萧氏兼任省长,汉
口各团并未与闻其事;(3)汉口各团体一致吁请中央,速令萧督移交
省印,俾汤省长正式履新。② 省议会平社议员亦质问萧,是否服从中央
命令;兼任省长,是否系奉中央明令;是否故意与汤省长及中央为
难。③ 此后,武汉各法团致电府院,表示鄂事若长期延迟,"非独庶政
停滞,势必演出非常事变",恳请府院饬萧交出省长印信。④

第二种支持萧氏自兼,以军界、省议会崇正派议员为主。军界多为
将军团人物,以拥护萧长鄂为条件,谋求官职。⑤ 崇正派议员因"欲得
咨议头衔及月薪二百四十元",亦极力拥萧。⑥ 该派议员陈文钧致电政
府,宣称"萧督迫于公义,曲循众请,遂兼摄省长职务,为地方安全
计,务乞准令萧督兼摄"。⑦

第三种采取中立旁观态度,以商会为代表。商会往往以商人群体的
利益为导向,其出发点是维持市面稳定,因此其采取的策略更多是沟通

① 《鄂长问题无发展》,《京报》1922 年 8 月 2 日,第 3 版。
② 《萧耀南自兼省长后之烈潮》,《申报》1922 年 8 月 4 日,第 2 张第 7 版。
③ 《鄂省长争潮仍未解决》,《申报》1922 年 8 月 6 日,第 2 张第 6 版。
④ 《鄂省长潮最近之形势》,《晨报》1922 年 8 月 11 日,第 2 张第 1 版。
⑤ 一说萧兼任省长后,将任命曾尚武为警务处处长,石星川为江汉道尹,唐克明为官钱局
局长,傅人杰为造币厂厂长。
⑥ 《汤芗铭到鄂时情形》,《申报》1922 年 8 月 1 日,第 2 张第 7 版。
⑦ 《萧耀南已暂行兼摄省长矣》,《京报》1922 年 8 月 1 日,第 2 版。

与斡旋，充当中介的角色。8 月 2 日，湖北全省商会联合会、汉口总商会、武昌总商会开联合会，议决各推代表二人谒见萧督，质问对于省长问题真意。3 日，商联会代表吕逵先、蔡辅卿，汉口总商会代表万泽生、汪美堂，武昌总商会代表吕珩伯、盛伯常联袂谒见萧氏。随后，三团体联名电京，表示萧迫不得已兼任，并无希冀省长之心，请政府迅赐正当解决省长问题。①

上述三种取向，以第一种为主流。② 鉴于各方责难备至，外间又有罢工、罢市谣言，萧担心一旦实现，必致不可收拾，遂布告各界，表示对于省长"绝无丝毫希冀于其间，静候中央正当解决"。③ 又通令各县，声明兼摄"系暂时维持，其正当解决，仍应听之中央"。④ 8 月 6 日，萧氏在督署召集属僚会议，议决五项内容：（1）对于中央始终表示服从；（2）再电政府及曹、吴两使，务于一星期内将省长问题完全解决；（3）将兼摄系属权宜及急电中央迅予解决之实况，通告各界；（4）函请汤静待汉上，俟政府最后解决；（5）函知各报馆、通讯社，对于省长问题，不得捏故登载，以免摇动人心。⑤ 由此可见，萧虽掌控湖北政局，但因未获得中央方面批准的头衔，对政治、法理上的危机自然不敢等闲视之。有学者曾指出，地方实力派还想获得来自北京政府更高的认可，也还尚依稀保留着对儒家残迹的忠诚。⑥

另外，湖北旅外同乡对于萧耀南伪造民意、公然拒汤并自兼省长一事，深为愤慨。4 日，湖北旅京各界联合会在湖广会馆召开临时大会，

---

① 《萧兼省长后之鄂潮》，《申报》1922 年 8 月 7 日，第 2 张第 7 版。

② 需要说明的是，上述三派并不孤立。如议会平社议员曾于 7 日致电中央，痛斥拥萧派之崇正议员。详情见《鄂各公团联席会议之阳电》，《申报》1922 年 8 月 13 日，第 3 张第 10 版。

③ 《萧耀南表明心迹之布告》，《京报》1922 年 8 月 7 日，第 3 版。

④ 《萧兼省长后之鄂潮》，《申报》1922 年 8 月 7 日，第 2 张第 7 版。

⑤ 《鄂省长潮最近之形势》，《晨报》1922 年 8 月 11 日，第 2 张第 1 版；《鄂省长潮之近况》，《申报》1922 年 8 月 11 日，第 3 张第 10 版。

⑥ 〔加〕戴安娜·拉里：《中国政坛上的桂系》，陈仲丹译，江苏教育出版社，2010，第 16 页。

公推贺永年等 10 人为代表向府院请愿。5 日，代表谒见总统黎元洪，指出"萧之行为，尤属不法。其罪有三：一、公然反对中央命官；二、以鄂人而反对鄂人长鄂；三、伪造民意自兼省长。有此三罪，务请罢免萧"。黎表示"为中央威信、地方治安及个人之颜面计，决定坚持到底，决不收回成命"。① 旅京鄂人又致电吴佩孚，表示"萧擅兼省长，足滋全国之误会，请吴劝告萧氏，勿得如此，以维鄂省治安"。② 7 日，湖北旅沪同乡会致电府院及参众两院，请求"严命督军，迅将省长印信移交汤省长接任视事"，又致电湖北各法团，请求"电请中央，严令督军将省长印信移交汤公接收"。③ 此后，旅京鄂人又两度赴国务院请愿。④ 总理王宠惠于 12 日才召见鄂代表，代表提出"欲谋正当解决，非罢斥萧氏，促汤到任，不足以平此风潮"。王表示"免萧一层，关系重大，须要特别斟酌，至于促其交印一节，余决去电敦促"。⑤ 15 日，湖北旅京各界在湖广会馆召开全体同乡大会，议决推举王渐槐、贺永年等人携带呈文，赴国务院谒见总理，做最后之请愿。⑥ 尽管湖北旅外同乡迭次向中央请愿，但中央政府并无实际行动。在舆论看来，鄂人"为鄂事除向政府请愿外，无一他法，然而政府又何能为，政府权力不过一纸命令，既不为军阀所重视，则此外更有何能，鄂人但欲于请愿中求生活，不亦愚哉"。⑦ 其实，中央此时自顾不暇，因内阁改组问题与

① 《鄂人请愿罢免萧耀南》，《晨报》1922 年 8 月 6 日，第 3 版。有关鄂人罢萧之理由，详情可见《贺永年等就萧耀南阻梗汤芗铭长鄂请予罢免函》（1922 年 8 月 4 日），《北洋军阀史料·黎元洪卷·五》，第 294 页。

② 《旅京鄂人请吴佩孚劝告萧耀南》，《晨报》1922 年 8 月 8 日，第 3 版。

③ 《湖北旅沪同乡会拥汤两电》，《申报》1922 年 8 月 9 日，第 4 张第 15 版。

④ 10 日，旅京鄂人第二次请愿。适值国务会议，总理王宠惠不便离席，嘱将呈文留下，改日再见。11 日，旅京鄂人第三次请愿。王因八校索薪问题，与各校长在电话中接谈，不能亲见，乃命 12 日候讯。详情见《旅京鄂人赴院请愿》，《申报》1922 年 8 月 14 日，第 2 张第 7 版。

⑤ 《王宠惠与鄂代表谈话》，《申报》1922 年 8 月 15 日，第 2 张第 7 版。

⑥ 《旅京鄂人请愿罢萧》，《申报》1922 年 8 月 18 日，第 2 张第 7 版。

⑦ 默：《李廷玉长赣》，《申报》1922 年 9 月 20 日，第 3 张第 11 版。

曹、吴方面相对峙，故鄂事不得不陷于停滞。

至 9 月初，湖北旅皖同乡会致电吴、萧，请速令汤就职。[①] 湖北旅京同乡与鄂省各法团代表在湖广会馆开会。有代表指出，"此次政府任命汤芗铭长鄂，即抱有一种改造鄂省之希望，鄂人之欢迎汤省长者，亦亟欲民治之实行。汤久居汉口，迄不解决，终非鄂人之福"。[②] 此后，汤芗铭致电中央，谓"既奉明令来鄂，今未能就任，请明令免职"，[③] 但中央仍未下达明令。11 月初，黎氏召汤进京，汤见无法到任，政府又不为坚持，"今既有奉召入京之机会，亦乐得藉此下台"，[④] 乃离汉返京。至此，鄂省长政潮宣告结束。[⑤]

如上所述，萧耀南假借"民意"，自兼省长，引发了社会各界的轩然大波。武汉各界团体屡次致电中央，湖北旅外同乡亦多次向中央请愿。鉴于形势，中央不得不代为弥缝，多次催萧交印，又因解决鄂事的关键在直系之曹、吴，故多次派人与曹、吴斡旋。此后，中央因内阁改组问题，与曹吴方面多有龃龉，鄂事陷于停滞，汤氏终不能莅任省长。

结　语

北洋时期，虽然政局扰攘不安、社会经济紊乱，但在一定时期内由北京政府简任省长的原则仍保有形式上的尊崇。以往省长案发生，地方军阀虽有实权，但多还顾及中央威信及脸面，不至于公开违背中央意旨，而湖北地方竟出现督军公然自兼省长一幕。《申报》指出，"萧置

① 《鄂省长问题与川鄂战事》，《新闻报》1922 年 9 月 5 日，第 2 张第 1 版。
② 《旅京鄂人欢迎鄂省请愿代表》，《申报》1922 年 9 月 6 日，第 3 张第 10 版。
③ 《国内专电》，《新闻报》1922 年 10 月 12 日，第 1 张第 3 版。
④ 《汤芗铭突然赴京之内幕》，《申报》1922 年 11 月 9 日，第 2 张第 7 版。
⑤ 需要说明的是，汤虽走，但中央一直并未正式任命萧为湖北省省长。至 1923 年 10 月，曹锟贿选，担任总统后，武汉部分团体（多为将军团所收买）又致电中央，请萧兼任。曹从其请，于 1924 年 1 月 8 日正式改任萧耀南为湖北省省长。

中央任命之省长于不顾，不仅无以平鄂人之愤，且更无以保全政府之体面，中央将从此无任命省长之权"。① 该事件"开政治罪恶之先例"。②《新闻报》亦评论道："地方疆吏非经军阀之承认，不能到任也。如此则何必有总统，亦何必有政府。"③ 可以说，近代一直延续的中央与地方关系问题，在民初湖北这一具体场域中以较极端的权力博弈方式而体现出来。

如果进一步探究其根源，则毫无疑问与中国政治体制现代化进程的一波三折、始终发展不充分有着密切的联系。从制度结构来看，因调整与重构地方政治制度的法律规范没能产生，共和政体下的省政形成了一种多元力量互动的局面，省制的表达与实践存在着明显的疏离。从各省的具体运作来看，省政的民政体系受到另一个强权体系的制约，这就是军事集团的强大，形成了军阀政治，与规范之省制运作形成异构性龃龉。军阀政治有其自身的运作方式：大大小小的军阀割地自雄，其行动不易受制于最高政治领导人或领导机关的指挥。④

此次事件名义上是汤芗铭与萧耀南之争，实际却是军阀派系政治下中央与地方人事任免权的博弈。就中央言，军阀派系政治之下，中央虽有其名，其实也是一派。黎氏倡议废督，不过与其军民分治之主张一脉相承，本为遏制军阀势力之良策。为贯彻主张，黎颁布一系列省长令，其中鄂省以汤芗铭为省长，但该做法根本行不通。上述经其委派的省长，除直隶和江苏两省外，其他省长均未能或未敢到任。⑤ 就督军萧耀南言，鄂省为其势力范围，省长人选自然"一手把持，窥其意，终不容他人得酣睡于卧榻之侧"。就直系言，鄂省素为其饷源地之一，战略

① 默：《李廷玉长赣》，《申报》1922 年 9 月 20 日，第 3 张第 11 版。
② 《湖北最近之两问题》，《申报》1922 年 10 月 29 日，第 2 张第 7 版。
③ 《鄂省长问题》，《新闻报》1922 年 10 月 4 日，第 2 张第 2 版。
④ 尹红群：《民国时期的地方财政与地方政治：以浙江为个案》，湖南人民出版社，2008，第 26 页。
⑤ 汪朝光：《中国近代通史》第 6 卷，江苏人民出版社，2009，第 415 页。

地位重要，曹、吴自然不愿中央染指。由上可见，在省长更迭中，中央虽任命，但地方有迎有拒，其中反映的更是军阀派系对于官僚体制运作的挑战。中央权威受到冲击，地方被军阀视为势力范围，实际上是割据自治。值得注意的是，相比于其他省份，鄂省因地处南北冲突的中心地带，故该省省长事件牵涉的利益甚广，矛盾冲突更为激烈集中，督军的蛮横、地方社会的抗争与政府应对策略之间的张力也表现得更为强烈，具有较强典型性。

　　另外，湖北省省长事件亦反映了地方场域中的权力博弈与政治生态。省长问题历来为鄂省地方社会与督军所争执。早在 1920 年，鄂省就曾因省长问题引发政潮。时人指出，"盖以前之省长，几为督军之私物，非督军自兼者，即为督军之私人。然而省长为民政之官，自与人民有密切之关系，人民又乌肯默视。故如督军愿，则于人民有不利，如人民愿，则于督军又感不便，此所以将来必成为两方争执之点也"。[①] 而在此次事件中，鄂省地方倡导鄂人治鄂，并寄望以省长制约督军，以期军民分治。故中央任命汤后，湖北旅京公民请愿团曾"吁恳黎氏明令汤省长，须认定鄂人长鄂之本旨，以实行鄂人治鄂之精神，以维持鄂人生计之道"。[②] 当萧自兼省长后，鄂人更加反对，根本希望遵从中央指令，切实履行鄂人治鄂。然而，如此种种，根本无法落实到具体层面，这表明在军阀政治背景下，所谓本省人治本省、军民分治更多只是一种口号，这也体现了流行政治话语与实际权力运作的分歧。当然，萧虽独揽军政、民政大权，但其举动也引发了地方社会诸多不满，可以肯定的是，萧督鄂之路将越发艰难。

---

① 《省长问题》，《申报》1920 年 9 月 5 日，第 1 张第 3 版。
② 《鄂人吁请实行鄂人治鄂之呈文》，天津《大公报》1922 年 7 月 10 日，第 2 张第 2 版。

书　　评

《区域史研究》2019 年第 2 辑（总第 2 辑）
第 179～185 页
© SSAP, 2019

评《让历史有"实践"：历史人类学思想之旅》

王　洪[*]

张小军：《让历史有"实践"：历史人类学思想之旅》，清华大学出版社，2019。

一　引子

　　2003 年，《历史人类学学刊》创刊，张小军在第 1 卷第 1 期上发表了《历史的人类学化和人类学的历史化——兼论被史学"抢注"的历史人类学》一文，在文中就曾对历史人类学的相关问题进行了论述。他指出，"如果史学家学会提出人类学问题，而人类学家能够提出历史问题，并且这些问题既是历史学问题，同时又是人类学问题，它们就是历史人类学的研究"。[①] 如果我们说张小军对历史人类学的理解是基于"研究问题"的话，那么，刘志伟则是从"人"即"研究对象"出发来理解的。2018 年 6 月 9 日，刘志伟和赵世瑜、郑振满在北京语言大学举行了一场主题为"我们阅读历史，是为了更好地生活——关于'历

---

　　* 王洪，中山大学历史学系博士研究生。
　　① 张小军：《历史的人类学化和人类学的历史化——兼论被史学"抢注"的历史人类学》，《历史人类学学刊》第 1 卷第 1 期，2003 年，第 21 页。

史人类学小丛书'的对谈"的座谈会。会上，郑振满指出：其实我们现在想推动历史人类学，在某种意义上来说，是在寻找日常生活本身里面的东西，这其实是一个关于历史观念的问题。刘志伟直言道：自从有马克思主义以来，我们都强调要从"人"的生活出发，从"人"的活动出发……所谓的历史人类学，在我理解，是怎么样从这些日常生活的、看起是普通人的、非常零碎的一些活动或他们的一些习惯、他们做出的很不起眼……的东西中看到一个大的历史进程，看到我们人类社会的很多历史转变，或者说我们怎样形成一些对今天还能够产生影响的历史后果，又或者是明白这中间很多的历史逻辑，这个才是我们从日常生活去了解历史的本意。① 如果仅是从张小军该篇文章的题目来理解，实际上，在人类学的理路脉络之中，正恰如黄应贵所批评的：在人类学的脉络中，人类学与历史学的结合（或人类学的历史化）问题，与"历史人类学"如何成为人类学中的一个分支，是两个不同的问题。② 诚然，张小军对此也表示这是对历史人类学研究的"尝试"。③

二　历史的"实践"

张小军在《让历史有"实践"：历史人类学思想之旅》（以下简称《让历史有"实践"》）一书之中，分为四个部分来讨论"历史的实践"。以下简要介绍各部分内容，并对其中相关学术关怀进行简要陈述。

（一）内容简介

第一部分为"历史人类学"，共分三章，第一章主要爬梳历史人类

---

① 赵世瑜：《面目可憎：赵世瑜学术评论选》，商务印书馆，2019，第 31～33 页。
② 黄应贵：《历史与文化——对于"历史人类学"之我见》，《历史人类学学刊》第 2 卷第 2 期，2004 年，第 112 页。
③ 张小军：《让历史有"实践"：历史人类学思想之旅》，北京大学出版社，2019，"前言"，第 IX 页。

学的学术脉络，第二章讨论中国历史学学者的历史人类学研究，第三章讨论"华南学派"的研究旨趣。

第二部分为"历史的能动实践"，共三章。第一章以开元寺为个案，围绕寺祠之争，试图揭示和理解南宋以后华南的宗族化问题。第二章以介休源神庙为个案，围绕地方庙宇与国家，阐释地方协商治水与国家干预之间的历史过程，并由此分析治理规则变化背后的历史逻辑与后果。第三章通过对山西洪洞大槐树移民不同传说版本的分析，引入人类学"象征资本"再生产作为分析，提出了"文化内卷化"，讨论这种集体记忆如何成为"国家记忆"，即"国家化"的过程。

第三部分为"资本与象征实践"，共两章。第一章以北方天后信仰为个案，从文化资本的视角，探讨宋代以后贡粮漕运与天后信仰之关系，试图阐释沿海经济带形成的原因。第二章以阳村宗族在清末民初的转变为个案，探讨在王朝国家向民族国家的转变过程中宗族的历史命运，并从"象征资本"再生产的角度出发，洞悉民国的基层社会演变，认为民国时期虽实现了权力更迭，但实际上，旧有的观念却未能形成改变，这实际上是在固有的文化观念上制造出"新"的制度，对新制度的误解、象征资本的再生产，直接形成资源的瓜分与再分配等，并由此提出了民国败于"文化"的论点。

第四部分为"'文治复兴'与共主体实践"，主要围绕宋朝"文治复兴"来展开，共有三章。这三章主要都是在试图理解宋代以后华南社会出现的转变等问题。按张小军自己的解释，即一是宗族大规模的文化创造；二是民间信仰大规模的国家化；三是与上述相关联的民利主义的市场化政治。[①]

（二）历史何以有"实践"

在书中的任何一个部分，除了前言，我们几乎看不见关于"历史

[①]　张小军：《让历史有"实践"：历史人类学思想之旅》，第157页。

实践"的讨论。那么，历史何以有实践？不同的人对于"历史人类学"有不同的理解，进而导致了怀有不太相同或相似的研究旨趣。张小军在书中不断地强调他受到萧凤霞、刘志伟以及郑振满等学者的影响，这也是其研究内容以及研究旨趣多与"华南学派"的学者们有所重叠的原因之一。不得不承认的是，书中所提到的一些问题，也正是人类学学者和历史学学者所共同关注的焦点。同时，书中对研究问题的解读与回应，也多有创新之处。

但如果说该书各章都利用布迪厄和萨林斯等人的"实践"理论，难免有"硬套"理论之嫌疑，实际上，作者的创新之处主要还是在于对"实践"理论的把握以及对中国现实的深刻体会。顾颉刚先生就对历史学的研究者指出过"应该各各体验自己的生活"，[①] 作者虽然自谦认为自己对历史学的研究并不熟悉，但对其研究亦有启发之处。以第二部分第二章《治水之道——山西介休源神庙的个案研究》为例，这一部分事先交代了宋代以后山西水资源状况，提出了水资源争夺背后的社会逻辑，又通过对宋代《源神碑记》署名的统计，透析地方社会的治水组织形式，并从现存的县志与碑文之中，讨论这种基层组织的变迁，反思国家治理与地方自治之间的关系问题，学术关怀直指现代"河长制"，这些大概都是许多历史学学者所欠缺的。

历史何以有"实践"？这是一个有趣的问题，其实作者的理解主要还是倾向于"实践"上，因为该书开篇就花了很长的篇幅来解释"实践"的理论及其研究意义，但可能也因此而忽略了对于"历史"的理解。也正因为如此，才使得我们看见了虽然同时相互交流又颇为熟悉的学者们对于"历史人类学"又各自都有着自己不同的理解和研

---

① 顾颉刚：《民俗·发刊辞》，国立中山大学民俗学会编《国立中山大学民俗周刊》，国家图书馆出版社，2014，第 16 页。

究取向。独特的历史生产方式造就了不同的文化秩序,我们去理解不同的人们行为背后真实的文化逻辑,去发现不同时期不同人行为的动机,以及人们不断参与社会历史的创造与改变,这大概是历史的"实践"最为简要的表述。作者在书中提出的学术理念值得深思,但同时也值得反思推敲。比如作为"共谋"(accomplices)概念之衍生的"共主体"概念,是否真打破了大传统与小传统、中央与地方、国家与社会等二元概念? 另外,"共主体"是否真的存在? 如果"共主体"真的存在,关于它们的实践,如果没有文字记载,又该如何处理? 同时,也面临着如何解释共主体内部阶层之间有无认同,也或仅仅是"忠"的问题?

　　反过来,我们将"共主体"视为一种组织模式,那么其内部不同阶层之间是否存在相互模仿的行为? 从理性的功能论角度来讲,正如符平的研究所指出的,如果政府的内部决策没有给社会各利益群体提供表达他们利益诉求的均等机会和平台,那么庇护可以起到一定的作用,①反过来看,如果存在相互模仿的行为,那么我们假设存在一个"礼"的倡导阶层,在庶民化的过程当中,是否也存在未有实质内容而仅仅是表征的问题? 而这种表征,实际上就是为了寻求"庇护"。就珠三角的现象来看尤其如此,即使是在今天,鹤山与相隔一水的佛山,今之宗族与历史之记载也各有差别。如今鹤山地区倾圮的宗祠与历史上频发的"猺患"究竟说明了什么问题? 我们也需要进一步思考。回到该书,作者在第三部分的第一章——《天后北传与漕运贸易——一个文化资本的视角》——之中有过这方面的讨论,即不同的海神如何成为"天后"的过程。但是,需要指出的是,这种"成为"天后的历史背后,是否仅仅是为表征? 是否仅仅是通过"表征"来获得国家的庇护等一系列问题或许需要我们去反思。

———————————

　　①　符平:《市场的社会逻辑》,上海三联书店,2013,第186页。

三 说了很多，历史人类学究竟能"做"什么？

张小军在该书最后，道出了自己对"历史人类学"的看法，认为历史人类学具有很强的跨学科倾向，虽然不同的学者对历史人类学有不同的看法，但是历史人类学未来的发展，应该是"走向跨学科甚至去学科的历史研究"，让历史人类学能够不断地走下去。近年来，"历史人类学"一词似乎成为时髦，滥用危机自不待言，该书最后提出的关怀，又将所有的问题都拉了回去，当然也可以理解为作者对自己研究取向的解释。不过有一点很明确，那就是：历史人类学究竟要做什么这个问题已经不如历史人类学能做什么更引人深思了。

如果前辈们的讨论是"何以中国"，那么作为后辈，是否就该走遍中国，研究每一个区域（纵使区域可大可小），研究每一族群？这实际上有从研究问题到研究对象转变的危机。作者自然看到了这一点，所以才提出历史人类学问题应该是历史学与人类学学科之间共同关怀的"研究问题"的论断，而不去讨论研究对象的问题，这其实也应该是历史人类学研究的未来走向。研究历史人类学、历史社会，回到人与社会之中，我们又得回归到社会与人、历史与实践的讨论之中。在布迪厄那里，对于"社会世界于我"这个问题，即对于"何为社会"这个问题，是一个二重性的问题，即为"场域与习性"的问题；在涂尔干那里，是"社会与个人"的关系设问。[1] 张小军将场域等概念与"实践"一起提出来讨论历史的实践，其实是很不错的构思与想法，但同时我们也看到"历史实践"的文本限度，也是"能做什么"的限度。在具体的研究过程之中，我们也面临着如何处理"语言"等不同的问题，这并非

---

① 刘拥华：《布迪厄的终身问题》，上海三联书店，2009，第 211~212 页。

是在说历史人类学研究的不合适，而只是在说明历史人类学的研究也的确需要"去学科"化。作者的关怀是宏大的，这一点也体现在该书的书写内容当中，其中大多章节都是采取从唐宋之际到现代的长时段讨论方式，这一点却又是大多历史学学者特别是青年学者不敢轻易碰触的。历史人类学的思想之旅，依旧会继续。

《区域史研究》2019 年第 2 辑（总第 2 辑）
第 186～192 页
© SSAP, 2019

评《广州贸易：中国沿海的生活与
事业（1700～1845）》

陈鹏飞 *

〔美〕范岱克（Paul A. Van Dyke）：《广州贸易：中国沿海的生活与事
业（1700～1845）》，江滢河、黄超译，社会科学文献出版社，2018。

从 17 世纪末到鸦片战争爆发以前这一个多世纪的时间里，广州曾
经是中国对外贸易的唯一港口。广州贸易时期是清代海外贸易史上一个
重要的阶段，它对中国的对外贸易以及商品经济的发展等都产生了深远
的影响。这一时期西方国家的商船云集广州，中国的茶叶、丝绸等产品
第一次成为全球性商品被运往欧美各地，中国由此日益卷入世界市场之
中。因此，广州贸易问题始终是清代海外贸易研究乃至整个清代经济史
研究的关键问题之一。围绕广州贸易，不同时期、不同国家和地区的学
者撰写了大量相关专著与论文，他们往往聚焦于某一公司或者某一族
群，比如东印度公司、十三行或者各国商人的研究；或者重点关注某一
商品与手工艺品，比如茶叶、瓷器、漆器或外销画的研究；或者侧重于
商业发展对当时社会、文学、文化等方面的贡献研究；还有一些学者则
把目光放在了不同地理区域，比如澳门或广州的区域史研究中。然而，

---

* 陈鹏飞，中山大学历史学系博士研究生。

关于广州贸易本身的运作模式及其崩溃的原因则鲜少有人关注。2018
年 4 月，美国学者范岱克所著的 *The Canton Trade*：*Life and Enterprise on
the China Coast*，*1700－1845*（Hong Kong：Hong Kong University Press，
2005）一书的中文版《广州贸易：中国沿海的生活与事业（1700～
1845）》由社会科学文献出版社出版。这部原本成书于 2005 年的旧著在
沉寂多年以后重新引发了学界对于广州贸易的讨论。本书利用极为丰富
的多语种资料，通过对引水人、买办和通事等为贸易服务的特殊职业人
群的探讨，重建了广州贸易在 18 世纪至 19 世纪上半叶的日常运作。它
采用自下而上的方法，通过专注于实践和程序，而不是官方的政策和协
议，重新审视广州贸易最终崩溃的原因，并指出广州体制的致命弱点在
于它无法改变政策及其实际运作，以适应和保证长时期的商业活力。中
央对于财政收入的需求和朝廷官员无所不在的摊派索取导致了管理效率
低下、走私、腐败和其他非法行为。朝廷收入的增长掩盖了体制的缺陷
和日益猖獗的腐败与走私，上层官员既没有动力也没有可能去改变现有
体制。因此早在鸦片战争爆发以前，广州体制就已经走向了末路。

　　18 世纪初，广州贸易运作开始形成贸易规则，迅速发展为做生意
最具灵活性的地点之一。广州是重要的内河港口，便于获得内地补给
品、船只必备用品和包装所需的物料供应。广州还有数量巨大的手工匠
人群体能提供包括修缮商馆、修理外国船只等工作在内的服务。广州作
为一个内河港口，便于粤海关监督控制贸易。粤海关监督控制所有与外
国人打交道的中国人，可以命令在澳门的葡萄牙人介入，以调解争端。
所有这些谈判和控制机制，加上与澳门的特殊关系，以及地理上与澳门
毗邻等特点，造就了广州独特的贸易环境。从 1757 年到 1842 年，广州
是官方认定的中国外贸中心。官方法令只是把既成事实以法令的形式确
定下来。广州商人和官员在谈判和管理贸易方面的专业程度，再加上其
他方面的优势，使广州成为其他中国沿海城市无法比拟的地方，这标志
着在 18 世纪初广州已经成为中国的对外贸易中心。

　　设立在广州的粤海关管理着所有珠江三角洲的船舶，外国商船只有获得粤海关的许可才能沿江而上到达广州，这些商船必须遵循一系列程序才能通过沿途各关口。外国船只到达澳门以后，寻求引水人准备航行，引水人报告船只信息，并被送至广州的粤海关税馆。船只沿珠江从澳门航行到位于虎门的税馆，由胥吏核对信息，再将信息报给粤海关监督。文件齐备以后，船只开始从虎门溯江而上，两位海关胥吏会登船随行。船只到达并停靠黄埔锚地后，监察任务移交"官府"，由通事负责与外国商人商谈贸易细节，并安排丈量，以确定其所要缴纳的港口费数额。外国船只停泊黄埔以后不能再向上游航行，转由中国商人的"官印船"运输所有进出口货物。海关会对经过每一个关卡的舢板数量记录在案，这些信息使粤海关监督能够清楚每一艘船应上缴的费用总数。所有关税和费用缴清以后，发给"船牌"作为离开的许可证。所有这些措施都有助于使整个贸易标准化，同时促使贸易顺利进行。

　　广州体制建立在吃水深的帆船运输基础之上，这些船的航行必须经过一条长而浅的河道。因此，控制了珠江的导航（澳门引水人）以及深入通道的入口（虎门），也就控制了贸易。外国商船进入内河以后，外国人就必须依赖买办提供所有的日常供应，需要引水人引导船只在珠江航行，需要通事来处理日常事务。当外国人拒绝顺从而出现危机的时候，粤海关监督就撤走商人和引水人，并威胁滞留在口岸的外国人，这种局面会使利润面临风险。引水人、买办与通事均由官方颁发牌照，由粤海关监督选择和控制。由于引水人、买办和通事必须为其执照缴纳大笔款项，很多人不得不借钱来缴纳他们的牌照许可费。借贷利率很高，他们可能需要很多年才能还清贷款。虽然这可以使他们在其职位上勤奋工作，直到债务还清，但同时也促使他们在体制以外进行交易以获得额外收入。外部引水人和澳门引水人都直接参与了鸦片贸易，所以他们没有成为预期中的有效守卫。而 19 世纪 30 年代大型浅底汽船的到来则使澳门引水人丧失了作用，技术的发展突破了环境的限制。这些船在西江上快速航行，使虎门炮台失去了作用，并使粤海关监督失去了对谁可以来华贸易以及他们应该何时离开的控制权。这种权力的丧失削弱了广州体制的信用结构，粤海关监督不再能确保外国人在离开之前结清其账目。18 世纪 80 年代以后，由于地方官经常会找到借口在正常收费以外再增加额外收费，或捏造出一些新的名目来收取新的费用，买办费用急剧上升，由此导致了补给品黑市交易的出现。18 世纪 90 年代和 19 世纪初，通事和海关官员开始控制补给品黑市交易。粤海关监督可能知道但没有设法阻止，尽管这已违反了朝廷政策。朝廷也没有采取任何措施来打击这种对黑市交易的纵容，无人向朝廷汇报问题的严重程度。补给品买卖是粤海关一边安抚外国人，一边约束他们的管理机制的重要组成部分。补给品交易完全建立在信贷基础上，确保了船上的水手和贸易过程所需要的各种物资得到持续稳定的供应。买办费用的提高破坏了这一机制，于是商人找到了规避买办费的办法，导致了这一贸易控制工具的失效。

　　粤海关监督对中国行商索要的定期"贡献"和"捐赠"也推动了走私。1772 年，粤海关监督废除了过去允许商人在下季度开始前缴纳进出口关税的做法，改而要求所有关税必须在发放船牌之前缴清。这就把巨大的财政压力转移到行商身上。为了按时缴清关税，有些行商被迫向外国人借高利贷或垫款。这造成他们在 18 世纪 70 年代末累积起巨额的债务。当地方政府行政经费和预算不足以满足眼前需求的时候，行商商馆是当局找钱的首要选择。行商为了应对意料之外的规礼和抽税而建立了"行用"，但行用建立以后粤海关监督越来越依赖它。他们把它看作所需资金的来源，一有需要就从中榨取，极大地加速了它的消亡。1774 年开始，粤海关强制要求每一艘船的进口关税与出口关税保持平衡，以监控走私活动。行商要为任何未能抵充的资金承担责任。非法贸易为商人提供了一种对抗这些无处不在的索求的方法，因为非法贸易使他们的收入超出了粤海关监督的掌控范围。因此，即使在最好的年份，广州最著名的一些商人也都热衷于参与非法贸易。而在外国商船管理方面，随着来华外国船只越来越多，对粤海关监督而言要监察所有的官印船变得困难，于是粤海关将牌照的发放和关税的缴纳时间都固定化。外国商人也不再被允许随意离开，即使离开也必须经过西江水道，这就导致了西江上的海关官吏有了新的敲诈机会。同时，广州的关税征收一直存在大船占据优势而小船备受歧视的弊端，导致散商为逃避广州沉重的关税而开始卷入走私活动之中。

广州体制外部环境也在发生变化。19 世纪 30 年代中期，各大东印度公司停止了在广州的业务，散商开始团结一致。他们非常了解广州贸易的发展史，也清楚广州当局过去处理问题的方式。新闻媒体给了外商表达意见和想法的渠道。外国人在中国海岸发行的报纸上公开讨论如果中国不发生改变，就应该与中国开战的观点，每一个购买报纸的人都可以看到这些信息。汽船的到来打破了之前广州贸易的权力平衡。清政府并没有注意到外部环境的变化，而是继续依赖广州体制。外国人在中国沿海发行的刊物大多是免费提供给公众的，甚至行商也有订阅，但是这些问题在中国政府内部并没有引起多少波澜。因此在鸦片战争爆发以前，清政府没有采取任何反对措施来消解西方国家的战略优势。

最终导致广州贸易解体的则是各种走私贸易。外国商人利用挂旗艇的免税特权，将白银和奢侈品走私进中国，并用这些物品交换违禁品，把违禁品装运到停泊在黄埔港的船上，可以逃避掉出口税。由于购买茶叶需要大量白银，而鸦片可能是当时外商唯一能够便利获取白银的商品。英国东印度公司出售鸦片、印度纺织品给港脚商人，换取银钱购买茶叶。行商也积极参与鸦片贸易，因为能够获得更多的白银来购买茶叶，而且鸦片不需要缴税。很多中国人卷入鸦片贸易之中。中国渔民把外国船只引航到安全的走私锚地，在这些地方中国买办会给他们提供补给品。中国渔民、引水人和买办受雇把违禁品运到澳门和上游的广州。清政府对于大米的优惠待遇推动了珠江三角洲走私的增加，走私贩子在伶仃岛购买大米，他们的船作为"运米船"溯江而上，享受优惠以逃避广州的高额税收。他们利用从鸦片和大米上获得的利润购买回程货物，从而可以支付他们回程的费用。走私贩子可以获得回程货物意味着他们能够以更具竞争力的价格销售鸦片，反过来鸦片以较低价格出售会刺激更多的消费。粤海关人员经常隐瞒信息或篡改报告，以掩饰其纵容行为。许多船只要么没有被报告，要么只有在那些船被抓住并被成功地处置了违禁品以后才被报告。清朝官吏有时会要求外国走私贩子暂时转移到其他地方经营生意，以便他们向粤海关监督汇报情况一切正常。没有违禁品贸易产生的资金，合法贸易就不会如此广泛或持续地增长。因此，容忍这些非法活动符合粤海关监督的利益，茶业贸易也不受影响。因此，即使没有发生鸦片战争，广州体制因为其内在的溃败、腐化，也会无法持续下去，鸦片战争只是加速了这个体制的终结而已。

以往大多数关于广州贸易的研究主要以官方的通信、报告、信件和法令材料为主，仅仅满足于通过官方记载的制度和政策来理解广州贸易。本书充分利用了西方各国所保存的大量详细的有关行商、中国商人以及数以万计涉足贸易的其他中国人的账簿、合同以及欠条等材料，将广州贸易的研究从宏观的制度和政策层面拉回到日常贸易的具体环节之中，展现了广州口岸繁复的内部运作机制与结构，由此揭示了通常被认为以腐败和停滞为特点的广州体制背后，所掩盖的基本合理性与共同利益。不同于我们传统的认知，这一套贸易体制既方便控制外国人和贸易，确保外国人不对中国的文化习俗造成冲击；又能够形成竞争，避免商业垄断或价格固定，以免外国商人不愿再到广州贸易；同时，在处理朝廷所关注的事情上也存在着高度的灵活性，并非是一个漏洞百出、腐败不堪的制度，更不是清政府闭关锁国的证明。关于广州贸易，有太多认识的误区和偏差以及很多似是而非的论断有待我们进一步去检验与纠正。

不同于此前将国家和政府作为广州贸易主体的研究范式，本书将关注点放在了此前经常被忽略的与广州贸易密切相关的引水人、买办、通事等形形色色的人的生活状态上，从这些底层人物的行为出发去解释广州贸易的历史情境和实践形态。正如刘志伟老师所言："如果我们的历史认知是从人出发，那么国家也好，社会也好，政府机构也好，民间组织也好，都不过是由人的行为在人的交往过程中形构出来的组织化、制度化单元，这些制度化组织，当然影响并限制着人的行为和交往方式，但在根本上来说都是人的历史活动的产物和工具。"从本书中我们可以看出，广州贸易的实际执行者和主体并非上层的粤海关监督和两广总督，而是下层的行商、引水人、通事和买办等群体。中央对于财政收入的需求和朝廷官员无所不在的摊派索取压缩了他们的生存空间，将他们推向了走私、腐败和其他非法行为之中，使得他们从广州贸易的主要依靠者转而成为瓦解广州体制的重要力量。从"国家的历史"到"人的历史"的转变，将目光转向下层民众，可以说是范岱克对于广州贸易研究的一大推进。

此前对于广州体制为何瓦解这一问题的研究充斥着白银的大量外流、鸦片走私的日益泛滥、清朝官员的腐败与保守以及中国人对国际贸易的不感兴趣等老一套论调。而范岱克则认为，广州贸易体系的崩溃在于以粤海关为首的大大小小的贸易管理机构仅仅满足于通过控制贸易从而获取更多的收入，既没有意愿去主动获取贸易中的有用信息为我所用，哪怕这些信息唾手可得；也没有动力在广州体制已经出现严重漏洞的情况下去检讨这一体制的根本问题，而是仅仅满足于表面上的虚假繁荣与贸易收入的增长，甚至直接参与各种非法贸易与权力寻租活动之中。广州体制同清代其他的重要商业制度如盐业专卖制度一样，本质上不是为了促进市场交易，而是以获取更多的税收为主要目的，这往往沦为走私和寻租的温床，并最终被走私和寻租所摧毁。因此，本书中所揭示的广州贸易运行中所存在的一系列问题并不仅仅是广州体制的问题，更是中国传统社会商业管理制度各种弊端的集中体现。这也为我们研究其他中国古代传统商业与贸易管理制度提供了一个全新的视角。

《区域史研究》2019 年第 2 辑（总第 2 辑）

第 193～200 页

© SSAP，2019

探秘川西秘密会社

——评王笛《袍哥：1940 年代川西乡村的暴力与秩序》

李培娟*

王笛：《袍哥：1940 年代川西乡村的暴力与秩序》，北京大学出版社，2018。

　　或许是因为把严肃的历史考证与细致生动的文学式深描巧妙结合在一起，王笛老师的微观史研究新作《袍哥：1940 年代川西乡村的暴力与秩序》（以下简称为《袍哥》）自 2018 年由北京大学出版社出版以来，一直受到各界的关注。历史研究者可从该书中看到在各类史料的精巧解读下民国时期川西基层社会的重建，普通读者则可在该书中感受到历史并不严肃、悠远，甚至一些袍哥的后代亦在该书中窥见了自己祖先鲜活的生活画面，获得了一种微妙的体验。

　　"袍哥"即四川的哥老会，是清至民国时期活跃于四川基层社会的一个秘密社会组织，其影响广泛而深入。袍哥在当时男性人口中占有很高的比例，[①] 且其分布异常广泛，三教九流无所不包，普通民众、工商

---

　　* 李培娟，中山大学历史学系博士研究生。

　　① 据王笛的研究，袍哥在当时四川成年男性人口中所占的比例众说纷纭，有言"半数以上"者，有言"几乎三分之一"者，有言"70% 以上"者，亦有言"90% 左右"者。参见王笛《袍哥：1940 年代川西乡村的暴力与秩序》，北京大学出版社，2018，第 35～36 页。

界、政界、军界等都有袍哥的分布。虽然当时的报刊、研究报告、社会学调查资料等都把袍哥称为"秘密会社"，但如此高的比例和如此广泛的分布证明：这所谓的"秘密"已不再是秘密。正如王笛在书中所言："袍哥已经不是名副其实的'秘密会社'组织了。"① 实际上，《袍哥》一书的研究，即是一个一层层揭开这个"秘密会社"真实面貌的过程。

该书对袍哥的研究，以一个"杀死亲生女"的故事开始。这个故事的主人公雷明远是当地袍哥的副首领。1939 年，他在发现亲生女儿与裁缝的恋情危及自己的名誉时，毅然在众目睽睽之下枪杀了女儿和她的恋人。虽然公然结束了两条人命，但雷明远并未受到法律的任何制裁，当时的人们也没有去质疑他的行为是否合法。王笛从这个故事入手，试图回到历史发生的现场，去追问这个悲剧为什么会发生，发生的社会土壤是什么，当时的地域、社会、文化和人群分别是什么样子的。在这些问题的驱动下，进入了袍哥研究的深处。

而要全面了解这个地方，必须要有极其细致的背景描摹，川西平原的自然地理、生态环境、移民状况、市场网络、地方政治的演变、租佃关系等都是这些背景的一部分。在这些研究的基础上，王笛进一步揭示了袍哥这个社会组织的发展历程、袍哥组织内部的结构和仪式、袍哥的覆灭等状况。

跟随王笛的笔调，首先在我们面前展开的是川西平原的自然生态状况。这些描述多来自作者少年和青年时代在成都平原乡村生活的亲身体验。在王笛笔下，川西平原地势平坦、土壤肥沃，是中国水稻的主产区之一，也是一个在地理上相对封闭的区域。川西平原区域社会的形成与移民密切相关，从明代到清代，大量移民来到这里，并逐渐成为新的土著，构成了区域社会的主体，参与了当地社会经济的重建。

在王笛的论述中，川西乡村社会的另一个显著特点是商品化程度较

---

① 王笛：《袍哥：1940 年代川西乡村的暴力与秩序》，第 36 页。

高。这与此地"随田而居"的分散式居住模式有关，这种一家一户独居在"林盘"的居住模式使得乡民之间的关系较为松散，因此需要靠基层市场的交换来弥补生活和心理上的欠缺。为说明这一点，王笛还在书中对川西的乡村社会和华北的乡村社会做了比较。在这里，集市既是输出市场的起点，也是日常生活用品销售的终点。人们到集市上"赶场"，农民之间"以有易无"，集市把土产聚集起来销往更高一级市场，同时也将来自高一级市场的日常生活用品等出售给农民。除了作为沟通地方经济的纽带之外，这里的集市还是重要的社交场所，集市上设有大大小小的茶馆、酒馆，人们在这里做生意、交流信息、消遣娱乐。许多茶馆其实正是袍哥所开办和管理的，因此茶馆往往也是会社的活动中心或总部。

简单说来，居住的分散性、人口的流动性、人口来源的复杂性、同籍会馆的互助功能等，使得这一地区的人们与宗法关系较为疏远。王笛认为，这些因素使得此地的人们更加依靠基层的秘密社会组织，而不依靠宗法纽带。

然而，川西平原的自然生态、移民和市场并不是本书研究的重点，作者最终要展现的还是袍哥参与地方社会运作的具体画面。对川西社会的状况进行了细致的描摹之后，作者用更大的篇幅来展开对袍哥本身的研究，从袍哥自己的语言、仪式、组织规则中去揭示他们的活动，窥见他们如何参与地方社会的管理和运作。

在对袍哥网络的研究中，王笛发现袍哥一开始是一个反清的秘密组织，袍哥之所以能发展壮大，以至数百年不绝，讲究"义"是一个很重要的原因。但实际上袍哥的成员非常复杂，既有不奸淫、不掳掠、讲义气的"清水"，也有时常从事包括抢劫在内的非法活动的"浑水"。袍哥从清到民国逐渐壮大，从太平天国时期的保甲、团练到后来参与了地方社会的税收，社会的动荡给了袍哥扩大势力和影响的机会，在这样的基础上，袍哥的势力不断控制地方社会。王笛看到袍哥的内部具有清晰的组织结构与分层，这个团体既是地方社会稳定的积极因素，也是破坏地方秩序的消极力量。可以说，展现袍哥亦正亦邪的复杂面相是王笛研究中的一大亮点。

当然，袍哥的复杂面相不仅仅包括"清水"和"浑水"，他们在地方社会中的身份也是多重的。作为地方上汇集三教九流的组织，袍哥常常是一个地方的政治中心和权力中心，甚至一些乡的正副乡长、治安主任、保安队长、保甲队长等都是袍哥成员。袍哥的首领既可能是地方上"有钱有势，有田地的阶级"，也有可能是由自己的武力打来的天下。很有意思的是，我们常常认为袍哥的首领在地方上有权有势，但是他们中的很多人其实也是佃农，在经济上处于被剥削的地位，比如书中的主人公雷明远一方面是当地袍哥中位高权重的"副舵把子"，但另一方面他也是一个受制于人的佃农。这种经济地位也是导致袍哥后来覆灭的重要原因。

20 世纪 40 年代川西地方社会生活中充斥着多种神灵，人们的精神世界中充斥着灶神、社公、城隍等神灵信仰，他们进行驱邪、消灾、拜干妈、接灵官、捉寒林、收鬼等信仰仪式，对这些信仰形式的介绍也为袍哥的研究铺垫了背景。

随着王笛研究的深入，我们看到袍哥在地方社会秩序中的具体活动。袍哥这一社会组织内部的"黑话""隐语"也是王笛袍哥研究中一个有趣的部分。通过对袍哥成员之间所使用的暗语、手语、隐字、借代语等的研究，王笛看到了他们之间保守秘密的方式及构建身份认同的途径。

另外，袍哥在解决地方纠纷中也扮演着重要的角色。在袍哥内部，有一套帮规，加入袍哥也有特定的仪式。在袍哥的日常运作中，他们通过"摆茶碗阵"等形式来进行内部联络，通过"茶馆讲理"来行使社会制裁的职能，在没有官方介入的情况下，袍哥作为一种国家之外的社会力量维护着地方的道德、秩序、法律规范，使得乡村社会实现了一定程度的自治。

如果说本书第一部分是对袍哥性质的研究，第二部分是对袍哥在地方秩序中发挥的作用的研究，那第三部分则分析的是袍哥覆灭的过程及原因。在这一部分，王笛分析了当时川西乡村中人们对女人的观念以及包括童养媳、丫头在内的各类女人的处境，这些都与该书开端所讲到的雷明远杀死亲生女的故事相呼应。由于请客吃酒、花钱豪爽、吸食鸦片等，雷明远在袍哥中的地位不复往日的辉煌，而随着新的社会势力的介入，袍哥在当地社会中的地位也受到了前所未有的挑战。王笛从具体的雷明远的故事中，分析了袍哥内部经济实力与权力之间的关系。

在本书的第四部分中，王笛暂时放开袍哥的研究，转而研究当时进行乡村社会调查的学生沈宝媛，以及沈宝媛背后的中国第一批社会学家、人类学家的思想和他们当时的学术活动。很有趣的是，王笛还利用历史学的方法，专门考证了沈宝媛论文中化名为"望镇"的田野点到底在今天的什么地方，并试图找到论文中雷明远的后人。

对于一本历史学研究的著作来说，最基础最重要的当然是材料。坦白地讲，王笛在寻找材料的过程中无疑是幸运的，《袍哥》一书中最核心的史料来自燕京大学社会学系学生沈宝媛于 1946 年提交的毕业论文——《一个农村社团家族》。这篇田野调查报告记录了袍哥的副首领雷明远个人及其家庭成员的诸多故事，留下了关于 20 世纪 40 年代袍哥家庭的细致史料，这些史料是王笛能够展开研究的关键所在。当然，除了社会调查资料、档案、回忆录外，王笛还巧妙使用了小说这一文学资料作为史料来充实自己的研究。

综观全书，有三条线一直交织在一起：一条是袍哥副首领雷明远家族的历史活动，一条是大学生沈宝媛对雷明远家族进行的研究，另一条是王笛对沈宝媛的研究进行的再研究。王笛将三条线编织在一起，他顺着沈宝媛的研究去看一个袍哥家族内部的情况，又往往能跳脱出来把沈宝媛也作为一个研究对象。可以说，王笛利用沈宝媛的眼睛在看袍哥，同时他又在时时追问沈宝媛看到和叙述的袍哥社会为什么是这个样子。

具体说来，笔者之所以能从这本书中受到启发，主要有以下三个方面的原因。

其一，这本书是关于微观史研究的长期深度思考并付诸实践之作，显然是受到其老师罗威廉教授的影响。王笛书中最打动人的便是细节，他把鲜活的日常用严肃的考证呈现出来，向我们展示了 20 世纪 40 年代一个立体、细致、有血有肉、拥有复杂面相的川西乡村社会图景，让我们看到了历史中寻常人物的思想和活动，看到了基层民众的喜怒哀乐和生活日常。其中，寻找沈宝媛的周折、找到后的欣喜和无奈，让人看到了历史学家对于线索"打破砂锅问到底"的执着求索，看到了我们生活中每天都在发生的辗转追寻。

其二，关于边缘化人群或是底层民众的研究，本书提供了一个范本。随着新文化史的兴起，历史学家们越来越注重对边缘化人群、底层民众的研究，但是在传统的、典范的文史资料中发现他们的"声音"却往往不是容易的事情，因为传统史料中鲜有这些人群的相关记载。王笛解决这一困境的方法是寻找袍哥这一组织自己的语言，用他们的语言来建构他们的历史。譬如，王笛利用袍哥的内部经典——《海底》和《江湖切要》等资料，从中找到袍哥的话语，发现他们的好恶，考察他们的隐语和暗号，从而去发现他们内部的组织活动和身份认同。

其三，对于中国城市史研究，王笛进行了新的推进。以往关于中国城市史的研究，在空间上大多集中在北京、上海、天津、汉口等沿海或是长江中下游地区的大城市，[①] 极少对中国腹地的城市进行研究；在研

---

① 这些研究著作诸如罗威廉《红雨：一个中国县域七个世纪的暴力史》，李里峰等译，中国人民大学出版社，2014；罗威廉《汉口：一个中国城市的商业和社会（1796～1889）》，江溶、鲁西奇译，中国人民大学出版社，2016；罗威廉《汉口：一个中国城市的冲突和社区（1796～1895）》，鲁西奇、罗杜芳译，中国人民大学出版社，2016；Gail Hershatter, *The Workers of Tianjin* (Stanford: Stanford University Press, 1986); Emily Honig, *Sisters and Strangers: Women in the Shanghai Cotton Mills* (Stanford: Stanford University Press, 1986)。

究重点上，王笛认为"大多数中国城市史的研究集中在政治事件、商业、经济、国家和社会、城市控制和管理等问题，却缺乏对城市基层和社区生活的了解"，①《袍哥》则从另外一个角度窥视了中国城市和近代中国。

当然，金无足赤，该书也有一些有待商榷的地方。

一是一直以来，在微观史的写作中，微观与宏观的把握非常微妙，好的微观史研究往往需要宏观的视野，把握不好微观与宏观的关系则常常会被诟病为"碎片化"。王笛一直支持微观史的研究，并认为"中国学者研究的'碎片'不是多了，而是还远远不够"，他把微观史的研究作为整体中不可或缺的一部分，认为史学研究中如果没有碎片就好比机器没有零件。② 总之，他赞同微观与宏观之间没有孰轻孰重，并对微观史与宏观史的书写有很深入的思考。但在《袍哥》一书的研究中，王笛似乎并没有很好地贯彻自己的想法，在处理局部与整体、微观与宏观的关系时，可以看出他更多地侧重于微观的描述和分析，在宏观大历史背景的铺陈方面则着墨不多，也似乎看不到他对一个较大问题的回应。当然，对微观与宏观的平衡本就很难完美把握，不可对此过于挑剔。

二是书中对社会经济方面的分析显得不够深入，有些结论让人难以信服。譬如书中认为四川租佃制度的稳固性与当地人遵守乡村契约有关，这很明显把问题简单化了。再比如书中对于袍哥与反清复明有关的那一套语言、仪式、人物崇拜等内容也是采用了拿来主义的态度，没有考虑这很可能是辛亥革命前后革命党与袍哥结合以后共同建构的结果。当然，这些具体情况还有待进一步考证。另外，关于川西乡村的宗法关系问题，书中认为在这里人们对社会组织的依赖比宗族纽带更强，并以此来解释人们对于市场、茶馆等公共空间的依赖，但实际上川西乡村的

---

① 王笛：《微观世界的宏观思考：从成都个案看中国城市史研究》，《清华大学学报》（哲学社会科学版）2018 年第 6 期，第 103 页。
② 详见王笛《不必担忧"碎片化"》，《近代史研究》2012 年第 4 期，第 30～33 页。

格局并不都是分散式的"随田而居"，这里也有像北方农村那样紧密型的村民关系，且宗族的力量也并不是完全缺失的，或许这其中的复杂性还需进一步展开。

伴随着社会史研究的发展，新文化史和微观史方兴未艾，王笛的《袍哥》所传达的不仅仅是作者近年来对于整体与"碎片"的深度思考和实践，也体现了近年来部分历史学者对于"眼光向下"进行研究的新探索。尽管王笛一直在反思不同文本和叙事方法对于历史书写的影响，但书中部分内容还是难免未能摆脱一些既定思维的限制。无论如何，王笛延续了罗威廉对于中国城市史的细致研究，又将其赋予更多的生动画面和生活场景，书中环环相扣，将一个秘密会社内部的复杂面相一层层揭开，构建了一个多维、立体的川西乡村社会。故此，这是一本既有可读性，又能引发人思考的书籍。不管是对于微观史的研究，还是对于中国城市史的研究，这本书都具有不言而喻的学术价值。

《区域史研究》2019 年第 2 辑（总第 2 辑）

第 201 ~ 207 页

© SSAP，2019

评吴四伍《清代仓储的制度困境与救灾实践》

王宇丹[*]

吴四伍：《清代仓储的制度困境与救灾实践》，社会科学文献出版社，2018。

中国古代的仓储大致可分为常平仓、社仓、义仓，一般由官方主持（也有民间自办的例子），设置在各州县内，用于应对频发的自然灾害。在灾害肆虐之时，仓储平粜谷米，救助灾民，稳定粮价进而稳定社会秩序。研究仓储及相关制度，有利于我们了解古代社会于灾荒之时的运行机制和王朝国家的社会治理方法。目前，海内外已有的大量优秀的古代仓储研究，主要是从三个角度进行的：一是关注仓储的经济功能，即仓储对再生产的调节及与市场的关系；二是阐述仓储的社会功能，多以区域性仓储的为例；三是分析仓储的政治功能，将仓储视为朝廷统治的重要工具。已有的研究基本涵盖了仓储从设立到应用的各个层面。不过，仓储研究也仍然有值得创新和推进之处，比如从微观层面研究仓储的日常管理和实践，又比如仓储在晚清如何应对种种社会剧变等。总之，对仓储的研究可以从史料运用、研究视角等方面进行创新。吴四伍在系统

---

* 王宇丹，中山大学历史学系硕士研究生。

地梳理已有研究后，认为可从以下三个重要维度推进仓储研究：日常与灾害、成本与安全、技术与制度。该书乃吴四伍在中国人民大学清史所攻读博士时的学位论文，于 2007 年初稿完成，之后几经修改，2015 年完成修改，三年后出版。本书从成书时间来看不算新作，但从内容而言，至今仍有不少值得讨论之处。本文将从具体内容、章节结构、创作思路等方面对其进行介绍，也略谈笔者个人看法，若有不当之处，望作者海涵。

　　该书除导言和结语外，主要内容共分为四章：第一章主要是对清朝前期的仓储制度进行总体性的描述，指出其中存在的制度性问题；第二章着眼于嘉道以来，在地方官员的主持下，江南各地兴建了丰备义仓和积谷仓，在经营和管理方式上实现了仓储的近代转型；第三章和第四章是苏州长元吴丰备义仓的个案分析，该仓是近代江南仓储中的典范，作者对其运营方式进行了细致考察。

一　转型前传统仓储的内在困境

　　以往的仓储研究，注意到了仓储管理者贪污、谷物损耗等问题对仓储发展的制约作用。作者认为除了这些问题之外，对于仓储而言，如何运营才是核心所在。仓储的盈利可分两类来看：一是常平仓的粮食买卖，即根据粮食春贵秋贱的市场原理，贱买贵卖，赚取差价；另一个是社仓和义仓的经营，一般是通过借贷仓谷，收取息谷。以上仓储的经营模式被作者称为"以仓养仓"（第 71 页）。实际上，上述盈利的途径并非总能顺利发生，而且其中产生的利润也不足以支撑仓储的运行。常平仓的问题有两点：一是忽略了仓储参与交易的成本，粮食的采买实际上还要考虑经办人员的差费、粮食的运输费用等；二是忽略了仓储粮食交易的市场风险，官府利用粮食差价来获利，市场上的其他参与者又何尝不是，往往官府采买的消息一传出，粮价亦随之变动。简而言之，籴粜收支的不敷是参与市场竞争的必然结果。社仓、义仓的问题则是：由于借贷程序烦琐等问题，粮食的出借率过低，且借贷本身就有风险，有借无还于贫民之中是常事，再加上利息本就不高，社仓和义仓难以获得稳定的利润来实现长期经营。总之，在"以仓养仓"的经营模式中，制度设计者往往忽视了仓储参与粮食交易的实际困难，其中包括市场风险与管理费用的支出。

作者接着列举了乾隆年间广东仓储的出粜率低和买补艰难，以及雍乾和嘉道年间盘查出的各地仓储亏空巨大等史实，进一步说明清代仓储实际的赈济效果不佳，且普遍经营困难。作者还指出：官员主持和参与粮食市场的买卖，是仓储利润不能保证、经营无法维持的另外一个深刻原因（第102页）。官员同时身处市场和官僚体系之中，这显然是两个运行规则不同、利益存在冲突的系统，官员势必会遇到难以调和的矛盾。按照市场运行的逻辑，仓储出粜质量不佳的陈米，出粜价格势必低于采买价格，所以仓储并不会盈利，但是按照官方的要求，主持仓储的官员应该通过盈利来保证仓储的运营。官员面对的矛盾实际上也是仓储运营的难题所在，仓储若坚持"以仓养仓"，必定会产生自身盈利和社会赈济让利的矛盾。即使清廷对仓储制度有所修改和调整，尝试赋予仓储官员更大范围的"自由"，根据实际情况调整仓储出粜的比例，效果仍然有限。因为制约仓储发展、导致其经营恶化的最重要原因，是其内部的经营和管理的根本性矛盾，该矛盾没有解决，仓储制度将难以拥有持久活力。对上述种种矛盾的揭示是作者第一章的核心内容。可见，"传统仓储"，即"以仓养仓"的仓储，存在着制度性的缺陷，如果要实现长期的稳定经营，必须突破管理和经营的双重困境。

二　江南仓储的发展和转型

由于仓储经营困境的存在，传统仓储在乾嘉年间出现了明显的亏空和衰败危机。嘉庆年间，直隶总督那彦成倡导各地重新筹建义仓，此番倡建带动了四川地区的义仓改变经营方式，即采用捐款集资，继而置田收租的方式。道光初年，在这场兴建义仓的浪潮中，布政使陶澍主张推行一种新式仓储——丰备义仓，此类义仓只积累不交换，并提倡依靠地方绅士来强化仓储的管理，作者认为此举乃近代江南仓储转变的里程碑（第 122 页）。陶澍的倡议，得到了林则徐、贺长龄等人的响应，江苏、湖广、贵州都有兴建丰备义仓的实践。在陶澍的改革中，仓储不再是参与市场的运营机器，而是定位为储备粮食、应对危机的社会公共组织，民捐民办的地方属性也随之得到强调，管理权力的重心由国家移到地方。在嘉道年间丰备义仓实践经验的基础上，同治七八年间，各地又涌现了一批积谷仓，即一种强调积储，以民间劝捐、士绅管理为主，实行官督绅办的新式仓储。光绪初年丁戊奇荒之后，是此类仓储兴建的又一高潮。同光时期的积谷仓相较于嘉道时期的丰备义仓，其经营和管理的近代转变更为彻底。作者列举了嘉定县仓储、上海县积谷仓、宁郡义仓、南汇县积谷仓，来证明江南仓储在经营和管理上的"群体型转变"。就经营方式来看，晚清江南仓储的收入大多来自按亩派捐所得、发典生息的息钱、置田与置房的租金等，即实现了"仓外养仓"，资金的获得更为持久和稳定；从管理方面来看，近代转变的表现是地方士绅的广泛参与，官绅的良好合作，实现了士绅主导管理、官员监督的官绅会办模式（第 159 页）。

　　第二章中，作者在论述了江南仓储的转型实践之后，试图估算它们的发展规模以及在多大程度上发挥了社会赈济功能。但是，晚清江南地方仓储经营的最显著特征就是钱谷并存，且不同州县存钱、存谷的情况有很大的差别，所以很难得出一个江南仓储规模的确切数据，这也提醒研究者，不能仅仅用存谷数量来衡量晚清江南的仓储积储水平。随后，作者在第五节转而讨论江南仓储为何能率先实现转型，可从两个方面探讨：其一，江南水旱灾害频繁，从中形成了强烈的危机意识和深厚的抗灾传统，地方上对慈善组织也多有支持，且江南发达的粮食市场和金融市场皆为仓储的发展提供了有利条件；其二，自宋代以来，江南社会对于兴办仓储始终保持着兴趣，各朝的仓储政策都在江南留下痕迹，形成了江南仓储的悠久传统。作者在本章的末节概述了光绪年间各地先后开展仓储建设的情况，光绪二十四年（1898）以前主要是各省自发建设，光绪二十四年之后是统一推进。

三　长元吴丰备义仓的个案研究

　　基于《长元吴丰备义仓全案》等相关资料保存完好，作者选取了兴起于同治、光绪年间的苏州长元吴丰备义仓进行长达两章的个案分析，旨在从微观层面明晰仓储日常管理与战略消耗之间的关系，继而反思仓储的制度运行。笔者将主要内容归纳为四个方面。其一，经营成本的来源。长元吴丰备义仓的经营成本来源是多元化的，有最为稳定的田租收入、存典银钱所得利息、投资房产和证券得来的利息，其"仓外养仓"的经营方式已经非常成熟。这些稳定的资金收入是该仓长期存在的重要前提。其二，赈济实践及其与江南社会的互动。长元吴丰备义仓最主要的赈济方式是减价平粜，此外振恤机户、留养饥民、资送难民等社会赈济也同时开展。该仓无疑是江南赈济的重要力量，但也因此容易成为其他慈善事业乃至地方公共事业剥削的对象，所以该仓时常处境尴尬，既要考虑自身的利益，争取保持独立性，又要经受地方政府和社会舆论的考验。其三，仓储的日常管理事项。作者详细考察了长元吴丰备义仓的建仓技术和费用、买谷和晒谷的流程、日常贮藏注意事项、谷物消耗的程度等方面。笔者认为这些细微环节的讨论，不仅是针对长元吴丰备义仓这一例，对于任一仓储的研究都有共通性的意义。其四，仓储管理分工和权力制衡。长元吴丰备义仓的管理机构主要由士绅、司事、杂役人员三层组成，地方官员也会派委员参与部分事务。整个管理工作实行的是董事制，董事由地方士绅担任，拥有决策的最高权力，且固定任职，其余的委员、司事、杂役人员则是根据需要雇佣，灵活性强。作者在谈及该仓的管理时，明确指出了长元吴丰备义仓并非完全由江南士绅独立经营，而是实行一种官绅会办的管理模式，双方存在既斗争又合作的复杂关系，应视具体情况分析。

在完成上述的微观分析之后，作者于第四章的末节重新梳理了长元吴丰备义仓从晚清到民国的发展轨迹。该仓虽然历经多次社会变动，但是始终屹立不倒，维持至中华人民共和国成立之后，为国家粮食局接管。士绅为该仓制定的详细周密的管理章程对其长期发展起到了重要作用。相较道光年间陶澍倡导的丰备义仓的管理章程，长元吴丰备义仓的管理理念中将工作重心放在了经营资产方面并强调官绅合办，对管理的要求也更为精细，且对赈济的服务范围也有明确划定。长元吴丰备义仓敢于在制度上创新并严格执行合理的制度，使得该仓解决了日常管理与灾害赈济造成的成本消耗难题，从而实现了长期经营。作者认为该仓的发展为我们了解江南仓储的近代转变提供了一个微观观察的路径。

结　语

笔者认为该书的创新之处至少有两点。其一，清代仓储不可避免地面临着存储折耗的问题，乾隆中期却出现了各地常平仓只盈不亏的状况。以往的观点认为是官员转压力为动力，反映了清代官僚机器的高效，而作者认为相较于常平仓庞大的仓谷规模，传统仓储的盈利实际上是有限的，这恰好反映了传统仓储的经营困境。官僚机器并非高效，而是低效，正是由于官员参与仓储管理、主导粮食市场交易，才使得仓储获利甚微，陷入"以仓养仓"、最终仓亏库空的困境。作者认为传统仓储在经营和管理方式上都存在制度性矛盾，并由此引出本书的又一创新之处，即明确了江南仓储近代转型的核心所在。以苏州长元吴丰备义仓为例，该仓是摆脱传统仓储困境的成功案例，其在经营上，"仓外养仓"、收入多元；管理上，权力下移、以绅为主，官绅会办。所以，近代转型意味着稳定的收入和独立的运营模式，仓储由此获得了持久的发展活力。而仓储远离了市场后，社会职能越来越明确，已经演变为一个专门的备荒贮藏机构，甚至是一个服务社会的企业。

综上来看，本书无疑是古代仓储研究的又一力作。正如作者所说，揭示仓储的近代变迁，对于检讨传统社会的运作和近代社会变迁中的若干问题有重要意义。且分析长元吴丰备义仓一面实现盈利，一面展开赈济的"双轨制"经营对于今天的慈善事业仍有借鉴意义。

另，该书有三个无伤大雅的小问题。一是内容安排问题。该书书名提及"救灾实践"，文中相应内容却呈现甚少，尤其是江南仓储大规模发生转型之后，对江南社会赈济产生的影响或社会的反应，值得与其转型一并呈现。或由于材料所限，作者仅对长元吴丰备义仓的赈济实践有所描述，稍显遗憾。二是章节布局问题。该书第二章的第五节"历史传统与地方因素"，主要内容是江南仓储率先实现近代转型的背景分析，或可提前，使其与其他内容的逻辑关系更清晰。该书第四章的最后一节似是长元吴丰备义仓的案例总结，但与本书结论的第一部分内容又多有重合。三是错字问题（或为印刷之误）。如第 159 页，"带捐"或为"派捐"；第 262 页，"陈本"或为"成本"；第 270 页，"更难的是"或为"更难得的是"。

《区域史研究》2019 年第 2 辑（总第 2 辑）
第 208～213 页

评刘诗古《资源、产权与秩序：鄱阳湖区的渔课制度与水域社会》

胡宇博[*]

刘诗古：《资源、产权与秩序：鄱阳湖区的渔课制度与水域社会》，社会科学文献出版社，2018。

长期以来，史学界对水域社会的关注相对不足。这一方面是由于史学研究之基础即在于文献材料，而水域社会的资料不易获取亦较为分散；另一方面也与学者所关心的议题和学术视野有关。这两者共同导致学术界更为关注对陆地社会历史的讨论。近 30 年来，人类越来越关注到对江河湖海资源的利用，针对海洋资源和海洋边界的互动与争端也逐渐成为国家之间的重要议题。近年来史学界对中国传统社会的"公共池塘"问题也给予越来越多的关注。穆盛博（Micah S. Muscolino）探讨了舟山渔场的资源利用者如何对资源进行管理和使用；[①] 赵世瑜对明清山西汾水流域"分水"故事的分析，从中透视出乡土社会对水资源使用权的界定模式；[②] 梁洪生对鄱阳湖渔民历史文书进

---

* 胡宇博，中山大学历史学系硕士研究生。

① 〔美〕穆盛博：《近代中国的渔业战争和环境变化》，胡文亮译，江苏人民出版社，2015。

② 赵世瑜：《分水之争：公共资源与乡土社会的权力和象征——以明清山西汾水流域的若干案例为中心》，《中国社会科学》2005 年第 2 期。

行了解读，指出湖区在 1949 年国有化之前存在既有的"习惯"以划分产权和捕捞范围。① 这些区域历史的研究，都显示了传统社会对于公共的、排他性困难而竞争性高的资源，民间会形成一套"习惯"或者秩序。在明清以来的鄱阳湖区域，同样呈现了沿湖居民围绕自然资源的共享与竞争形成大量争端与纠纷的复杂图景。自 2012 年以来，该书作者深入鄱阳湖地区进行田野考察，并与其导师曹树基教授及其团队展开了对鄱阳湖地区文献的搜集、整理与研究，历时五年有余。某种意义上，该书即是作者对"鄱阳湖区文书"的研究成果，作者以此为核心材料，希望对湖区渔民社群之间频发的纠纷与竞争做出解释，并将对水域社会的探讨置于王朝国家发展的脉络之中，来深化对"公共池塘资源"理论的思考。

　　该书首章，作者首先阐明了自己的问题、研究思路与运用的资料。作者将鄱阳湖定位为典型的"公共池塘资源"，并由此出发，与经济学界和历史学界中关于社会秩序的形成问题进行对话。经济学界的讨论中往往出现两方面的观点，一方认为国家制定的法律是社会秩序形成的前提，另一方则是将民间非正式规范置于决定性地位。类似的分歧也发生在史学界对于"明清中国乡村社会纠纷处理和秩序形成"问题的讨论中。普遍观点强调民间非正式规范对维护乡村社会秩序的重要性。近年来，乡村纠纷处理之中国家律法审判的作用逐渐为学者所重视，使得乡村社会秩序是国家与民间共同作用而形成（即"官民互补形成说"）的观点逐渐成为共识。刘诗古在这些讨论的基础上，试图揭示明清时期鄱阳湖区的社会结构和秩序的生成与运作。

　　鉴于对特定区域的研究需要建立在对该区域自然环境和人群的清晰了解之上，作者对鄱阳湖的形成与变迁进行了探讨。20 世纪 80 年代谭

---

① 梁洪生：《捕捞权的争夺："私业"、"官河"与"习惯"——对鄱阳湖区渔民历史文书的解读》，《清华大学学报》（哲学社会科学版）2008 年第 5 期。

其骧与张修桂两位先生就已经发表专论对这一问题提出观点，作者根据
新出的宋版《太平寰宇记》和时人的文学作品，并结合新近发现的乡
土文献，提出了不同看法。作者认为唐末五代时期，北部的彭蠡湖水体
可能已经越过松门山一带向东南部扩张，并在北宋末期、南宋初期的文
献材料之中寻找到此时鄱阳湖已经大致形成了今天鄱阳湖基本范围的明
确证据。此外作者也对鄱阳湖地区自秦汉以来的开发进行了梳理，明中
叶以后鄱阳湖区的圩田开发出现了高峰，水面湖田化日益严重，加剧了
湖面的萎缩。与此同时，大量圩田开垦也导致临湖农人对农耕生产的肥
料需求增加，这也就导致湖草纠纷的日益频繁。

接着，作者对王朝政府在鄱阳湖区的制度设计进行了讨论，该书第
三章至第五章主要论述的就是明代以来渔课制度在鄱阳湖区的建立、演
变以及在基层社会的实际运作。刘师古在阅读湖边家族的族谱时发现他
们在对祖先定居历史的表述中都对定居时间之早和明初时已向官府登记
纳课二事进行了强调，这实际上反映了明初时王朝力量开始正式介入湖
区管理，人们在国家的渔课"闸办"制度之下，以承纳"渔课"的方
式获得"入湖权"。明清时期一直利用这一套以税收为中心的渔课制度
来认定鄱阳湖区的产权归属。但是，这一套方法面临着许多方面的挑
战，如编纂渔课册中书吏舞弊、渔户逃亡和亡故、湖池状况的变动以及
渔课册更造周期漫长等都会影响国家对渔户的控制和税收税额的征收，
于是渔课征收逐渐转为定额并金户以保证税额。为了避免经办税收的胥
吏在其中上下其手，康熙年间发行了"课户照票"，让承课渔户亲自赴
府投纳课银，这催生出一批专门的税课代办人。清代在正额渔课之外，
课户还需承担十年一届的"大差"。清末以来，即便渔课征收已日益废
弛，但政府依然保留以此项税额作为产权规则的维持手段，这意味着渔
课原本的财政意义已经发生转变。

除了登记在册向政府定期纳税的课户，鄱阳湖区还生活着船户、渔
民、商贩、农民等游离于王朝统治边缘的人群，这些人的生活也深深嵌

入鄱阳湖区的基层社会之中，对这些人的管理也是国家维护鄱阳湖区秩序的一个部分，甚至对流动的渔船户的管理更具挑战性。作者以安义县的"九姓渔民"为例论述政府试图将渔户纳入王朝管理之中的努力。随后作者继续讨论清政府对渔船户的编保与稽查、营汛的设置与水域社会的治理，论证明清时期政府通过保甲与营汛控制以实现对鄱阳湖区的有效管理，地方社会也会利用营汛实现自己的利益。

作者关注的另一重要问题是"湖权"的复杂产权形态下湖区的产权交易、纠纷调节机制以及秩序演进的讨论。作者认为鄱阳湖存在两个变动的物理表面，一个是丰水时期的水面，一个是枯水时期的水底。在产权形态上，"湖权"因此可分为"水面权"和"湖地权"，丰水期的产权形态主要是"水面权"，枯水期则二者兼而有之。在产权交易和转让的过程中，二者又各自分化出"面权"和"底权"。由于水面难以进行界限分明的物理分割，因此人们转而寻求对"水面权"进行时间维度上的分割。随着"水面权"的分化和转让，湖面的使用关系也渐趋复杂，各类纠纷与冲突不断发生。通过对渔民水面捕捞纠纷和政府讼案审理过程的讨论，作者认为在鄱阳湖区渔民之间会依托地方读书人、乡耆、族老等组成的民间调处网络，签订"合同议约"以建立一种约束性捕捞秩序，这些在渔民社群中不断累积的协约文书，"层累"地形成了一套湖沚水面捕捞规则。这套规则，可以与官方的司法制度形成互补，共同维持鄱阳湖区水面秩序。跨县纠纷中官府"隔属"审理出现困境时，民间调解就会发挥作用。

在结论部分，作者重申了其对于鄱阳湖水域地理变迁、渔课制度及水面产权结构还有鄱阳湖区水域社会秩序生成的认识，并提出疑问："鄱阳湖区域以外的地方又是如何呢？"① 刘诗古由此问题出发，以自己

---

① 刘诗古：《资源、产权与秩序：鄱阳湖区的渔课制度与水域社会》，社会科学文献出版社，2018，第 314 页。

的认识为基础，与学界关于明清长江中下游渔业经济、两湖地区湖池水域的所有制、湖北水域社会、17~18 世纪江南的官湖官河以及舟山渔场等相关研究展开对话，以求超越地方之掌故产生对渔课制度和水域社会的宏观性分析。另外，在附录中作者还详细叙述了这一批鄱阳湖文书的发现、收集与整理的过程。关于鄱阳湖草洲业权或越界盗砍的纠纷，为了保持章节之间的逻辑连贯性和突出主题，刘诗古也将其置于附录之中进行讨论。

　　通览此书，不由对作者精细的史料解读与分析生出钦佩，足见作者在文献考释上用力之深。民间文书解读之不易，不仅在于文献本身多散乱无章、字迹难以辨认、掺杂地方性语言，更在于这些地方历史文献背后是国家制度在民间社会运作机制的投射，是民间社会生活中人与人之间互动交往的印证，是历史区域社会运行的缩影。作者在该书中透过鄱阳湖区文书为我们展现了一个王朝统治力量与地域社会的互动。作者笔下流淌出一个个鲜活的故事：湖区家族对祖先定居历史的构建与明初官府设立渔课制度之间透露出"入湖权"的逻辑；渔课制度在基层社会实际运作与渔课制度历时性变化之间的互动，一方面制度的实际运作倒逼制度做出改变，另一方面制度的变化也催生出基层社会新"职业"的出现；国家司法制度与地方社会秩序在纠纷处理中的互相补充，湖区的常态捕捞秩序建基于渔民社群长期博弈中确立的一系列规则，当纠纷升级时，国家司法便发生了作用。这些故事是不同时空下不同人群在鄱阳湖区域所演绎出来的独特故事，而作者能将其揭示出来，实为可贵。同时，该书也处处流露出现实关怀，至今鄱阳湖区的渔业纠纷仍时有发生，跨县的草洲业权问题依然存在，现实考察与历史分析之间得到合鸣。

　　跳出作者所营造的明清时期鄱阳湖区域社会的纷繁景象，我们能注意到地方社会存在着更多的面向。作者在文中曾提及田野考察过程中遇到的一系列庙宇，特别是两县交界处拥有两个独立神殿的蟠龙殿，一个面向都昌县，一个面向鄱阳县，这不禁引发我们思考，这些信仰在鄱阳湖区的民众生活当中处于什么样的地位？这些信仰是否与湖区产权发生联系？这些信仰在跨县人群纠纷之中扮演着什么角色？这些信仰在民间规则与秩序形成过程中是否发生着作用，发生着怎样的作用？考察民间信仰对基层社会秩序的生成与维护的影响，可以更好地理解历史上的多元社会。另外，正如曹树基教授在序言中所言，作者爬梳史料，将深藏于多种历史文献中鄱阳湖区渔船户的日常生活与生计挖掘出来，其用力颇深，却不利于全书逻辑之统一。相反，被孤悬于附录中的跨县草洲纠纷案却能置于第九章讨论官府"隔属"纠纷审理的逻辑之中。从这个角度出发，作者在全书章节统筹方面似乎可以做得更加到位。

征稿启事

　　《区域史研究》是由中山大学、香港中文大学、复旦大学、厦门大学、武汉大学、清华大学、南开大学、华东师范大学、南昌大学的一批志同道合的学者共同创办的刊物，旨在为区域史研究者提供一个分享最新研究、交流最新思想的平台。本刊设有学人访谈、专题研究、研究综述、读史札记、田野笔记、书评等栏目，现面向海内外学界征稿，来稿要求如下。

　　（一）论文字数一般不超过 3 万字，须有中文摘要（200 字左右）以及 3～5 个中文关键词；读史札记、田野笔记一般不超过 1.5 万字；书评一般不超过 4000 字，有深度的书评，则不受此限。

　　（二）文责自负。除非事先说明，否则编辑部对文字内容均可适当处理；译稿一律附原文。

　　（三）本刊采用社会科学文献出版社的投稿格式和注释体例，请各位作者投稿前务必参照修改。来稿统一采取页下注方式，每页重新编号。出自同一文献的注释第二次出现以后，只需标明著者、篇名、卷次、页码即可。

　　（四）来稿请通过电子邮件寄至 lingnanculture@126.com，并在邮件标题栏中注明：《区域史研究》投稿。

　　（五）本刊实行双向匿名审稿制，来稿时请将姓名、工作单位、联系方式、职称等反映作者信息的个人资料另页附上，并在正文中避免出现作者的相关信息。

　　（六）请勿一稿多投。收稿后逾 3 个月未做答复，作者可自行处理。

（七）本刊不以任何形式收取编辑费、审稿费、版面费等费用。稿件一经发表，即奉稿酬，稿酬从优，并赠送作者样刊5册。

（八）本征稿启事常年有效。

《区域史研究》编辑部

图书在版编目（CIP）数据

区域史研究 . 2019 年 . 第 2 辑：总第 2 辑 / 温春来主编 . -- 北京：社会科学文献出版社，2020.1
　　ISBN 978 - 7 - 5201 - 6067 - 4

　　Ⅰ . ①区…　Ⅱ . ①温…　Ⅲ . ①地方史 - 研究 - 中国 - 丛刊　Ⅳ . ①K29 - 55

　　中国版本图书馆 CIP 数据核字（2020）第 014325 号

区域史研究 2019 年第 2 辑（总第 2 辑）

主　　编 / 温春来

出 版 人 / 谢寿光
责任编辑 / 郑庆寰
文稿编辑 / 胡安义

出　　版 / 社会科学文献出版社·历史学分社（010）59367256
　　　　　　地址：北京市北三环中路甲 29 号院华龙大厦　邮编：100029
　　　　　　网址：www.ssap.com.cn
发　　行 / 市场营销中心（010）59367081　59367083
印　　装 / 三河市龙林印务有限公司

规　　格 / 开　本：787mm × 1092mm　1/16
　　　　　　印　张：13.75　字　数：187 千字
版　　次 / 2020 年 1 月第 1 版　2020 年 1 月第 1 次印刷
书　　号 / ISBN 978 - 7 - 5201 - 6067 - 4
定　　价 / 79.00 元